Herbert Basler

Aufgabensammlung zur statistischen Methodenlehre und Wahrscheinlichkeitsrechnung

Mit Anhang „Tipp-Strategien für das LOTTO“

Vierte, verbesserte und erweiterte Auflage

Physica-Verlag Heidelberg

Dr. HERBERT BASLER, Institut für Angewandte Mathematik und Statistik, Universität Würzburg, Sanderring 2, D-8700 Würzburg, FRG

ISBN-13: 978-3-7908-0553-6 e-ISBN-13: 978-3-642-48168-0
DOI: 10.1007/ 978-3-642-48168-0

Vorwort zur 1. Auflage

Die meisten der hier vorgelegten Aufgaben sind ursprünglich als Aufgaben zu meinen Übungen zur Statistischen Methodenlehre sowie als einschlägige Zwischenprüfungs- und Diplomprüfungs-Aufgaben entstanden. Von den Aufgaben zur elementaren Wahrscheinlichkeitsrechnung entstammen mehrere den Übungen zur Wahrscheinlichkeitsrechnung im Rahmen eines Kurses für Mathematiker. Insgesamt richtet sich die Aufgabensammlung an anwendungsorientierte Leser, die jedoch auch an begrifflicher Klarheit als einer Voraussetzung kritischen Anwendens statistischer Methoden interessiert sind. Die hierfür erforderliche Praxisnähe der Aufgaben wird u. a. dadurch herzustellen versucht, daß oft die zur Beantwortung einer anschaulich relevanten Fragestellung erforderlichen Datenkränze auch Daten enthalten, die nicht unmittelbar verwendet werden können (ein typisches Beispiel hierfür ist etwa Aufgabe 66), oder auch dadurch, daß die anschauliche Fragestellung vielfach erst durch geeignete Formulierungen in der statistischen Modellsprache präzisiert werden muß. Letzteres geschah, um triviale und nutzlose Rechenbeispiele weitgehend zu vermeiden. Nach meiner Erfahrung sind es jedoch gerade die Konsequenzen aus solchen Bemühungen um Praxisnähe, die Aufgaben (sog. „eingekleidete Aufgaben“) dem Anfänger gelegentlich als schwer erscheinen lassen. Deshalb sind die Lösungen und Lösungswege so ausführlich dargestellt, daß sie jeder mit den Elementen vertraute Leser bequem verfolgen können sollte. Insbesondere die verwendeten Testverfahren sind anläßlich ihrer jeweils ersten Anwendung in dieser Sammlung so ausführlich dargestellt, daß es sogar möglich sein sollte, ein solches Verfahren hier erst kennenzulernen. Da es in einer Aufgabensammlung naturgemäß nicht durchgängig möglich ist, stets alle verwendeten Bezeichnungen vorweg zu erläutern, sei es mir gestattet, für eventuell auftretende diesbezügliche Bedürfnisse auf meine in der gleichen Reihe erschienene Einführung „Grundbegriffe der Wahrscheinlichkeitsrechnung und statistischen Methodenlehre“ hinzuweisen.

Würzburg, im Oktober 1974 Herbert Basler

Vorwort zur 3. Auflage

Diese Auflage wurde hauptsächlich um 11 originale Klausuraufgaben erweitert, die vorwiegend von Wirtschaftswissenschaftlern während der letzten Jahre in Würzburg entweder im Rahmen ihrer Zwischenprüfung oder im Nebenfach Statistik in der Diplomprüfung zu bearbeiten waren.

Ferner habe ich bei den hinzugekommenen Aufgaben Nr. 71 bis 81 folgende generelle Änderung bei der Formulierung von Testergebnissen vorgenommen: die Schluß-Floskel „*Damit ist mit einer Sicherheitswahrscheinlichkeit* von z. B. 95% statistisch nachgewiesen, daß ..." wurde ersetzt durch: „Damit ist *bei Zugrundelegung einer Sicherheitswahrscheinlichkeit* von z. B. 95% statistisch nachgewiesen, daß ...".

Ich hoffe, daß diese Formulierung der häufigen Fehlinterpretation der Sicherheitswahrscheinlichkeit als Wahrscheinlichkeit mit der die mit Hilfe des betreffenden Verfahrens getroffenen Entscheidungen „richtig" sind, weniger Vorschub leistet (s. z. B. „Grundbegriffe", 8. Auflage, S. 124).

Würzburg, im Mai 1984 Herbert Basler

Vorwort zur 4. Auflage

Die Neuauflage habe ich zum Anlaß genommen, umfangreiche Auswertungen der Spielergebnisse des Zahlen Lottos 6 aus 49, die bereits vor einigen Jahren mit Hilfe der Rechenanlage der Universität Würzburg durchgeführt wurden, auf- und auszuarbeiten und zwar in Form von Aufgaben – wie das einer *Aufgabensammlung* zukommt. Dieser Weg der Publikation erschien mir sinnvoll, da nach meiner Einschätzung in unseren mathematisch-statistischen Fachzeitschriften üblicherweise kein Platz für solche empirischen Untersuchungen ist, weil sie wohl gemeinhin nicht als mathematische Forschungsarbeit gelten. Demzufolge bleiben empirisch basierte Bemühungen zu mathematisch scheinbar so trivialen Glücksspielen wie dem Zahlen-Lotto meistens Randständigen vorbehalten und werden von innerdisziplinärem Naserümpfen begleitet – sofern sie registriert werden. Ich hoffe, daß die hier vorgelegte empirische Untersuchung neben inhaltlichen Aspekten – die wohl auch das Interesse mathematischer Laien finden können – auch mathematisch-statistische methodische Aspekte bietet, die ihr gegenüber dem angedeuteten Schicksal einigen Schutz verleihen.

Inhaltlich geht es um einen gewissen Konsens-Effekt im Tipp-Verhalten realer Lottospieler-Kollektive, den jeder am Lotto Interessierte, ob Laie oder Mathematiker, für möglich oder gar plausibel halten wird und der möglicherweise Bais für rationale Tipp-Strategien sein könnte, die geeignet sind die Gewinn-Erwartung auf mehr als 50% des Spieleinsatzes zu erhöhen. (Beim Lotto werden 50% der kollektiven Einsatzsumme als Gewinne ausgeschüttet.) Dem liegt die Beobachtung bzw. weit verbreitete Meinung zugrunde, daß es beim Lotto sowohl Ausspielungen mit extrem überhöhten Gewinn-Quoten als auch Ausspielungen mit viel zu niedrigen Gewinn-Quoten gibt, was sich möglicherweise mit einer kollektiven Bevorzugung oder Vernachlässigung gewisser Lottozahlen durch die Spieler bei der Bildung der Tippreihen erklären läßt, also mit einem Konsensverhalten des Spieler-Kollektivs. Wenn nämlich die Gewinnzahlen einer Ausspielung zufällig einmal überwiegend vom Spieler-Kollektiv bevorzugte Zahlen wären, so würde dies zu extrem überhöhten Gewinn-Klassen-Besetzungszahlen und damit zu extrem niedrigen Quoten führen. Im dualen Fall gäbe es extrem hohe Quoten. Offensichtlich böte ein solches Konsensverhalten, wenn es tatsächlich existierte und jemandem hinsichtlich der bevorzugten und vernachlässigten Lottozahlen explizit bekannt wäre, einen Ansatzpunkt für rationales Tippverhalten – das naturgemäß eine Form des Gegen-den-Strom-Schwimmens zu sein hätte – mit der Hoffnung, daß eine solche rationale Spiel-Strategie die Gewinn-Erwartung erhöht.

Daß dies alles so sein könnte, ist trivial. Ob es dagegen tatsächlich so ist, ist eine mit Hilfe statistischer Methoden empirisch zu beantwortende, nicht so triviale Frage.

In der hier vorgelegten empirischen Untersuchung wird für bisherige Spieler-Kollektive des Zahlenlottos 6 aus 49 solches Konsensverhalten nachgewiesen und die Existenz von Spiel-Strategien gezeigt, die die Gewinn-Erwartung gegenüber dem „Normal“-Wert von 50% des Einsatzes signifikant vergrößern. Als Datenmaterial werden dazu ausschließlich die Lotterie-amtlich publizierten Ergebnisse von 1264 Lottoausspielungen hinsichtlich der Anzahl der jeweils beteiligten Tippreihen, der jeweiligen Gewinnzahlen (einschließlich Zusatzzahl) und der Gewinnklassen-Besetzungszahlen verwendet.

Natürlich stehen solche Aussagen im Hinblick auf ihre praktische Nutzanwendung unter dem Vorbehalt, daß sich das kollektive Spielverhalten nicht signifikant verändert, z. B. weil es durch Informationen – wie die hier vorgelegten – gestört wird. Ob aber die Aussagen mathematischer Untersuchungen menschliches Verhalten tatsächlich beeinflussen können ist – bezogen auf den vorliegenden Fall – wieder eine rein empirische Frage, deren Beantwortung prinzipiell einer späteren Untersuchung vorbehalten bleiben muß.

Güntersleben, im März 1991 Herbert Basler

Gliederung der Aufgaben

(Diese Gliederung kann weder eine vollständige noch eindeutige Kategorisierung der Aufgaben darstellen, da es für die meisten der Aufgaben typisch ist, daß für ihre Bearbeitung Begriffe und Methoden aus verschiedenen Teilen der Statistischen Methodenlehre benötigt werden.)

1. Teil: Grundbegriffe der Wahrscheinlichkeitsrechnung und ihre Anwendungen

Aufgaben 1–4, 18, 19: System der Ereignisse, Laplace-Wahrscheinlichkeiten, Unabhängigkeit
Aufgaben 5–7: Bedeutung der Laplace-Voraussetzung
Aufgaben 8–17: Berechnung von Wahrscheinlichkeiten
Aufgaben 20–26: Zahlen-Lotto „6 aus 49"
Aufgaben 27–30: Lotterie „Glücksspirale 1971"
Aufgaben 31–45: Verteilungsfunktionen von zufälligen Variablen und ihre Parameter, Approximation von Verteilungsfunktionen

2. Teil: Statistische Methoden

Aufgaben 46–57: t-Test, Zeichentest, Vorzeichen-Rangtest, Gütefunktionen, Vergleich von Gütefunktionen
Aufgaben 58–70: Testen hypothetischer Wahrscheinlichkeiten, Vergleich mehrerer unbekannter Wahrscheinlichkeiten (χ^2-Teste), χ^2-Test als Anpassungstest, Unabhängigkeitstests (Kontingenztafeln, Korrelationskoeffizient von *Bravais,* Rang-Korrelations-Koeffizienten)

3. Teil: Gemischte Klausuraufgaben

Aufgabe Nr. 71–81

Hinweise auf den Schwierigkeitsgrad der Aufgaben:

1) Aufgaben mit dem Hinweis „Klausuraufgabe" waren in Klausuren zur Grundvorlesung „Statistische Methodenlehre" (für Hörer aller Fakultäten) in Würzburg zu bearbeiten und zwar 3 solcher Aufgaben in jeweils 2 Stunden.
2) Der Hinweis „Klausuraufgabe im Wahlfach" besagt, daß diese Aufgabe als eine unter vier Aufgaben etwa gleichen Umfang in einer 4-stündigen Klausur im Rahmen der Diplom-Hauptprüfung für Wirtschaftswissenschaftler im Wahlfach Statistik zu bearbeiten war.
3) Die mit einem Stern gekennzeichneten Aufgaben bieten einen relativ zu den übrigen Aufgaben gehobenen Schwierigkeitsgrad.

Anhang (4. Teil): Empirische Untersuchung über das Spielverhalten der Lotto-Teilnehmer einschließlich möglicher Konsequenzen für rationale Tipp-Strategien. LOTTO-Aufgaben Nr. 1–5

1. Teil: Grundbegriffe der Wahrscheinlichkeitsrechnung und ihre Anwendungen

Vorbemerkung zu den Aufgaben 1 bis 7: Die Aufgaben 1 bis 7 stehen aus systematischen Gründen am Anfang. Sollten sich diese Gründe dem Leser nicht ohne weiteres erschließen, so wird ihm empfohlen, mit den Aufgaben 8 oder 9 zu beginnen. Dieser Rat gilt auch Lesern, die diese ersten Aufgaben als schwer oder als für ihre Bedürfnisse ungeeignet empfinden.

Aufgabe 1 (Klausuraufgabe): Ein Glücksspiel bestehe darin, daß eine Münze dreimal geworfen wird. (Bei jedem einzelnen Wurf seien nur die beiden Ergebnisse „Wappen" und „Zahl" möglich.)

a) Wie viele Elementarereignisse hat man bei der wahrscheinlichkeitstheoretischen Behandlung dieses Glückspiels zu betrachten? (Dabei soll die Menge der Elementarereignisse so gewählt werden, daß es sinnvoll erscheint, alle Elementarereignisse [genauer: alle 1-elementigen Ereignisse] als gleichwahrscheinlich anzusehen, d.h. das Glücksspiel soll als ein Laplace-Experiment behandelt werden.)
b) Wie viele verschiedene Ereignisse gibt es?
c) Wie viele unter diesen Ereignissen erhalten (unter Zugrundelegung der Laplace-Annahme der Gleichwahrscheinlichkeit aller Elementarereignisse) die Wahrscheinlichkeit 1/2?

Aufgabe 2: Aus einer Urne, die 10 Kugeln enthält von denen genau 3 schwarz sind, werden 3 Kugeln zufällig und *mit Zurücklegen* herausgegriffen, d.h. man greift eine Kugel zufällig heraus, notiert ihre Farbe, *legt sie wieder* in die Urne *zurück* und zieht die nächste Kugel unter den gleichen Bedingungen wie die vorangehende, etc. Denkt man sich die Kugeln mit den Zahlen 1, 2, 3, . . . , 10 durchnumeriert, so kann man als Menge der zur wahrscheinlichkeitstheoretischen Beschreibung dieses Versuches erforderlichen Elementarereignisse

$$\Omega = \{(i_1, i_2, i_3) : 1 \leq i_j \leq 10 \quad \text{für } j = 1, 2, 3\}$$

wählen, wobei das Elementarereignis (i_1, i_2, i_3) den Versuchsausgang beschreiben möge, daß beim 1. Zug Kugel Nr. i_1, beim 2. Zug Kugel Nr. i_2 und beim 3. Zug Kugel Nr. i_3 gezogen wird. Dabei denke man sich für das Folgende die Numerierung der 10 Kugeln so, daß gerade die 3 schwarzen Kugeln die Zahlen 1, 2, 3 als Nummern erhalten haben.

a) Wie viele Elemente enthält Ω?

b) Man gebe die genaue, anschauliche Bedeutung der nachstehend definierten Ereignisse E_1, E_2, E_3 und E_4 an und berechne (unter Zugrundelegung der Laplace-Annahme der Gleichwahrscheinlichkeit aller Elementarereignisse) ihre Wahrscheinlichkeiten:

$$E_1 = \{(i_1, i_2, i_3) : 1 \leqslant i_j \leqslant 3 \quad \text{für } j = 1, 2, 3\},$$

$$E_2 = \{(i_1, i_2, i_3) : 1 \leqslant i_1 \leqslant 3;\ 4 \leqslant i_j \leqslant 10 \quad \text{für } j = 2, 3\}$$

$$E_3 = \{(i_1, i_2, i_3) : 1 \leqslant i_1 \leqslant 3\}$$

$$E_4 = \{(i_1, i_2, i_3) : 1 \leqslant i_2 \leqslant 3\}.$$

c) Schließen sich E_1 und E_2 gegenseitig aus?
Schließen sich E_1 und E_3 gegenseitig aus?
Schließen sich E_3 und E_4 gegenseitig aus?

d) Man berechne die Wahrscheinlichkeiten der Ereignisse

$$E_1 \cup E_2, E_1 \cap E_2, E_1 \cup E_3, E_1 \cap E_3 .$$

e) Sind die Ereignisse E_1 und E_2 statistisch unabhängig?
Sind die Ereignisse E_1 und E_3 statistisch unabhängig?
Sind die Ereignisse E_3 und E_4 statistisch unabhängig?
(Hierbei gehe man von folgender Definition aus: Zwei Ereignisse E_1 und E_2 heißen genau dann statistisch unabhängig, wenn

$$W(E_1 \cap E_2) = W(E_1) \cdot W(E_2) \qquad \text{gilt.)}$$

Sodann überprüfe man, ob die soeben angegebene Definition der statistischen Unabhängigkeit wenigstens in den 3 vorliegenden Fällen die Bedeutung des Wortes „unabhängig" in der natürlichen Sprache korrekt erfaßt.

Aufgabe 3 (Klausuraufgabe im Wahlfach): Aus einer Lieferung von 50 Einzelteilen, unter denen sich genau 6 defekte Stücke befinden, werde *ohne Zurücklegen* eine Zufallsstichprobe vom Umfang $n = 5$ gezogen. Der wahrscheinlichkeitstheoretischen Beschreibung dieses Zufallsexperiments kann die Menge

$$\Omega = \{ [i_1, i_2, i_3, i_4, i_5] : 1 \leqslant i_1 < i_2 < \ldots < i_5 \leqslant 50\}$$

als Menge der Elementarereignisse zugrundegelegt werden, wobei das Elementarereignis $[i_1, i_2, \ldots, i_5]$ den Versuchsausgang beschreibe, daß von den mit den Nummern $1, 2, \ldots, 50$ numeriert gedachten Stücken der Lieferung die Stücke mit den Nummern i_1, i_2, i_3, i_4, i_5 als Stichprobe gezogen wurden. Dabei seien die in der Lieferung enthaltenen 6 defekten Stücke mit den Nummern $1, 2, 3, \ldots, 6$ numeriert zu denken.

a) Wie groß ist die Anzahl der *Ereignisse* bei dieser wahrscheinlichkeitstheoretischen Beschreibung des Experimentes?

b) Man gebe die genaue anschauliche Bedeutung der nachstehend definierten Ereignisse E_1, E_2 und E_3 an und berechne ihre Laplace-Wahrscheinlichkeiten:

$$E_1 = \{[i_1, i_2, \ldots, i_5] : 1 \leqslant i_1 < i_2 \leqslant 6;\ 7 \leqslant i_3 < i_4 < i_5 \leqslant 50\}$$

$$E_2 = \{[i_1, i_2, \ldots, i_5] : 1 \leqslant i_1 < i_2 \leqslant 6\}$$

$$E_3 = \{[i_1, i_2, \ldots, i_5] : 7 \leqslant i_1 < i_2 < \ldots < i_5 \leqslant 50\}.$$

c) Schließen sich die Ereignisse E_1 und E_2 gegenseitig aus?
Schließen sich die Ereignisse E_1 und E_3 gegenseitig aus?

d) Sind die Ereignisse E_1 und E_2 statistisch unabhängig?
Sind die Ereignisse E_1 und E_3 statistisch unabhängig?
(Hierbei gehe man von folgender Definition aus: Zwei Ereignisse E_1 und E_2 heißen genau dann statistisch unabhängig, wenn

$$W(E_1 \cap E_2) = W(E_1) \cdot W(E_2) \qquad \text{gilt.)}$$

Sodann überprüfe man, ob die soeben angegebene Definition der statistischen Unabhängigkeit wenigstens in den beiden vorliegenden Fällen die Bedeutung des Wortes „unabhängig“ in der natürlichen Sprache korrekt erfaßt.

Vorbemerkung zu Aufgabe 4:* Die in den beiden vorangehenden Aufgaben behandelten Urnenmodelle für das „Ziehen mit Zurücklegen“ und „Ziehen ohne Zurücklegen“ unterscheiden sich von der Anschauung her offensichtlich dadurch, daß beim Ziehen mit Zurücklegen die Ergebnisse der einzelnen Züge unabhängig voneinander sind (wie dies u.a. die Aufgabe 2e zeigt), während dies beim Ziehen ohne Zurücklegen anschaulich gesehen nicht der Fall ist. Leider ist es jedoch mit Hilfe der in Aufgabe 3 benutzten üblichen Definition der Elementarereignisse nicht möglich, etwa das Ereignis „der erste Zug ergibt schwarz“ zu beschreiben, weil es bei dieser Deutung des Ziehens *ohne* Zurücklegen gar keine verschiedenen Züge gibt. Selbstverständlich kann man jedoch das Ziehen ohne Zurücklegen auch dadurch realisieren bzw. deuten, daß man eine erste Kugel zufällig herausgreift, ihre Farbe notiert und aus den verbliebenen Kugeln eine zweite Kugel herausgreift etc. In der folgenden Aufgabe wird die entsprechende etwas kompliziertere Beschreibungsmöglichkeit des Ziehens ohne Zurücklegen geliefert, womit es dann möglich wird den eingangs erwähnten anschaulichen Unterschied zwischen den beiden Ziehungsverfahren auch mit Hilfe der Definition der statistischen Unabhängigkeit herauszuarbeiten.

Aufgabe 4*: Aus einer Urne, die 10 Kugeln enthält von denen genau 3 schwarz sind, werden 3 Kugeln zufällig und *ohne Zurücklegen* herausgegriffen, indem man eine erste Kugel zufällig herausgreift, ihre Farbe notiert und sodann aus den verbliebenen 9 Kugeln eine weitere Kugel zufällig herausgreift, ihre Farbe notiert und aus den verbliebenen 8 Kugeln eine dritte Kugel zufällig herausgreift und ihre Farbe notiert. Denkt man sich die Kugeln der Urne mit den Zahlen 1, 2, 3, . . . , 10 als Nummern durchnumeriert, so kann man als Menge der zur wahrscheinlichkeitstheoretischen Beschreibung dieses Versuches erforderlichen Elementarereignisse

$$\Omega = \{ [(i_1, i_2, i_3)] : 1 \leqslant i_j \leqslant 10,\ i_j \neq i_k \quad \text{für } j \neq k \}$$

wählen, wobei $[(i_1, i_2, i_3)]$ den Versuchsausgang beschreiben möge, daß beim j-ten Zug (j = 1, 2, 3) die Kugel Nr. i_j gezogen wird. Dabei denke man sich die Numerierung der Kugeln so erfolgt, daß gerade die 3 schwarzen Kugeln die Zahlen 1, 2, 3 als Nummern erhalten haben.

a) Wie viele Elemente enthält Ω?
b) Man gebe die genaue, anschauliche Bedeutung der nachstehend definierten Ereignisse E_1, E_2 und E_3 an und berechne ihre Wahrscheinlichkeiten:

$$E_1 = \{ [(i_1, i_2, i_3)] : 1 \leqslant i_j \leqslant 3 \quad \text{für } j = 1, 2, 3 \},$$

$$E_2 = \{ [(i_1, i_2, i_3)] : 1 \leqslant i_1 \leqslant 3 \},$$

$$E_3 = \{ [(i_1, i_2, i_3)] : 1 \leqslant i_2 \leqslant 3 \}.$$

c) Sind die Ereignisse E_1 und E_2 statistisch unabhängig?
Sind die Ereignisse E_2 und E_3 statistisch unabhängig?

Aufgabe 5: Aus einer Grundgesamtheit von N = 10 Elementen werde *mit Zurücklegen* eine Zufallsstichprobe vom Umfang n = 3 gezogen. Als Menge der Elementarereignisse werde wieder wie in Aufgabe 2 die Menge

$$\Omega = \{(i_1, i_2, i_3) : 1 \leqslant i_j \leqslant 10 \quad \text{für } j = 1, 2, 3\}$$

benutzt. Die so definierten Elementarereignisse seien alle gleichwahrscheinlich, d.h. die Laplace-Voraussetzung sei erfüllt. Man zeige nun, daß aus dieser Voraussetzung die folgende wichtige Eigenschaft von Zufallsstichproben (im folgenden kurz „Stichprobenbedingung" genannt) folgt: Alle Elemente der Grundgesamtheit besitzen die gleiche Wahrscheinlichkeit, in die Stichprobe zu gelangen. Dabei soll es genügen, diesen Beweis für die Elemente Nr. 1, 2 und 3 zu führen. Dazu betrachte man die Ereignisse

E_i : Element Nr. i gelangt (mindestens ein Mal) in die Stichprobe (i = 1, 2, 3)

und behandle folgende Teilaufgaben:

a) Man berechne die Anzahl $|E_i|$ der Elemente von E_i für i = 1, 2, 3.
b) Man berechne die Laplace-Wahrscheinlichkeiten $W(E_i)$ für i = 1, 2, 3.

Anschließend beweise man den Satz, daß aus der Laplace-Voraussetzung die „Stichprobenbedingung" für beliebige Werte der Parameter N und n folgt.

Sodann prüfe man, ob die Ereignisse E_1, E_2, E_3 statistisch unabhängig sind. Ferner gebe man an, nach welcher Verteilungsfunktion die zufällige Variable ξ_M verteilt ist, wobei ξ_M die Anzahl der Elemente mit einer Eigenschaft A in der Stichprobe bezeichnet und M die Anzahl der Elemente mit der Eigenschaft A in der Grundgesamtheit ist.

Anmerkung: Die Tatsache, daß die Umkehrung des hier bewiesenen Satzes nicht gilt, zeigt u.a. Aufgabe 6*.

Aufgabe 6*: Für das Urnen-Modell „Ziehen mit Zurücklegen" zeige man anhand des Spezialfalles einer Urne mit N = 2 Kugeln, aus der n = 2 Kugeln mit Zurücklegen herausgegriffen werden, daß gilt:

a) „Stichprobenbedingung" (s. Aufgabe 5) $\not\Longrightarrow$ Laplace-Voraussetzung.

b) „Stichprobenbedingung" $\not\Longrightarrow$ ξ_M binomialverteilt nach $Bi\left(n; \frac{M}{N}\right)$, wobei ξ_M die Anzahl der durch eine Eigenschaft A ausgezeichneten Elemente in der Stichprobe und M die Anzahl dieser Elemente in der Grundgesamtheit ist.

Dies bedeutet also: Aus der „Stichprobenbedingung" läßt sich weder die Laplace-Voraussetzung herleiten noch die Binomial-Verteilung.

Anmerkung zu den Aufgaben 5 und 6*:

Die Analoga der in den Aufgaben 5 und 6* für das Urnenmodell *Ziehen mit Zurücklegen* zu zeigenden Aussagen treffen auch für das Urnenmodell *Ziehen ohne Zurücklegen* zu (s. Aufgabe 7), d.h. für beide Urnenmodelle gilt:

Laplace-Voraussetzung

$\Downarrow$ (links) $\not\Uparrow \; \Downarrow$ (rechts)

ξ binomialverteilt bzw. hypergeometrisch verteilt $\;\not\Longleftarrow\;$ „Stichprobenbedingung"

Damit ist die in weniger mathematisch orientierten Darstellungen oft als definierende Eigenschaft für Zufallsstichproben verwendete „Stichprobenbedingung" für diesen Zweck als untauglich erwiesen. Aus der Lösung der Aufgaben 6* und 7 sieht man sogar: aus der „Stichprobenbedingung" lassen sich nicht nur die beiden Verteilungstypen *hypergeometrische Verteilung* und *Binomial-*

Verteilung nicht herleiten, sondern die „Stichprobenbedingung" determiniert noch nicht einmal irgendeine bestimmte Verteilung der Anzahl ausgezeichneter Elemente in einer Stichprobe, d.h. mit der „Stichprobenbedingung" als definierender Eigenschaft würde der Sinn jeder Definition von Zufallsstichprobe verfehlt.

Ferner läßt sich zeigen (s. **Metrika** 26 (1979), S. 219–236, Satz 1): Für das Urnenmodell *Ziehen ohne Zurücklegen* ist die Laplace-Voraussetzung sogar äquivalent damit, daß die Anzahl ≪ausgezeichneter≫ Elemente in einer Stichprobe „stets" nach der hypergeometrischen Verteilung verteilt ist.

Aufgabe 7: Aus einer Urne, die unter 4 numerierten Elementen genau 2 durch die Eigenschaft A ausgezeichnete und mit 1, 2 numerierte Element enthält, wird ohne Zurücklegen eine Stichprobe von n = 2 Elementen gezogen. Als Menge der Elementarereignisse benutze man

$$\Omega = \{[1,2], [1,3], [1,4], [2,3], [2,4], [3,4]\},$$

wobei [a, b] bedeute, daß die Elemente Nr. a und Nr. b gezogen werden. Hierbei bezeichne ξ die Anzahl der ausgezeichneten Elemente in der Stichprobe. Anstelle der hinsichtlich praktischer Anwendung sinnvollen Laplace-Annahme, soll hier angenommen werden, daß die 6 Elementarereignisse in der vorstehenden Reihenfolge folgende Wahrscheinlichkeiten besitzen:

$$0{,}1; 0{,}1; 0{,}3; 0{,}3; 0{,}1; 0{,}1, \text{ d.h. } W(\{[1,2]\}) = 0{,}1,\ W(\{[1,3]\}) = 0{,}1, \ldots$$

a) Man berechne $W(E_i)$ für i = 1, 2, 3, 4, wobei E_i bedeute, daß sich das Element Nr. i in der Stichprobe befindet.
b) Die Aussage, daß alle Elemente der Grundgesamtheit (= Urne) die gleiche Wahrscheinlichkeit besitzen, in die Stichprobe zu gelangen, werde als „Stichprobenbedingung" bezeichnet.
   Man zeige: Laplace-Voraussetzung bezüglich $\Omega \Longrightarrow$ „Stichprobenbedingung". Was läßt sich über die Umkehrung des vorstehenden Satzes aufgrund des Ergebnisses zu a) sagen?
c) Man zeige: „Stichprobenbedingung" $\not\Longrightarrow$ ξ hypergeometrisch verteilt nach $H\left(N; n; \frac{M}{N}\right)$.

Aufgabe 8: Unter den 4 Bewerbern für 2 freie Stellen möge eine feste Reihenfolge dieser 4 Bewerber hinsichtlich ihrer einschlägigen Qualifikation bestehen. Unter der Annahme, daß aus den 4 Bewerbern 2 zufällig ausgewählt werden, berechne man die Wahrscheinlichkeit für die folgenden Ereignisse:

E_1 : man erhält die beiden „besten" Bewerber
E_2 : man erhält keinen der beiden „besten" Bewerber.

Aufgabe 9: Drei Skatspieler A, B und C treffen sich zu zwei Skatabenden und ermitteln jeweils die Reihenfolge: „bester Spieler des Abends“ – „zweitbester Spieler des Abends“ – „schlechtester Spieler des Abends“. Unter der Annahme, daß diese Reihenfolge nur vom Zufall abhängt, berechne man die Wahrscheinlichkeit der folgenden Ereignisse:

a) an beiden Abenden ist Spieler A „bester Spieler des Abends“.
b) an beiden Abenden ergibt sich die gleiche Reihenfolge.
c) an beiden Abenden ergibt sich die Reihenfolge A – B – C .

Man gebe die der Lösung zugrundegelegte Menge der Elementarereignisse bei jeder dieser drei Teilaufgaben an. Sodann berechne man die Wahrscheinlichkeiten der zu den in den Teilaufgaben a), b) und c) definierten Ereignissen analogen Ereignisse für den Fall, daß sich die Skatspieler zu 3 Skatabenden treffen.

Aufgabe 10: Aus einer Urne, die $N = 10$ Kugeln enthält, von denen genau $M = 3$ schwarz sind, werden $n = 4$ Kugeln zufällig herausgegriffen und zwar

a) ohne Zurücklegen.
b) mit Zurücklegen (s. Text von Aufgabe 2).

Man berechne die Wahrscheinlichkeiten $W(E_i)$ für $i = 0, 1, 2, 3, 4$, wobei E_i das Ereignis „man erhält genau i schwarze Kugeln“ beschreiben möge. Man führe eine Kontrolle der numerischen Ergebnisse durch.

Aufgabe 11: Man gebe genau an, wie sich die in den Aufgaben 1, 8 und 9 beschriebenen Zufallsexperimente auf eines der beiden der in Aufgabe 10 verwendeten Urnenmodelle (Ziehen ohne Zurücklegen und Ziehen mit Zurücklegen) zurückführen lassen.

Aufgabe 12 (Klausuraufgabe im Wahlfach): Eine Untersuchungsmethode zur Früherkennung einer bestimmten Krankheit liefert bei einer kranken Person mit einer Wahrscheinlichkeit von 90 % einen Befund; andererseits liefert diese Methode aber auch bei einer von der betreffenden Krankheit freien Person mit einer Wahrscheinlichkeit von 1 % einen Befund.

Es werde angenommen, daß die betreffende Krankheit in der interessierenden Grundgesamtheit genau bei 0,1 % der Personen vorliegt.

a) Man gebe zunächst ein Urnenmodell an, in dem die verschiedenen Fälle (Kranke mit Befund, Kranke ohne Befund, Gesunde mit Befund, Gesunde ohne Befund) durch geeignete Anzahlen von Kugeln repräsentiert werden.
b) Mit Hilfe des als Teilaufgabe a) konstruierten Urnenmodells berechne man folgende Wahrscheinlichkeiten:
   1) Wahrscheinlichkeit dafür, daß eine zufällig aus der Grundgesamtheit (Urne) herausgegriffene Person einen Befund liefert.

2) Wahrscheinlichkeit dafür, daß eine zufällig aus der Menge der „Personen mit Befund“ herausgegriffene Person tatsächlich Träger der Krankheit ist.

c) Es werde angenommen, daß die Behandlung einer kranken Person durchschnittlich 10 000 DM erfordert, während die Behandlung einer von der Krankheit freien Person, die aber einen Befund geliefert hat, durchschnittlich 1 000 DM erfordert (da erst im Verlauf der Behandlung die exakte Diagnose gestellt werden kann). Man berechne die durchschnittlichen Behandlungskosten für die zu behandelnden Personen (= Personen mit Befund) in einer Bevölkerung (Grundgesamtheit) von einer Million.

Aufgabe 13: Ein Skatspiel von 32 Karten werde zufällig ausgeteilt. Man berechne die Wahrscheinlichkeit dafür, daß Spieler A mit seinen 10 Karten
a) genau 2 Buben und außerdem von jeder Farbe 2 Karten erhält.
b) keinen Buben und nur Karten von 2 Farben erhält.

Aufgabe 14: Ein Skatspiel von 32 Karten werde zufällig ausgeteilt. Man berechne die Wahrscheinlichkeit dafür, daß
a) Spieler A mindestens 3 Buben erhält.
b) irgendein Spieler mindestens 3 Buben erhält.
c) Spieler A mindestens 2 Buben erhält.
d) irgendein Spieler mindestens 2 Buben erhält.

Aufgabe 15: Für das Skatspiel berechne man
a) die Wahrscheinlichkeit dafür, daß bei 100 Partien (Spielen) Spieler A mindestens einmal mit seinen 10 Karten alle 4 Buben erhält.
b) die Wahrscheinlichkeit dafür, daß bei 100 Partien mindestens einmal irgendeiner der Spieler alle 4 Buben erhält.
c) die Mindestanzahl von Partien, an denen sich Spieler A beteiligen muß, damit er mit mindestens 90 % Wahrscheinlichkeit wenigstens einmal alle 4 Buben erhält.

Welche Voraussetzung über die Partien muß für diese Berechnungen erfüllt sein?

Aufgabe 16: Bei einem bestimmten statistischen Verfahren betrage die sog. Irrtumswahrscheinlichkeit (= Wahrscheinlichkeit, den „Fehler 1. Art“ zu begehen) 5 %. Man berechne die Wahrscheinlichkeit dafür, daß man bei n-maliger Anwendung dieses Verfahrens nie den Fehler 1. Art begeht. Für $n = 10$ und $n = 100$ gebe man die Wahrscheinlichkeit auf 3 Stellen nach dem Komma genau an.

Welche Voraussetzung muß für diese Berechnung als erfüllt angesehen werden?

Aufgabe 17: Man gebe eine Lösung des nachstehenden Problems an, das im Jahre 1654 vom Chevalier *de Méré* dem Mathematiker *Blaise Pascal* vorgelegt wurde und neben anderen wahrscheinlichkeitstheoretischen Fragen in einem inzwischen berühmten Briefwechsel zwischen *Pascal* und *Fermat* behandelt und gelöst wurde: Wie oft muß man mindestens einen Wurf mit 2 Würfeln ausführen, damit die Wahrscheinlichkeit dafür, daß man wenigstens einmal eine Doppelsechs erhält, größer als 1/2 ist?

Aufgabe 18: Man gebe eine notwendige und hinreichende Bedingung dafür an, daß zwei sich gegenseitig ausschließende Ereignisse unabhängig sind.

Aufgabe 19: Es sei

$$\Omega = \{\omega_1, \omega_2, \ldots, \omega_N\}$$

die Menge der einen Versuch beschreibenden Elementarereignisse. Man berechne die Anzahl der bei diesem Versuch zu betrachtenden Ereignisse (= Anzahl der Teilmengen von Ω), indem man jeweils die Anzahl der ν-elementigen ($\nu = 0, 1, \ldots, N$) Teilmengen abzählt und diese Anzahlen aufsummiert.

Vorbemerkung zu den Aufgaben 20 bis 26 über das Zahlen-Lotto „6 aus 49":* Das Glücksspiel Zahlen-Lotto „6 aus 49" besteht darin, daß der Teilnehmer auf einem Tippschein von den Zahlen 1 bis 49 genau 6 verschiedene Zahlen durch Ankreuzen kennzeichnet und für die Teilnahme an der Gewinn-Ausspielung 0,50 DM als Einsatz entrichtet. Bei der Ausspielung werden zunächst 6 sog. Gewinnzahlen ermittelt. Ein Gewinn wird auf jeden Tippschein ausgezahlt, der mindestens 3 Treffer enthält, d.h. auf dem mindestens 3 der 6 Gewinnzahlen angekreuzt wurden. Schließlich wird aus den verbleibenden 43 Nicht-Gewinnzahlen eine sog. Zusatzzahl zufällig gezogen; sie dient dazu, in der Gruppe der Gewinne mit genau 5 Treffern diejenigen als „5 Treffer mit Zusatzzahl" auszuzeichnen, bei denen die angekreuzte Nicht-Gewinnzahl die Zusatzzahl ist. Im einzelnen sieht der Gewinnplan vor, daß 50 % der Einsatzsumme bei einer Ausspielung an die Spieler als Gewinne ausgeschüttet werden, und zwar

20 % der Ausschüttungssumme in der Gewinn-Klasse I	(6 Treffer)
5 % der Ausschüttungssumme in der Gewinn-Klasse II	(5 Treffer mit Zusatzzahl)
25 % der Ausschüttungssumme in der Gewinn-Klasse III	(5 Treffer ohne Zusatzzahl)
25 % der Ausschüttungssumme in der Gewinn-Klasse IV	(4 Treffer)
25 % der Ausschüttungssumme in der Gewinn-Klasse V	(3 Treffer),

wobei in der Klasse I die Gewinnsumme pro Tippreihe auf 500 000,– DM begrenzt ist und ein dadurch eventuell in der Klasse I verbleibender Überschuß der Klasse II zugeschlagen wird.

Der vorstehende Gewinnplan wurde am 1.7.1974 wie folgt modifiziert: Der Höchstgewinn wurde von 500 000 DM auf 1,5 Millionen DM erhöht und die vorstehende prozentuale Aufteilung der Ausschüttungssumme auf die 5 Gewinn-Klassen I bis V wurde abgeändert in 15,0 %, 7,5 %, 22,5 %, 22,5 % und 32,5 %. Bei der Formulierung und Lösung der nachstehenden Aufgaben wird zunächst von dem bis zum 30.6.1974 gültigen Gewinnplan ausgegangen. Bei allen Aufgaben, bei denen die angegebenen Modifikationen des Gewinnplanes Änderungen in der Fragestellung oder Lösung bedingen, sind diese Änderungen am Schluß der jeweiligen Lösung angegeben. Dies ist bei den Aufgaben 24, 25 und 26 der Fall.

Aufgabe 20: Für das Zahlen-Lotto „6 aus 49" berechne man die Wahrscheinlichkeit, mit einer Tippreihe bei einer Ausspielung irgendeinen Gewinn zu erzielen.

Lösungshinweis: $\binom{49}{6} = 13\,983\,816$

Aufgabe 21*: Für das Zahlen-Lotto „6 aus 49" berechne man die Wahrscheinlichkeit, mit einer Tippreihe bei einer Ausspielung einen Gewinn in der Klasse II (5 Treffer mit Zusatzzahl) zu erzielen.

Aufgabe 22: Für das Zahlen-Lotto „6 aus 49" berechne man für jede der 5 Gewinn-Klassen die durchschnittliche Besetzungszahl (= Anzahl der Gewinne in der betreffenden Klasse) für Ausspielungen, an denen

a) 13 983 816 Tippreihen
b) 10^8 Tippreihen

beteiligt sind. (In der unter b) genannten Größenordnung lag im Jahre 1972 die tatsächliche Anzahl der an einer Ausspielung beteiligten Tippreihen.)

Benötigt man für diese Berechnungen die Voraussetzung, daß die beteiligten Tippreihen unabhängig voneinander ausgefüllt werden?

Lösungshinweis: Man benutze das Ergebnis von Aufgabe 21*.

Aufgabe 23: Für das Zahlen-Lotto „6 aus 49" berechne man die Wahrscheinlichkeit dafür, daß es bei einer Ausspielung mit

a) 13 983 816 beteiligten Tippreihen
b) 10^8 beteiligten Tippreihen

keine Tippreihe mit 6 Treffern gibt.
Welche Voraussetzung über die beteiligten Tippreihen muß für diese Berechnungen als erfüllt angesehen werden?

Lösungshinweis: Approximation mittels der Poisson-Verteilung. (Leser, die mit der Poisson-Verteilung nicht vertraut sind, sollten wenigstens die exakte Lösung aufschreiben und dann erst die zur numerischen Berechnung praktisch erforderliche Approximationsmöglichkeit nachschlagen.)

Aufgabe 24: Für eine Ausspielung beim Zahlen-Lotto „6 aus 49", an der 13 983 816 Tippreihen beteiligt sind, berechne man die Wahrscheinlichkeit dafür, daß

a) in der Gewinn-Klasse I (6 Treffer) die Gewinnhöhe genau 500 000 DM beträgt.
b) auf eine Tippreihe, die 6 Treffer enthält, der Höchstgewinn von 500 000 DM ausgezahlt wird.

Welche Voraussetzung über die beteiligten Tippreihen muß für diese Berechnung als erfüllt angesehen werden?
Wie lauten die analogen Ergebnisse für den Fall, daß an der Ausspielung 10^8 Tippreihen beteiligt sind?

Lösungshinweis: Approximation mittels der Poisson-Verteilung (s. Aufgabe 31). (Leser, die mit der Poisson-Verteilung nicht vertraut sind, sollten wenigstens die exakte Lösung aufschreiben und dann erst die zur numerischen Berechnung praktisch erforderliche Approximationsmöglichkeit nachschlagen.)

Aufgabe 25: Für das Zahlen-Lotto „6 aus 49" berechne man den durchschnittlichen Anteil der Ausschüttungssumme in der Gewinn-Klasse I an der gesamten Gewinn-Ausschüttungssumme für den Fall, daß an der Ausspielung

13 983 816 Tippreihen

beteiligt sind.
Benötigt man für diese Berechnungen die Voraussetzung, daß die beteiligten Tippreihen unabhängig voneinander ausgefüllt werden?

Lösungshinweis: Approximation der Binomialverteilung mittels der Poisson-Verteilung (s. Aufgabe 31).

Aufgabe 26*:

a) Für das Zahlen-Lotto „6 aus 49" berechne man die durchschnittliche Gewinnhöhe in der Gewinn-Klasse I für Ausspielungen mit 13 983 816 beteiligten Tippreihen.
b) Muß das unter a) erhaltene Ergebnis mit dem Quotienten aus der durchschnittlichen Ausschüttungssumme in Klasse I (s. Aufgabe 25) und der durchschnittlichen Besetzungszahl der Klasse I (s. Aufgabe 22) übereinstimmen?

Vorbemerkung zu den Aufgaben 27 bis 30 zur Lotterie „Glücksspirale 1971": Die folgenden vier Aufgaben haben ein verkleinertes Modell der „Glücksspirale 1971" zum Gegenstand. Die Ziehung erfolgte seinerzeit im Zweiten Deutschen Fernsehen am 12.6.1971 unter staatlicher Aufsicht tatsächlich nach dem in den folgenden Aufgaben behandelten Ziehungsverfahren. Diese Ziehung hat wegen der augenfälligen und nachrechenbaren erheblichen Ungleichwertigkeiten der zu gleichen Preisen verkauften Lose zu heftiger Kritik in der Öffentlichkeit geführt. Leser, die an den wahrscheinlichkeitstheoretischen Aspekten der originalen Verhältnisse der Glücksspirale 1971 interessiert sind, seien auf einen Artikel in der Zeitschrift Metrika **22**, 1975, 1-11 verwiesen (s. auch die Anmerkung zur Lösung von Aufgabe 30).

Aufgabe 27 (Klausuraufgabe im Wahlfach): Eine bestimmte Lotterie (Modell „Glücksspirale 1971") bestehe darin, daß 10 000 Lose mit den Nummern 0000, 0001, 0002, 0003, ..., 9999 verkauft werden und folgender Gewinnplan festgesetzt wird:

1 Hauptgewinn zu 10 000 DM auf eine auszulosende 4-ziffrige Nummer;
10 Nebengewinne zu je 1 000 DM auf diejenigen 10 Lose, bei denen die letzten drei Ziffern eine auszulosende 3-ziffrige Nummer bilden.

Die beiden erforderlichen Auslosungen geschehen wie folgt: Aus einer Trommel mit 40 Kugeln, von denen je 4 die Ziffer 0, je 4 die Ziffer 1, ..., je 4 die Ziffer 9 tragen, läßt man 4 bzw. 3 Kugeln jeweils *gleichzeitig* in nebeneinander angeordnete Fächer rollen und liest sie jeweils von links nach rechts als die erforderliche 4-ziffrige bzw. 3-ziffrige Nummer.

a) Man berechne sowohl die Wahrscheinlichkeit W_1, auf Los Nr. 1111 den Hauptgewinn zu erhalten, als auch die Wahrscheinlichkeit W_2, auf dieses Los einen der 10 übrigen Gewinne zu erhalten.
b) Man berechne den Erwartungswert, der auf das Los Nr. 1111 entfallenden Gewinnsumme.
c) Wie groß müßte der Erwartungswert der auf das Los Nr. 1111 entfallenden Gewinnsumme sein, falls die 10 000 Lose hinsichtlich ihres Gewinn-Erwartungswertes gleichwertig wären?
d) Wie ließe sich das angegebene Auslosungsverfahren modifizieren, damit die 10 000 verschiedenen Lose gleichwertig wären?

Aufgabe 28: Für die Lotterie der Aufgabe 27 gebe man an, welche Klassen man erhält, wenn man die 10 000 Lose hinsichtlich ihrer Gewinn-Wahrscheinlichkeiten bezüglich des Hauptgewinnes in Klassen einteilt. Für jede dieser Klassen berechne man die Wahrscheinlichkeit dafür, daß auf ein bestimmtes Los der Klasse der Hauptgewinn fällt.

Sodann berechne man den Quotienten aus der maximalen und der minimalen Hauptgewinn-Wahrscheinlichkeit.

Aufgabe 29: Für die Lotterie der Aufgabe 27 gebe man an, welche Klassen man erhält, wenn man die 10 000 Lose hinsichtlich ihrer Wahrscheinlichkeiten, mit ihnen einen der 10 Nebengewinne zu erhalten, in Klassen einteilt. Für jede dieser Klassen berechne man die Wahrscheinlichkeit dafür, daß auf ein bestimmtes Los der Klasse einer der Nebengewinne fällt.

Sodann berechne man den Quotienten aus der maximalen und der minimalen Nebengewinn-Wahrscheinlichkeit.

Aufgabe 30*: Für die Lotterie der Aufgabe 27 gebe man an, welche Klassen man erhält, wenn man die 10 000 Lose hinsichtlich ihrer Gewinn-Erwartungswerte in Klassen einteilt. Für jede dieser Klassen berechne man den Gewinn-Erwartungswert, den ein Los der Klasse besitzt.

Sodann berechne man die Besetzungszahlen aller Losklassen und führe mit ihrer Hilfe eine Kontrolle der berechneten Erwartungswerte durch. Ferner berechne man den Quotienten aus dem maximalen und dem minimalen Gewinn-Erwartungswert.

Schließlich berechne man die korrekten Preise für die Lose Nr. 1234 und Nr. 1111 unter der Voraussetzung, daß die Preise aller Lose ihrem Gewinn-Erwartungswert gemäß festgesetzt werden und genau 50 % der Einsatzsumme für die Gewinn-Ausschüttung vorgesehen werden.

Aufgabe 31: Aus einer Grundgesamtheit von $N = 100$ Elementen, von denen $M = 10$ Elemente durch eine bestimmte Eigenschaft A ausgezeichnet sind (z.B. die Eigenschaft, defekt zu sein bei einer Lieferung von irgendwelchen Einzelteilen), werde eine Zufallsstichprobe vom Umfang $n = 5$ gezogen und zwar

a) ohne Zurücklegen.
b) mit Zurücklegen.

Für die Verteilungsfunktion der Anzahl ausgezeichneter Elemente in der Stichprobe berechne man in beiden Fällen eine vollständige Wertetabelle.

Sodann berechne man zum Vergleich die Wertetabelle einer nach der Poisson-Verteilung verteilten zufälligen Variablen, deren Erwartungswert mit den Erwartungswerten der beiden soeben berechneten Verteilungsfunktionen übereinstimmt. Zur Veranschaulichung zeichne man alle drei Verteilungsfunktionen unter Benutzung des gleichen Koordinaten-Systems.

Aufgabe 32 (Klausuraufgabe): Ein Skatspiel von 32 Karten (unter denen sich bekanntlich genau 4 sog. Buben befinden) sei bereits zufällig an die 3 Spieler (von denen jeder 10 Karten erhält) ausgeteilt, und Spieler A habe festgestellt, daß er *genau einen* Buben erhalten hat. Es bezeichne ξ die Anzahl der Buben, die im Skat liegen.

a) Man berechne und zeichne die Verteilungsfunktion F von ξ. Dazu gebe man eine *vollständige* Wertetabelle für F an, wobei jeder Funktionswert von F auf 2 Stellen nach dem Komma genau zu berechnen ist.
b) Man berechne den Erwartungswert und die Streuung von ξ jeweils auf 2 gültige Ziffern.

Aufgabe 33: Es bezeichne ξ die Augensumme beim Würfeln mit 2 Würfeln. Man berechne eine vollständige Wertetabelle der Verteilungsfunktion von ξ sowie den Erwartungswert und die Streuung von ξ.

Sodann gebe man an, ob ξ nach einer hypergeometrischen Verteilung oder einer Binomial-Verteilung verteilt ist.

Aufgabe 34 (Klausuraufgabe): Bei einer Tombola werden 1 000 Lose verkauft und folgende Gewinne verlost (die Ziehung dieser Gewinne erfolgt ohne Zurücklegen der gezogenen Gewinn-Lose, d.h. auf ein Los kann höchstens ein Gewinn fallen):

1 Gewinn	à	400 DM
10 Gewinne	à	100 DM
10 Gewinne	à	10 DM

Es bezeichne ξ die Höhe des Gewinnes, die auf ein gekauftes Los entfällt.

a) Man berechne den Erwartungswert und die Streuung von ξ.
b) Man berechne eine *vollständige* Wertetabelle der Verteilungsfunktion F von ξ.
c) Für jede der folgenden 3 Aussagen gebe man jeweils nur an, ob sie richtig oder falsch ist:
   Die Zufallsgröße ξ ist nach
   1) einer hypergeometrischen Verteilung verteilt.
   2) einer Binomial-Verteilung verteilt.
   3) einer Normalverteilung verteilt.
d) Wie hoch müßte man den Preis pro Los festlegen, wenn man nur genau 50 % der Einnahmen beim Losverkauf für die Bereitstellung der zu verlosenden Gewinne zu verwenden gedenkt?

Aufgabe 35: Es sei ξ eine nach der Normalverteilung $N(500;20^2)$ verteilte zufällige Variable, also eine mit dem Mittelwert $\mu = 500$ und der Streuung $\sigma = 20$ normalverteilte zufällige Variable. Man berechne $W(\xi \leqslant 500)$, $W(\xi = 500)$, $W(\xi \geqslant 510)$, $W(495 < \xi < 525)$ und x derart, daß

$$W(500 - x < \xi < 500 + x) = 0{,}90 \qquad \text{gilt.}$$

Sodann skizziere man die Verteilungsfunktion F von ξ.

Aufgabe 36: Es sei ξ eine nach der Normalverteilung N $(\mu; \sigma^2)$ verteilte zufällige Variable. Man berechne $W(\mu - \sigma < \xi < \mu + \sigma)$, $W(\mu - 2\sigma < \xi < \mu + 2\sigma)$ und $W(\mu - 3\sigma < \xi < \mu + 3\sigma)$, d.h. die Wahrscheinlichkeiten dafür, daß eine Realisation der zufälligen Variablen ξ in ihr sog. 1 σ-Intervall, 2 σ-Intervall bzw. 3 σ-Intervall fällt.

Aufgabe 37 (Klausuraufgabe): Mittels einer Abfüllmaschine werden ξ_1 Gramm eines Produktes in ξ_2 Gramm schwere Dosen gefüllt. Sodann werden 100 gefüllte Dosen in eine ξ_3 Gramm schwere Kiste verpackt. Dabei seien ξ_1, ξ_2 und ξ_3 unabhängige und ausreichend genau nach den Normalverteilungen N $(155; 4^2)$, N $(45; 3^2)$ und N $(1\,000; 20^2)$ verteilte zufällige Variable.

a) Man bestimme Erwartungswert und Streuung des Gewichtes einer aus der Produktion zufällig herausgegriffenen, *gefüllten* Dose.
b) Man berechne $W(\xi_1 + \xi_2 \leqslant 215)$.
c) Man berechne den Erwartungswert und die Streuung des Gewichtes einer zufällig aus der Produktion herausgegriffenen gefüllten Kiste. Nach welcher Verteilungsfunktion ist dieses Gewicht verteilt?

Aufgabe 38 (Klausuraufgabe): Bei einem statistischen Verfahren betrage die Wahrscheinlichkeit, eine bestimmte Fehlentscheidung (sog. Fehler 1. Art) zu treffen, genau 0,05. Es bezeichne ξ_n die Anzahl von Fehlentscheidungen bei n unabhängigen Anwendungen dieses Verfahrens.

a) Man gebe genau an, nach welcher Verteilungsfunktion die zufällige Variable ξ_n verteilt ist. Für den Spezialfall $n = 3$ berechne und zeichne man diese Verteilungsfunktion; dazu gebe man eine vollständige Wertetabelle an (2 Stellen nach dem Komma).
b) Man berechne die Wahrscheinlichkeit dafür, daß bei 1 000 Anwendungen des Verfahrens höchstens 40 Fehlentscheidungen getroffen werden.

Aufgabe 39: Eine Lieferung von 10 000 bestimmten Einzelteilen werde mit Hilfe des folgenden statistischen Prüfplans geprüft. Man zieht eine Zufallsstichprobe vom Umfang $n = 300$ und handelt wie folgt:

1. Befinden sich höchstens 20 schlechte Stücke in der Stichprobe, so wird die Lieferung angenommen.
2. Liegt die Anzahl der schlechten Stücke in der Stichprobe zwischen 21 einschließlich und 25 einschließlich, so werden alle 10 000 Stücke überprüft (sog. Totalkontrolle).
3. Befinden sich mehr als 25 schlechte Stücke in der Stichprobe, so wird die Lieferung abgelehnt.

Für eine Lieferung, die 6 % defekte Stücke enthält, berechne man die Wahrscheinlichkeit für das Eintreten jedes dieser 3 Fälle. Sodann berechne und zeichne man für eine solche Lieferung die Verteilungsfunktion der bei Verwendung des obigen Prüfplanes entstehenden Kosten für den Fall, daß ausschließlich folgende Kosten berücksichtigt werden: für jedes angenommene schlechte Stück 8,00 DM; für jedes in der Totalkontrolle zu prüfende Stück 0,50 DM Prüfkosten, für jedes abgelehnte einwandfreie Stück 1,00 DM. Ferner berechne man den Erwartungswert dieser Kosten.

Aufgabe 40 (Klausuraufgabe im Wahlfach): Ein bestimmtes technisches Gerät wird aus drei Einzelteilen A, B und C zusammengesetzt, wobei das Gerät dann und nur dann funktioniert, wenn alle 3 Einzelteile funktionieren und kein Fehler beim Zusammensetzen passiert.
Die Wahrscheinlichkeiten, daß die Einzelteile A, B, C defekt sind, betragen jeweils 1 %, 1 % und 5 %, während die Wahrscheinlichkeit für einen Fehler beim Zusammensetzen 2 % betrage. Ferner ist bekannt, daß diese 4 Fehler-Typen unabhängig voneinander auftreten.

a) Man berechne Erwartungswert und Streuung der Anzahl defekter Exemplare des Gerätes, die sich in einer Lieferung von 1 000 Exemplaren befinden.
b) Die Firma gedenkt über eine zufällig zusammengestellte Lieferung von 1 000 Exemplaren des Gerätes die Garantie zu geben, daß sich höchstens 110 defekte Exemplare in der Lieferung befinden. Mit welcher Wahrscheinlichkeit trifft die Garantie-Aussage zu?
c) Es sei bekannt, daß jedes defekte Exemplar des Gerätes der Herstellerfirma insgesamt 100 DM an Kosten verursacht. Aufgrund dieser Tatsache soll die Frage entschieden werden, ob von der Möglichkeit Gebrauch gemacht werden soll, die Einzelteile des Typs C zu einem höheren Preis so zu beziehen, daß ein Teil C auch nur noch mit einer Wahrscheinlichkeit von 1 % defekt ist. Wie hoch darf der Aufpreis pro Stück des Teiles C höchstens sein, damit es sich dem Erwartungswert nach gerade noch lohnt, die Teile C der höheren Preisklasse zu beziehen?

Aufgabe 41 (Klausuraufgabe): Das Gewicht des von einer bestimmten Abfüllmaschine in einem Arbeitsgang abgefüllten Produktes werde ausreichend genau durch eine normalverteilte zufällige Variable mit $\mu = 100{,}30$ g und $\sigma = 2{,}0$ g beschrieben. Durch 25 hintereinandergeschaltete Abfüllvorgänge soll nun eine Großpackung gefüllt werden.

a) Man berechne den Mittelwert und die Streuung des Nettogewichtes einer zufällig aus der Produktion herausgegriffenen Großpackung.

b) Wie groß ist die Wahrscheinlichkeit dafür, daß das Nettogewicht einer Großpackung mindestens 2,500 kg beträgt?
c) Auf welchen Mittelwert μ müßte man die Abfüllmaschine für einen Arbeitsgang (bei unveränderter Streuung) einstellen, damit die vorgesehene Garantieaussage „Nettoinhalt einer Großpackung mindestens 2,500 kg" mit einer Wahrscheinlichkeit von 90 % zutrifft?
d) Unter der Annahme, daß die unter c) angestrebte Einstellung der Maschine gelungen ist, berechne man die Wahrscheinlichkeit dafür, daß in einer Lieferung von 10 000 Großpackungen höchstens 950 Packungen die Garantieaussage nicht einhalten.

Aufgabe 42 (Klausuraufgabe): Einem Geflügelhalter ist bekannt, daß das Gewicht eines aus der Produktion seiner Farm zufällig herausgegriffenen Hühnereies ausreichend genau durch eine normalverteilte zufällige Variable ξ mit dem Mittelwert 58,5 g und der Streuung 5,0 g beschrieben werden kann.

a) Man berechne für jede der 3 nachstehend definierten Eier-Gewichtsklassen I, II und III, welcher Prozentsatz der Eier der Produktion in diese Gewichtsklasse fällt.

Gewichtsklasse I:	Eier mit	$\xi(\omega) > 60{,}0$ g
Gewichtsklasse II:	Eier mit	$55{,}0\text{ g} < \xi(\omega) \leqslant 60{,}0$ g
Gewichtsklasse III:	Eier mit	$\xi(\omega) \leqslant 55{,}0$ g

b) Man berechne die Wahrscheinlichkeit dafür, daß das Gesamtgewicht von 100 aus der Produktion zufällig herausgegriffenen Eiern nicht größer als 6 kg ausfällt.

Aufgabe 43 (Klausuraufgabe im Wahlfach): Für das Funktionieren einer bestimmten Maschine ist es erforderlich, daß ein bestimmtes, auswechselbares Teil intakt ist. Über die Lebensdauer ξ eines solchen Teiles ist bekannt, daß sie ausreichend genau normalverteilt ist mit dem Mittelwert $\mu = 108$ Stunden und der Streuung $\sigma = 10$ Stunden. An jedem Arbeitstag laufen gleichzeitig 10 dieser Maschinen während 16 Stunden. Die Zeit für das Auswechseln der besagten Teile soll im folgenden außer Betracht gelassen werden.

a) Es bezeichne η die Summe der Lebensdauern eines Vorrates von 150 Stücken dieser Teile. Man berechne den Erwartungswert und die Streuung von η.
b) Man berechne die Wahrscheinlichkeit dafür, daß der Vorrat von 150 Teilen für einen Zeitraum von 100 Arbeitstagen ausreicht.
Ist diese Berechnung auch dann möglich (wenigstens näherungsweise), wenn die Lebensdauer ξ eines Teiles nicht ausreichend genau normalverteilt ist? (Begründung!)

c) In dem Betrieb wird erwogen, ein Teil nach Ablauf von 100 Betriebsstunden auch dann auszuwechseln, wenn es noch intakt ist. Wie groß wäre bei diesem Verfahren die Wahrscheinlichkeit dafür, daß von 10 Teilen *keines* vorzeitig, d.h. innerhalb von 100 Betriebsstunden, ausgewechselt werden müßte?
Nach Ablauf von wieviel Betriebsstunden müßte man die Teile bereits auswechseln, damit die Wahrscheinlichkeit für das vorzeitige Auswechseln für jedes Teil nur 5,0 % betrüge?

Aufgabe 44: Bei einem Glücksspiel erhält man für die Augensumme 18 bei einem Wurf mit 3 einwandfreien Würfeln einen Gewinn im Wert von 40,– DM und für die Augensumme 17 einen Gewinn im Wert von 20,– DM. Der Einsatz pro Partie beträgt 1,– DM.

a) Man berechne den Erwartungswert und die Streuung des Reingewinnes des Veranstalters pro Partie.
b) Wie würden sich die unter a) erhaltenen Ergebnisse ändern, wenn man sowohl den Einsatz als auch die Gewinne verdoppelte?
c) Nach welcher Verteilungsfunktion ist die Summe der Reingewinne von 10 000 Partien näherungsweise verteilt? Man gebe den Erwartungswert und die Streuung dieser Verteilungsfunktion an. Lassen sich diese beiden Berechnungen exakt oder nur näherungsweise durchführen? Welche Voraussetzung muß für diese Berechnungen als erfüllt angesehen werden?

Aufgabe 45 (Zum Bernoulli'schen Gesetz der großen Zahlen): Bei einem bestimmten Versuch trete ein bestimmtes Ereignis E mit der Wahrscheinlichkeit $p = 0{,}4$ ein. Es bezeichne ξ_n die relative Häufigkeit des Eintretens von E bei n unabhängigen Wiederholungen des Ausgangsversuchs.
Man berechne approximativ die Wahrscheinlichkeit

$$W(p - 0{,}05 < \xi_n < p + 0{,}05) \quad \text{für } n = 100 \quad \text{und} \quad n = 1\,000.$$

2. Teil: Statistische Methoden

Aufgabe 46: Um nachzuweisen, daß der Mittelwert μ der Nettogewichte der von einer bestimmten Abfüllmaschine gefüllten Pakete nicht kleiner als 250 g ist, wurden bei 10 zufällig aus der Produktion herausgegriffenen Paketen die folgenden Nettogewichte ermittelt: 259 g, 245 g, 249 g, 266 g, 255 g, 263 g, 253 g, 255 g, 247 g, 250 g.

Um den verlangten Nachweis zu erbringen, teste man die einseitige Nullhypothese $\mu < 250$ g gegen die Alternative $\mu \geqslant 250$ g mit einer Sicherheitswahrscheinlichkeit von 95 %.

Dazu darf angenommen werden, daß die Nettogewichte der von dieser Maschine gefüllten Pakete Realisationen einer ausreichend genau normalverteilten zufälligen Variablen sind. (Man überlege sich auch, wie hier das Testergebnis der zweiseitigen Nullhypothese $\mu = 250$ g gegen die Alternative $\mu \neq 250$ g gelautet hätte.)

Sodann teste man die Nullhypothese sowohl mit Hilfe eines geeigneten Rangtestes als auch mit Hilfe des Zeichentestes. (Hierbei sehe man davon ab, daß es in einem konkreten Anwendungsfall natürlich weder gestattet ist, die gleiche Nullhypothese anhand des gleichen Stichprobenmaterials mit Hilfe verschiedener Testverfahren zu testen noch gestattet ist, anhand des gleichen Stichprobenmaterials gleichzeitig eine zweiseitige und die entsprechende einseitige Nullhypothese zu testen.)

Aufgabe 47 (Klausuraufgabe im Wahlfach): Beim Ausfall eines bestimmten Maschinenaggregats ist es erforderlich, daß jeweils eine gewisse Anzahl von Teilen der Typen A, B und C ausgewechselt werden. Die Arbeitszeiten für das Auswechseln der einzelnen Ersatzteile der Typen A, B und C seien unabhängige und ausreichend genau normalverteilte zufällige Variable mit den Mittelwerten $\mu_A = \mu_B = 18$ Minuten, $\mu_C = 38$ Minuten und den Streuungen $\sigma_A = \sigma_B = 1{,}5$ Minuten und $\sigma_C = 3{,}0$ Minuten.

a) Bei einem bestimmten Defekt des Maschinenaggregats ist es erforderlich, 2 Teile vom Typ A, 2 Teile vom Typ B und 1 Teil vom Typ C auszuwechseln.
   Man berechne den Erwartungswert für die Gesamtarbeitszeit für das Auswechseln dieser 5 Teile sowie die Wahrscheinlichkeit dafür, daß diese Gesamtarbeitszeit höchstens 2 Stunden beträgt.
b) Um zu überprüfen, ob bei einem auf das Auswechseln der Teile vom Typ C spezialisierten Monteur die Arbeitszeit ebenfalls nach der Normalverteilung N (38; 9) verteilt ist, wurde ermittelt, daß der Monteur für das Auswechseln von 10 Teilen des Typs C insgesamt genau 6 Stunden benötigte.
   Man führe diese Überprüfung durch, indem man eine geeignete Nullhypothese formuliert und diese mit einer Sicherheitswahrscheinlichkeit von 95 % testet.

Aufgabe 48 (Klausuraufgabe im Wahlfach): Ein Geflügelhalter interessiert sich dafür, ob ein bestimmter Futterzusatz den Mittelwert des Gewichtes ξ

von Hühnereiern zu erhöhen vermag. Für diese Untersuchung soll zunächst der bisherige (d.h. ohne den Futtermittelzusatz erzielte) Mittelwert μ der Eiergewichte bestimmt werden. Dazu konnte jedoch nur ermittelt werden, daß bei der bisherigen Eierproduktion, d.h. in der Grundgesamtheit,

40,13 % der Eier in der Gewichtsklasse I,
44,00 % der Eier in der Gewichtsklasse II und
15,87 % der Eier in der Gewichtsklasse III lagen,

wobei die angegebenen Gewichtsklassen wie folgt definiert sind:

Gewichtsklasse I:	Eier mit	$\xi(\omega) > 60{,}0$ g
Gewichtsklasse II:	Eier mit	$55{,}0\text{ g} < \xi(\omega) \leqslant 60{,}0$ g
Gewichtsklasse III:	Eier mit	$\xi(\omega) \leqslant 55{,}0$ g.

Ferner sei bekannt, daß das Gewicht eines zufällig aus der Produktion herausgegriffenen Hühnereies als Realisation einer ausreichend genau *normalverteilten* zufälligen Variablen gedeutet werden darf.

a) Wie groß wären die Anteile der Gewichtsklassen I, II und III an der Eierproduktion, wenn der Mittelwert der Eiergewichte $\mu = 58{,}5$ g und die Streuung $\sigma = 4{,}5$ betrügen?
b) Man berechne den Mittelwert μ der Eiergewichte der bisherigen Produktion.
c) Zur Überprüfung der Wirksamkeit des Futterzusatzes wurden aus der unter Verwendung des Futterzusatzes erzielten Produktion 100 Eier zufällig herausgegriffen, einzeln gewogen und der empirische Mittelwert dieser Stichprobe zu $\bar{x} = 59{,}68$ g sowie die empirische Streuung zu $s = 3{,}89$ g berechnet.
   Um zu prüfen, ob sich mittels dieses Stichprobenergebnisses statistisch nachweisen läßt, daß der Futterzusatz den Mittelwert der Eiergewichte erhöht, formuliere man eine geeignete Nullhypothese und teste sie mit einer Sicherheitswahrscheinlichkeit von 95 %.

Aufgabe 49: Es sei die Nullhypothese $H_0 : \mu \leqslant 500$ g gegen die Alternative $\mu > 500$ g im Falle einer normalverteilten Grundgesamtheit mit bekannter Streuung $\sigma = 10$ g mit einer Sicherheitswahrscheinlichkeit von 95 % zu testen.

Für die Stichprobenumfänge $n = 4$ und $n = 100$ berechne und skizziere man jeweils die sog. *Gütefunktion* g dieses Testes, d.h. die Wahrscheinlichkeit, die Nullhypothese mit einer Sicherheitswahrscheinlichkeit von 95 % abzulehnen, in Abhängigkeit vom wahren Wert μ des Erwartungswertes. Zur besseren Veranschaulichung des Graphen der Gütefunktion zeige man, daß sie die Gestalt der Verteilungsfunktion einer Normalverteilung mit geeignet gewählten Parametern besitzt.

Aufgabe 50 (Klausuraufgabe im Wahlfach): Über das Nettogewicht ξ der von einer bestimmten Abfüllmaschine gefüllten Pakete sei aus früheren Messungen bekannt, daß es ausreichend genau normalverteilt ist mit dem Mittelwert 251,0 g und der Streuung 3.0 g.

Nach der Behebung eines Defektes an dieser Maschine taucht die Befürchtung auf, daß sich durch die Reparaturmaßnahmen bedingt, der Mittelwert erheblich nach unten verschoben haben könnte. Daher soll über den wahren Mittelwert μ der Nettogewichte die Nullhypothese $\mu \leqslant 250{,}5$ g mit einer Sicherheitswahrscheinlichkeit von 95 % getestet werden, wobei davon ausgegangen werden darf, daß die erwähnten Reparaturmaßnahmen keinesfalls die Streuung des Nettogewichtes verändern konnten.

a) Für einen in Aussicht genommenen Stichprobenumfang von $n = 100$ berechne man die Wahrscheinlichkeit für die Ablehnung der Nullhypothese sowohl für den Fall, daß die Reparaturmaßnahmen den Mittelwert nicht verändert haben als auch für den Fall, daß sich der Mittelwert infolge der Reparaturmaßnahmen um genau 1,0 g nach unten verschoben hat.
b) Man formuliere die Ergebnisse von Teilaufgabe a) unter Verwendung der Begriffe Fehler 1. Art und/oder Fehler 2. Art.
c) Wie groß müßte man den Stichprobenumfang n wählen, damit im Falle $\mu = 251{,}0$ g die Wahrscheinlichkeit für die Ablehnung der Nullhypothese (mit einer Sicherheitswahrscheinlichkeit von 95 %) 99 % betrüge?

Aufgabe 51 (Klausuraufgabe im Wahlfach): Von einer zufälligen Variablen ξ sei bekannt, daß sie mit der Streuung $\sigma = 25$ normalverteilt ist. Über den Mittelwert μ von ξ sei die Nullhypothese

$$H_0 : \mu = 800$$

gegen die Alternative $\mu \neq 800$ mit einer Sicherheitswahrscheinlichkeit von 95 % aufgrund einer Zufallsstichprobe vom Umfang $n = 100$ zu testen.

Man berechne und zeichne die Gütefunktion $g(\mu)$ dieses Testes. Insbesondere berechne und benutze man für die Zeichnung die Gütefunktion $g(\mu)$ in folgenden Punkten:

$$\mu = 790, 795, 796, 797, 798, 799, 800, 801, 802, 803, 804, 805, 810.$$

Aufgabe 52 (Klausuraufgabe im Wahlfach): In einem Betrieb soll mit Hilfe einer Stichprobenuntersuchung herausgefunden werden, ob ein bestimmter Vorrat von 10 000 Einzelteilen auf einer Maschine I oder einer Maschine II produziert wurde. (Eine Unterlage, aus der die Antwort auf diese Frage hervorginge, existiert nicht, da zum Zeitpunkt der Produktion des Vorrates ein Interesse an dieser Frage noch nicht abzusehen war.) Zur Beantwortung dieser Frage gedenkt man nun, die folgende Tatsache auszunutzen: Eine bestimmte Meßgröße ξ dieser Einzelteile ist nach der Normalverteilung N $(25{,}o;\ 1{,}5^2)$ verteilt, falls das Teil mit Maschine I produziert wurde und nach N $(25{,}5;\ 1{,}5^2)$ verteilt, falls das Teil mit Maschine II produziert wurde.

Aufgrund einer Stichprobe vom Umfang $n = 100$ aus dem Vorrat (d.h. aufgrund von 100 Realisationen der Zufallsgröße ξ) soll mit einer Sicherheitswahrscheinlichkeit von 99 % die Nullhypothese H_0: $E[\xi] = 25{,}0$ gegen die Alternative H_1 : $E[\xi] = 25{,}5$ getestet werden.

a) Man gebe eine genaue Formulierung der Testvorschrift.
b) Man berechne die Wahrscheinlichkeit, den Fehler 2. Art zu begehen.
c) Wie groß müßte man den Stichprobenumfang wählen, damit die Wahrscheinlichkeit für den Fehler 2. Art (bei einer Sicherheitswahrscheinlichkeit von 99 %) nur 1,0 % betrüge?
d) Man diskutiere, ob es im vorliegenden Fall bei Verwendung des in c) berechneten Stichprobenumfangs statthaft wäre, das mögliche Testergebnis „Nicht-Ablehnen" der Nullhypothese als „Annehmen" der Nullhypothese zu deuten.

Aufgabe 53 (Klausuraufgabe): Bei einer politischen Wahl habe sich jeder Wähler zwischen den Kandidaten A und B zu entscheiden. Aufgrund der Befragung einer Zufallsstichprobe von $n = 400$ Wählern aus der betreffenden Grundgesamtheit soll mit einer Sicherheitswahrscheinlichkeit von 95 % die einseitige Nullhypothese $W(A) \leqslant 1/2$ getestet werden, wobei $W(A)$ den Anteil der Wähler von A in der Grundgesamtheit bedeute. (Hierbei darf angenommen werden, daß bei jeder der 400 Personen ermittelt werden kann, ob sie für A oder für B votieren wird.)

a) Mit welchem Testverfahren kann diese Nullhypothese getestet werden? Man gebe an, wie viele Wähler von A sich in der Zufallsstichprobe mindestens befinden müßten, damit die Nullhypothese abgelehnt werden könnte.
b) Für den Fall, daß in der Grundgesamtheit $W(A) = 0{,}511$ ist, berechne man die Wahrscheinlichkeit dafür, daß die Nullhypothese *nicht* abgelehnt werden kann.
c) Man formuliere das Ergebnis von Teilaufgabe b) unter Verwendung eines der Begriffe Fehler 1. Art oder Fehler 2. Art.

Aufgabe 54: Es bezeichne s die sog. Sexualproportion der Geborenen (= Verhältnis der Anzahl der lebend geborenen Jungen zur Anzahl der lebend geborenen Mädchen). In der Bevölkerungsstatistik gilt als bekannt, daß der Wert von s im allgemeinen zwischen 1,06 und 1,07 liegt. Mit Hilfe des Zeichentestes sei für eine bestimmte Population die Nullhypothese

$$H_o : s \leqslant 1$$

gegen die Alternative $s > 1$ mit einer Sicherheitswahrscheinlichkeit von 99 % zu testen. Wie groß müßte man dabei den Umfang einer Zufallsstichprobe mindestens wählen, damit die oben angegebene Abweichung der Sexualproportion von der Nullhypothese $s \leqslant 1$ mit einer Wahrscheinlichkeit von mindestens 99 % aufgedeckt würde?

Aufgabe 55*: Über den Mittelwert μ einer normalverteilten Grundgesamtheit mit der Streuung σ = 10 g sei die Nullhypothese

$$H_o : \mu \geqslant 500 \text{ g}$$

mit einer Sicherheitswahrscheinlichkeit von 95 % zu testen.

a) Diese Nullhypothese sei unter Berücksichtigung der Informationen „normalverteilte Grundgesamtheit" und „bekannte Streuung σ = 10 g" aufgrund eines Stichprobenumfanges von n = 100 zu testen. Für den Fall, daß der wahre Wert des Mittelwertes μ gleich 497,0 g ist, berechne man die Wahrscheinlichkeit, den Fehler 2. Art zu begehen.
b) Welchen Stichprobenumfang müßte man wählen, damit auch bei Verwendung des Zeichentestes zum Testen der obigen Nullhypothese die Wahrscheinlichkeit für den Fehler 2. Art im Falle μ = 497,0 g nur genau so groß wäre wie unter a).

Aufgabe 56 (Klausuraufgabe): Anläßlich einer demoskopischen Untersuchung vor einer politischen Wahl soll aufgrund einer Zufallsstichprobe von 1 600 befragten Wählern mit Hilfe des Zeichentestes die Nullhypothese H_o: W (A) $\geqslant$ 1/2 mit einer Sicherheitswahrscheinlichkeit von 95 % getestet werden, wobei W (A) den Anteil der Wähler der Partei A bezeichnet.

a) Für den Fall, daß in der Grundgesamtheit der Anteil der A-Wähler genau 48,5 % beträgt, berechne man die Wahrscheinlichkeit dafür, daß die Nullhypothese abgelehnt wird.
b) Wie groß müßte man den Stichprobenumfang n wählen, damit die Wahrscheinlichkeit für die Ablehnung im Falle W (A) = 0,485 (bei einer Sicherheitswahrscheinlichkeit von 95 %) *90 %* beträgt?

Aufgabe 57: Im Rahmen einer arbeitspsychologischen Untersuchung waren 2 Bewertungsverfahren A und B für eine bestimmte Arbeitsleistung daraufhin zu prüfen, ob sie sich hinsichtlich ihrer Ergebnisse signifikant unterscheiden. Dazu wurde bei 10 Versuchspersonen die Ausführung einer bestimmten Arbeit jeweils nach jedem der beiden Verfahren bewertet:

Nr. der Versuchsperson	1	2	3	4	5	6	7	8	9	10
Punktzahl bei Verfahren A	72	70	61	95	53	60	85	67	69	62
Punktzahl bei Verfahren B	76	73	70	94	60	58	80	72	73	72

Man formuliere eine geeignete Nullhypothese und teste sie mit einer Sicherheitswahrscheinlichkeit von 95 %.
Hierbei wende man alle Testverfahren an, die dafür in Frage kommen und gebe jeweils die Voraussetzungen an, die ausreichend genau erfüllt sein müssen, um die Anwendung des betreffenden Testverfahrens zu gestatten.

Sodann prüfe man wie die jeweiligen Testergebnisse gelautet hätten, wenn der Test von vornherein mit dem Ziel durchzuführen gewesen wäre nachzuweisen, daß Verfahren B durchschnittlich zu höheren Leistungspunktzahlen als A führt.

(Hierbei sehe man davon ab, daß bei einem konkreten Anwendungsfall sowohl die zu testende Nullhypothese *vor* Einsichtnahme in das Stichprobenmaterial formuliert werden muß als auch das zu verwendende Testverfahren vorher festgelegt werden muß, s. auch die analoge Anmerkung in Aufgabe 46.)

Aufgabe 58: Die Produktionsabteilung eines Betriebes möchte die Vermutung prüfen, daß die Wahrscheinlichkeit für einen Maschinenstillstand für einige Stunden innerhalb der 8-Stunden-Schicht besonders groß ist. Dazu wurde die Anzahl der Maschinenstillstände für die einzelnen Schichtstunden während eines Monats festgestellt:

Schichtstunde	1. St.	2. St.	3. St.	4. St.	5. St.	6. St.	7. St.	8. St.
Anz. d. Stillstände	17	14	20	25	18	24	21	19

Zur statistischen Überprüfung dieser Vermutung formuliere man eine geeignete Nullhypothese und teste sie mit einer Sicherheitswahrscheinlichkeit von 95 %.

Aufgabe 59 (Klausuraufgabe im Wahlfach): Bei der Fertigung eines bestimmten technischen Produktes können bei jedem Exemplar 2 Fehler verschiedenen Typs (Fehler vom Typ A und Fehler vom Typ B) auftreten. Vor einer gewissen technischen Änderung der Produktionseinrichtung betrugen die Wahrscheinlichkeiten für das Auftreten dieser Fehler bei einem zufällig aus der Produktion herausgegriffenen Exemplar 10 % für Fehler-Typ A und 5 % für Fehler-Typ B. Ferner ist bekannt, daß die beiden Fehler unabhängig voneinander auftreten.

a) Unter den angegebenen Voraussetzungen berechne man die Wahrscheinlichkeit dafür, daß ein zufällig herausgegriffenes Exemplar
   1) zur Güteklasse I (= kein Fehler liegt vor) gehört;
   2) defekt ist, weil mindestens einer der beiden Fehler-Typen auftritt.
b) Sodann teste man mit einer Sicherheitswahrscheinlichkeit von 95 % die Nullhypothese, daß sich die angegebenen Wahrscheinlichkeiten für das Auftreten der beiden Fehler-Typen bei der angedeuteten technischen Änderung nicht geändert haben aufgrund des folgenden Stichprobenresultats: von $n = 1000$ zufällig aus der Produktion herausgegriffenen Exemplaren des Produktes gehörten 842 zur Güteklasse I und 158 waren defekt.

Aufgabe 60 (Klausuraufgabe im Wahlfach): Über das Nettogewicht ξ der von einer bestimmten Abfüllmaschine gefüllten Pakete soll die Nullhypothese getestet werden, daß ξ nach der Normalverteilung $N(250{,}0; 5^2)$ verteilt ist. Dazu wurde bei einer Zufallsstichprobe von $n = 1\,000$ Paketen für jedes Paket mittels einer geeigneten technischen Einrichtung ermittelt, zu welcher der aus der nachfolgenden Tabelle ersichtlichen Gewichtsklassen es gehört und ermittelt:

Nr. der Gewichtsklasse	1	2	3	4	5	6	7
Gewichtsklasse	0g bis 244,9g	245,0g bis 246,9g	247,0g bis 248,9g	249,0g bis 251,0g	251,1g bis 253,0g	253,1g bis 255,0g	255,1g bis ∞
Besetzungszahl d. Klassen	168	120	137	149	140	121	165

a) Für den Fall, daß die Nullhypothese richtig ist, berechne man die Wahrscheinlichkeit W_i für $i = 1, 2, \ldots, 7$ dafür, daß das Nettogewicht eines aus der Produktion zufällig herausgegriffenen Paketes in die Gewichtsklasse Nr. i fällt.

b) Unter Verwendung der Ergebnisse von Teilaufgabe a) teste man aufgrund des für die Stichprobe vom Umfang n = 1 000 angegebenen Stichprobenresultats mit Hilfe eines geeigneten Testverfahrens die zu testende Nullhypothese mit einer Sicherheitswahrscheinlichkeit von 95 %. Man gebe die genaue Bezeichnung des verwendeten Testverfahrens an.

Aufgabe 61 (Klausuraufgabe im Wahlfach): In einer bestimmten Bevölkerung betrage der Anteil der Jungen unter den Neugeborenen 0,514. Aus der Grundgesamtheit der Ehepaare mit genau 4 gemeinsam erzeugten Kindern werde eines der Ehepaare zufällig herausgegriffen und die Anzahl ξ der Jungen unter den 4 Kindern ermittelt.

Unter der *Annahme,* daß zwischen den einzelnen Geburten der Kinder eines Ehepaares hinsichtlich des Geschlechtes der Geborenen kein Zusammenhang besteht, berechne und zeichne man die Verteilungsfunktion von ξ.

Insbesondere berechne man (auf 2 gültige Ziffern) die Wahrscheinlichkeit dafür, daß das zufällig herausgegriffene Ehepaar unter seinen 4 Kindern

a) mindestens 2 Jungen
b) mindestens 2 Mädchen hat.

Wie ließe sich statistisch prüfen, ob die unter der obigen *Annahme* berechnete Verteilungsfunktion von ξ mit der Wirklichkeit übereinstimmt, d.h. ob die Annahme, daß zwischen den einzelnen Geburten in einer Familie mit 4 Kindern hinsichtlich des Geschlechtes der Geborenen kein Zusammenhang besteht, mit der Erfahrung vereinbar ist?

Aufgabe 62 (Klausuraufgabe im Wahlfach): Im Rahmen einer Marketing-Untersuchung interessiert sich ein Produzent dafür, ob die 3 Varianten A, B, C eines bestimmten Produktes in verschiedenen Käuferkreisen unterschiedliche Beurteilung erfahren. Dazu wurde bei einer Zufallsstichprobe von 1 000 Käufern des Produktes jeweils die gewählte Produkt-Variante und der Berufskreis des Käufers ermittelt:

	gekaufte Produkt-Variante		
Berufskreis	A	B	C
Arbeiter	234	118	118
Angestellte u. Beamte	139	72	77
Selbständige	106	60	76

a) Mit einer Sicherheitswahrscheinlichkeit von 95 % teste man die Nullhypothese, daß die Käuferschaft jenes Produktes hinsichtlich des Merkmals „Berufskreis" repräsentativ für die Gesamt-Bevölkerung ist. In der Gesamtbevölkerung beträgt der Anteil des Berufskreises „Arbeiter" 49,8 %, des Berufskreises „Beamte und Angestellte" 29,4 % und des Berufskreises „Selbständige 20,8 %.

b) Mit einer Sicherheitswahrscheinlichkeit von 95 % teste man die Nullhypothese, daß der Beliebtheitsgrad der 3 Produkt-Varianten nicht vom Berufskreis des Käufers abhängt.
Läßt sich diese Nullhypothese aufgrund des vorgelegten Materials unabhängig vom Ergebnis der Aufgabe a) testen?

Aufgabe 63 (Klausuraufgabe): Bei der demoskopischen Untersuchung der Einstellung einer Bevölkerung zu einem bestimmten politischen Konzept der Regierung wurden u.a. 500 Personen aus ländlichen und 500 Personen aus großstädtischen Wohnbereichen nach ihrer Einstellung befragt und ermittelt:

In den ländlichen Wohnbereichen befürworteten 314 jenes Konzept, 139 lehnten es ab und 47 waren unentschieden oder hatten keine Ansicht dazu; in den großstädtischen Wohnbereichen befürworteten 346 das Konzept, 122 lehnten es ab und 32 waren unentschieden oder hatten keine Ansicht dazu.

Man prüfe, ob sich mittels dieses Materials statistisch nachweisen läßt, daß die *Anteile der Befürworter* jenes Konzeptes in den beiden Grundgesamtheiten verschieden groß sind. Man führe diese Prüfung durch, indem man eine geeignete Nullhypothese präzise und ausführlich formuliert und mit einer Sicherheitswahrscheinlichkeit von 95 % testet. Sodann gebe man die genaue Bezeichnung des verwendeten Testverfahrens an.

Aufgabe 64 (Klausuraufgabe im Wahlfach): Nachstehend ist das Ergebnis des Volksentscheids „Wahlalter 18" in den Gemeinden Retzbach und Zellingen (s. Mainpost vom 24.5.1970) angegeben:

	Wahlberechtigte	abgegebene Stimmen	Ja-Stimmen	Nein-Stimmen
Retzbach	1162	366	228	136
Zellingen	2063	539	353	184

a) Mit Hilfe eines geeigneten Testverfahrens prüfe man unter Zugrundelegen einer Sicherheitswahrscheinlichkeit von 95 %, ob sich die Anteile der Jastimmen an der jeweiligen Zahl der Wahlberechtigten in den beiden Gemeinden signifikant unterscheiden. Man gebe die genaue Bezeichnung des verwendeten Testverfahrens an.

b) Welchen Test könnte man durchführen, wenn man allgemein nur prüfen wollte, ob sich die Einstellung der Wahlberechtigten in den beiden Gemeinden zu diesem Volksentscheid (soweit sie in den angegebenen Zahlen zum Ausdruck kommt) überhaupt signifikant unterscheidet? Man gebe eine präzise und ausführliche Formulierung der zu testenden Nullhypothese. Man gebe die Testgröße insoweit an, daß man die Testgröße für die vorgelegten Stichprobenwerte explizit aufschreibt, ohne jedoch ihren numerischen Wert auszurechnen. (Sollten sich bestimmte Besetzungszahlen als zu klein für die Anwendung der geeigneten Approximation erweisen, so vergröbere man die an sich erforderliche Klasseneinteilung in sinnvoller Weise.)

c) Man gebe genau an, in welcher logischen Beziehung die beiden in a) und b) zu testenden Nullhypothesen H_a und H_b zueinander stehen; d.h. man entscheide und begründe für jede der beiden Implikationen $H_a \Rightarrow H_b$ (aus der Richtigkeit von H_a folgt die Richtigkeit von H_b) und $H_b \Rightarrow H_a$ ob sie richtig oder falsch sind.

Aufgabe 65 (Klausuraufgabe im Wahlfach): Es seien ξ und η zufällige Variable vom stetigen Typ. Bezüglich ξ seien folgende Klassen definiert:

Klasse I: Menge der Elemente ω der Grundgesamtheit mit
$$-\infty < \xi(\omega) \leqslant 100$$
Klasse II: Menge der Elemente ω der Grundgesamtheit mit
$$100 < \xi(\omega) \leqslant 200$$
Klasse III: Menge der Elemente ω der Grundgesamtheit mit
$$200 < \xi(\omega) < +\infty.$$
Bezüglich η seien folgende Klassen definiert:

Klasse I*: Menge der Elemente ω der Grundgesamtheit mit $\eta(\omega) \leqslant 0$
Klasse II*: Menge der Elemente ω der Grundgesamtheit mit $\eta(\omega) > 0$.

Für eine Stichprobe von 1 000 Elementen aus dieser Grundgesamtheit wurde jeweils ermittelt, zu welcher ξ-Klasse und zu welcher η-Klasse das Element gehört; das Ergebnis wurde in der folgenden Tabelle zusammengestellt:

	Klasse I	Klasse II	Klasse III
Klasse I*	128	131	137
Klasse II*	172	171	261

a) Mit einer Sicherheitswahrscheinlichkeit von 95 % teste man die Nullhypothese, daß ξ und η statistisch unabhängig sind und gebe die genaue Bezeichnung des verwendeten Testverfahrens an.

b) Man gebe an, in welcher logischen Beziehung die an sich zu testende Nullhypothese H_0 (ξ und η sind statistisch unabhängig) und die tatsächlich getestete Nullhypothese H_0^* stehen, d.h. man gebe jeweils an, ob die Implikationen $H_0 \Rightarrow H_0^*$ und $H_0^* \Rightarrow H_0$ richtig oder falsch sind.

c) Es werde angenommen, daß die Anteile der Elemente aus der Grundgesamtheit, die auf die einzelnen ξ-Klassen und die einzelnen η-Klassen entfallen, bekannt seien (zur Veranschaulichung sei etwa $W(\xi \leqslant 100) = 0{,}3$, $W(100 < \xi \leqslant 200) = 0{,}3$, $W(\xi > 200) = 0{,}4$, $W(\eta \leqslant 0) = 0{,}4$, $W(\eta > 0) = 0{,}6$).
Man gebe genau an, wie man unter Verwendung dieser Information anhand welchen empirischen Materials nunmehr die Nullhypothese der statistischen Unabhängigkeit von ξ und η testen könnte.

Aufgabe 66 (Klausuraufgabe im Wahlfach): Bei demoskopischen Umfragen im April und Mai des Jahres 1974 wurde gefragt: „Wie beurteilen Sie die allgemeine wirtschaftliche Lage in der Bundesrepublik im allgemeinen: als gut bis sehr gut oder als weniger gut bis schlecht? Und wie beurteilen Sie Ihre eigene wirtschaftliche Lage? " Das Ergebnis lautete (s. Stern-Magazin vom 6.6.74):

	Gesamt %		SPD-Anhänger %		FDP-Anhänger %		CDU/CSU-Anhänger %	
allgemeine Lage	Mai	April	Mai	April	Mai	April	Mai	April
sehr gut/gut	41	30	60	53	47	32	26	18
weniger gut/schlecht	59	70	40	47	53	68	74	82
eigene Lage	Mai	April	Mai	April	Mai	April	Mai	April
sehr gut/gut	69	69	76 (?)	76	78	78	63	74
weniger gut/schlecht	31	31	23 (?)	24	22	22	37	26

Ferner wurde mitgeteilt, daß man in der Mai-Stichprobe 38 % SPD-Anhänger, 8 % FDP-Anhänger und 48 % CDU/CSU-Anhänger ermittelt hat. Für die folgenden Berechnungen soll angenommen werden (eine Angabe über die Stichprobenumfänge fehlte in dem zitierten Artikel), daß jede der beiden Stichproben (für Mai und April) einen Umfang von n = 2 000 hatte.

a) Man prüfe, ob sich SPD- und FDP-Anhänger hinsichtlich der Beurteilung der *allgemeinen* Lage im Monat *Mai* unterscheiden. Dazu formuliere man präzise eine geeignete Nullhypothese und teste sie mit einer Sicherheitswahrscheinlichkeit von 95 %.
b) Wie änderte sich das Ergebnis von a), wenn man an Stelle der Annahme n = 2 000 von n = 1 000 ausginge?
c) Ohne gegebenenfalls einen Test numerisch durchzuführen, diskutiere man, ob (und gegebenenfalls wie) man mit Hilfe des angegebenen Materials testen könnte, ob
   1) sich die Beurteilung der allgemeinen wirtschaftlichen Lage durch die Bevölkerung im Mai im Vergleich zum April geändert hat;
   2) ob ein statistischer Zusammenhang zwischen der Beurteilung der allgemeinen und der eigenen Lage besteht.

Aufgabe 67: Zum Vergleich zweier Eignungstests A und B wurden beide an 13 Versuchspersonen durchgeführt:

Nummer der Versuchsperson	1	2	3	4	5	6	7	8	9	10	11	12	13
Punktzahl bei A	117	142	132	84	149	94	107	104	106	150	129	114	134
Punktzahl bei B	158	154	162	129	190	146	110	124	133	185	137	118	145

Man berechne zunächst den Bravais'schen Korrelationskoeffizienten als Schätzwert für den wahren Korrelationskoeffizienten zwischen den Ergebnissen der beiden Eignungstests.

Sodann teste man mit einer Sicherheitswahrscheinlichkeit von 99 % die Nullhypothese, daß die Meßwerte der beiden Eignungstests unabhängig oder negativ korreliert sind. Dazu darf angenommen werden, daß die Ergebnisse der beiden Verfahren jeweils ausreichend normalverteilt sind.

Welche Testergebnisse erhielte man, wenn man diese Nullhypothese mittels der Rangkorrelationskoeffizienten von *Spearman* und von *Kendall* testete?

Aufgabe 68 (Klausuraufgabe im Wahlfach):
a) Für eine bestimmte Bevölkerung bezeichne p die Wahrscheinlichkeit dafür, daß ein Neugeborenes ein Junge ist. Unter der Annahme, daß bei Zwillingsgeburten die Geschlechter der beiden Zwillingskinder zufällig und unabhängig voneinander entsprechend der Wahrscheinlichkeit p festgelegt werden, berechne man auf jeweils 4 gültige Ziffern für den Fall p = 0,5100 die Wahrscheinlichkeiten dafür, daß eine Zwillingsgeburt

1) zwei Jungen
2) zwei Mädchen
3) verschiedene Geschlechter (im folgenden kurz als Pärchen bezeichnet)

ergibt.

b) Wie man aus der nachstehenden Tabelle der Zwillingsgeburten in der Schweiz für die Jahre 1946 bis 1968 auch ohne explizite Durchführung eines Testes erkennt, ist das Ergebnis dieser Stichprobe mit den unter a) berechneten Wahrscheinlichkeiten nicht vereinbar. Mit Hilfe welches Testverfahrens ließe sich dies explizit nachweisen?

Zwillingsgeburten in der Schweiz 1946 - 1968

(Quelle: Schwarzenbach: Das Geschlechtsverhältnis der Geborenen – seine Schwankungen und Besonderheiten, Dissertation, Zürich 1972, S. 120)

	2 Jungen	2 Mädchen	Pärchen	Summe
Zahl der Zwillingsgeburten	8308	7830	7992	24130
Prozentuale Anteile	34,43 %	32,45 %	33,12 %	100,00 %

Die Abweichung dieser empirischen Aufteilung der Zwillingsgeburten auf die 3 Klassen von der in a) berechneten theoretischen Aufteilung läßt sich sehr einfach damit erklären, daß es unter Zwillingen sog. eineiige Zwillinge gibt, die aus biologischen Gründen stets gleichgeschlechtlich sind. Allerdings fehlen empirische Daten für die direkte Schätzung des Anteils der eineiigen Zwillingsgeburten an allen Zwillingsgeburten. Eine Schätzung dieses Anteils kann jedoch wie folgt erfolgen:
Für *zwei*eiige Zwillingsgeburten sehe man die unter a) formulierten Voraussetzungen der Unabhängigkeit und $p = 0{,}5100$ als erfüllt an und berechne die durchschnittliche Anzahl gleichgeschlechtlicher, *zwei*eiiger Zwillingsgeburten, die auf 7992 (*zwei*eiige) Pärchen entfallen. Sodann gebe man einen Schätzwert für die Gesamtanzahl *zwei*eiiger Zwillingsgeburten in der vorgelegten Stichprobe an. Schließlich berechne man einen Schätzwert für den Anteil der *ein*eiigen Zwillingsgeburten an allen Zwillingsgeburten.

Aufgabe 69 (Klausuraufgabe im Wahlfach): In einer von dem amerikanischen Psychologen *Milgram* entwickelten Versuchsanordnung zur Untersuchung von Autoritätsgehorsam beim Menschen wurde u.a. ermittelt, wie viele der Versuchspersonen bereit sind, in einem vorgetäuschten Lernexperiment auf

Anweisung einer wissenschaftlichen Autorität einer anderen Versuchsperson (in der Rolle des Lernenden) Strafreize in Form elektrischer Stromstöße solcher Stärke zu erteilen, die – falls sie tatsächlich erteilt würden – für das „Opfer" schwerste Schäden zur Folge hätten.

Bei einer Darstellung solcher Experimente im Fernsehen wurde angegeben, daß in der Bundesrepublik 85 % der Versuchspersonen bereit waren, das Experiment bis zum Ende durchzuführen, d.h. sich als extrem autoritätsgehorsam erwiesen, während der entsprechende Anteil in den USA nur 65 % betragen habe. Eine Angabe über die beiden Stichprobenumfänge wurde nicht gemacht; in einer Diskussion zwischen sachverständigen Wissenschaftlern konnte man lediglich erfahren, daß die beiden Anteile sich statistisch nicht signifikant unterscheiden.

a) Mit Hilfe welches Testverfahrens ließe sich die Hypothese testen (falls die fehlenden Angaben über die beiden Stichprobenumfänge n_1 und n_2 sowie die Sicherheitswahrscheinlichkeit β noch gegeben wären), daß die Anteile der „extrem autoritätsgehorsamen" Personen in den beiden Grundgesamtheiten gleich sind?
b) Man nehme an, daß die beiden Stichprobenumfänge gleich groß waren und daß sich die beiden Stichprobenanteile von 0,85 und 0,65 *bei einer vorgegebenen Sicherheitswahrscheinlichkeit von 95 %* nicht signifikant unterscheiden. Unter diesen Annahmen berechne man wie groß die beiden Stichprobenumfänge $n_1 = n_2 = x$ *höchstens* gewesen sein können.

Aufgabe 70: Um die gelegentlich aufgestellte Behauptung zu überprüfen, daß sich die Sexualproportion der Geborenen in Notzeiten gegenüber der übrigen Zeit ändert, teste man anhand des nachstehend angegebenen Zahlenmaterials (s. Statistisches Jahrbuch für die Bundesrepublik Deutschland 1966, S. 54) mit einer Sicherheitswahrscheinlichkeit von 99,9 % die folgende Nullhypothese: Die Wahrscheinlichkeit dafür, daß ein lebend geborenes Kind ein Junge ist, hatte in der Bundesrepublik Deutschland in den Jahren 1946 bis 1949 den gleichen Wert wie in den Jahren 1960 bis 1963.

Jahr	Lebendgeborene insgesamt	männlich
1946	732 998	380 409
1947	781 421	404 759
1948	806 074	418 617
1949	832 803	431 414
1960	968 629	498 182
1961	1 012 687	520 590
1962	1 018 552	523 801
1963	1 054 123	541 812

Welches sind im vorliegenden Fall die Grundgesamtheiten, über die mit Hilfe des Testes eine Aussage gemacht werden soll?

3. Teil: Gemischte Klausuraufgaben

(Die nachstehenden Aufgaben waren hauptsächlich von Studenten der Wirtschaftswissenschaften entweder im Rahmen ihrer Zwischenprüfung oder ihrer Diplomprüfung zu bearbeiten.)

Aufgabe 71 (Zwischenprüfung): In einer Multiple-Choice-Prüfung hat ein Kandidat bei 10 Fragen jeweils von den angebotenen Antwortmöglichkeiten A, B, C und D die eine richtige Antwort zu kennzeichnen. Dabei bezeichne ξ die Anzahl richtiger Antworten unter den 10 zu gebenden Antworten, die ein Kandidat durch reines Raten erzielt, d.h. daß ein solcher reiner Rater bei jeder der 10 Fragen unabhängig von den Antworten auf die übrigen Fragen jeweils eine der 4 Antwortmöglichkeiten zufällig auswählt.

a) Man berechne ohne Zuhilfenahme irgendeines Tafelwerkes auf drei Stellen nach dem Komma die Verteilungsfunktion F (x) von ξ für **jede** reelle Zahl x und gebe diese Werte in einer vollständigen Wertetabelle an.
b) Man gebe eine für das Bestehen der Prüfung erforderliche **Mindestanzahl** richtiger Antworten $c_{99\%}$ derart an, daß diese Anzahl richtiger Antworten von einem reinen Rater mit höchstens 1,0% Wahrscheinlichkeit erreicht oder überschritten wird.
c) Es seien ξ_A und ξ_B die Anzahlen richtiger Antworten, die die Kandidaten A und B – die beide im nachfolgend präzisierten Sinne „die Hälfte" des Verlangten wissen – auf folgende Weise erzielen:

Kandidat A ist in der Lage, bei genau 5 der 10 Fragen die korrekte Antwort anzugeben und rät bei den übrigen 5 Fragen;
Kandidat B ist in der Lage, bei jeder der 10 Fragen genau 2 der 4 Antwortmöglichkeiten als falsch zu erkennen und wählt von den jeweils verbleibenden 2 Antwortmöglichkeiten eine zufällig aus.
Zunächst gebe man für jede der zufälligen Variablen ξ_A und ξ_B die Menge ihrer möglichen Werte an und beantworte für beide die Frage, ob sie nach einer Binominalverteilung Bi(n; p) verteilt ist. Gegebenenfalls gebe man die numerischen Werte der Parameter n und p an.
Sodann berechne man die Erwartungswerte und die Varianzen von ξ_A und ξ_B. Schließlich berechne man unter Zugrundelegung der in b) berechneten Bestehensgrenze für beide Kandidaten A und B jeweils die Wahrscheinlichkeit, die Prüfung zu bestehen.

d) Bisher wurde jede korrekte Antwort mit einem Punkt bewertet. Diese Punktvergabe soll jetzt derart modifiziert werden, daß ein Kandidat, der bei einer Frage sein Nicht-Wissen zu erkennen gibt, indem er einen Strich macht, für diesen Strich einen solchen Punktwert (= Bruchteil eines Punktes) erhält, den ein reiner Rater durchschnittlich mit einer Antwort erzielt. Unter dieser modifizierten Punktbewertung berechne man **exakt** die Wahrscheinlichkeit dafür, daß ein Kandidat die Prüfung besteht, der bei 5 Fragen die Antwort definitiv weiß, bei einer Frage 2 Antwortmöglichkeiten auszuschließen in der Lage ist und bei den übrigen 4 Fragen Striche macht. Wie groß wäre diese Bestehens-Wahrscheinlichkeit, wenn dieser Kandidat statt der 4 Striche viermal raten würde?

Aufgabe 72 (Wahlfach): In einer Multiple-Choice-Prüfung hat der Kandidat bei 50 Fragen jeweils von den angebotenen Antwortmöglichkeiten A, B, C und D die eine richtige Antwort zu kennzeichnen.

a) Zunächst soll eine für das Bestehen der Prüfung ausreichende Mindestanzahl richtiger Antworten $c_{99\%}$ so bestimmt werden, daß sie von einem reinen Rater, der bei jeder der 50 Fragen unabhängig von den Antworten auf die übrigen Fragen eine der 4 möglichen Antworten zufällig auswählt, höchstens mit 1,0% Wahrscheinlichkeit erreicht oder überschritten wird und zwar
   (1) unter Zuhilfenahme einer geeigneten Approximationsmöglichkeit.
   (2) exakt unter Zuhilfenahme eines geeigneten statistischen Tafelwerkes.
b) Man berechne approximativ die Wahrscheinlichkeit dafür, daß ein Kandidat bei Zugrundelegung der in a) (2) berechneten Bestehensgrenze die Prüfung besteht, der aufgrund seines vagen Wissens in der Lage ist, bei

jeder der 50 Fragen genau 2 der 4 Antwortmöglichkeiten als falsch zu erkennen und von den restlichen 2 Antwortmöglichkeiten jeweils eine zufällig auswählt.

Bemerkung zur Praxis-Relevanz der vorstehenden Aufgaben

Selbstverständlich werden wohl in der Praxis von Multiple-Choice-Prüfungen die Bestehensgrenzen nicht in der obigen Weise mit Bezug auf einen reinen Rater festgelegt. Mit welchen „Methoden" und welchem Ergebnis man aber auch immer eine Bestehensgrenze festlegt, so lassen sich jedoch in der geschilderten Weise die Konsequenzen einer getroffenen Festlegung beurteilen. Dazu könnte man beispielsweise zu der empirisch (näherungsweise) bestimmten Bestehens-Wahrscheinlichkeit eines Kandidaten in einem realen Multiple-Choice-Verfahren einen fiktiven Kandidaten mit geeigneten „vagen Wissen" und näherungsweise gleicher Bestehens-Wahrscheinlichkeit konstruieren.

Auf diese Weise wäre das Wissen eines zufällig herausgegriffenen realen Kandidaten hinsichtlich seiner Bestehens-Relevanz mit dem „vagen Wissen" des fiktiven Kandidaten gleichwertig und damit sehr anschaulich beurteilbar.

Aufgabe 73 (Zwischenprüfung): Zwei demoskopische Institute haben zum Zwecke von Wahlprognosen bei 2 Wähler-Stichproben der Umfänge $n_1 = 1000$ und $n_2 = 2000$ zum gleichen Zeitpunkt die sogenannte Sonntagsfrage („Welche Partei würden Sie wählen, wenn am nächsten Sonntag Wahlen wären?") gestellt und ermittelt:

	Ergebnisse von Institut 1 aufgrund von $n_1 = 1000$	Ergebnisse von Institut 2 aufgrund von $n_2 = 2000$
Prozentsatz für Partei A	35,7 %	35,70 %
Prozentsatz für Partei B	37,2 %	34,20 %
Prozentsatz für Partei C	5,6 %	5,10 %
Prozentsatz für „Übrige" (Nicht-Antwortende, etc.)	21,5 %	25,00 %

a) Bei Zugrundelegung einer Sicherheitswahrscheinlichkeit von 95% teste man folgende Nullhypothesen:
   1) daß sich die beiden Befragungsergebnisse *nicht signifikat* unterscheiden,
   2) daß sich die beiden Anteile für Partei A unter denjenigen Wählern, die sich bei der Befragung für eine der 3 genannten Parteien entschieden haben, *nicht signifikant* unterscheiden.

Unter der *Annahme*, daß die als 1) formulierte Nullhypothese abgelehnt werden kann, gebe man von jeder der 3 nachstehenden Formulierungen an, ob sie eine korrekte Aussage, eine falsche Aussage, eine mögliche Interpretation oder eine unsinnige Interpretation darstellt: „Dieses Ergebnis bedeutet, daß

i) bei Zugrundelegung einer Sicherheitswahrscheinlichkeit von 95% statistisch nachgewiesen ist, daß mindestens eine der beiden Stichproben keine Zufallsstichprobe aus der betreffenden Grundgesamtheit war."
ii) es Wähler gibt, die die gestellten Fragen nicht korrekt beantworten."
iii) die Ansichten der Wähler zum Zeitpunkt der Befragung von den bei der tatsächlichen Wahlentscheidung ausgedrückten Ansichten abweichen."

b) Unter der Annahme, daß beide Stichproben Zufallsstichproben aus derselben Grundgesamtheit darstellen, fasse man beide Ergebnisse zum Ergebnis einer Zufallsstichprobe vom Umfang $n_1 + n_2 = 3000$ zusammen und teste aufgrund dieses Ergebnisses bei Zugrundelegung einer Sicherheitswahrscheinlichkeit von 95% die Nullhypothese, daß der wahre Prozentsatz der Partei A unter denjenigen Wählern, die zum Zeitpuntk der Befragung für eine der 3 genannten Parteien entschieden waren (und dies auch in einer Befragung kundzutun bereit waren) 50 % beträgt, d.h. daß Partei A den gleichen Wähleranteil besitzt wie die Parteien B und C zusammen. Ferner gebe man an, mit Hilfe welches Testverfahrens man diese Fragestellung auch einseitig behandeln könnte.
c) Aufgrund des Ergebnisses der zusammengelegten Stichprobe (s. Teil b)) berechne man ein Konfidenz-Intervall zur Vertrauenswahrscheinlichkeit von 95% für den wahren Prozentsatz der Partei A unter denjenigen Wählern, die zum Zeitpunkt der Befragung für eine der 3 genannten Parteien entschieden waren (und dies auch in einer Befragung kundzutun bereit waren).

Aufgabe 74 (Zwischenprüfung): Im Zwischenprüfungsfach Statistik hatte ein Kandidat an der Universität Würzburg 2 je 2-ständige Klausuren zur Statisikt I und zur Statistik II zu schreiben, wobei die Prüfung in diesem Fach genau dann als bestanden galt, wenn der Kandidat in beiden Klausuren jeweils eine mindestens ausreichende Note erzielte.
a) Im Termin 1976 erzielten von ingesamt 249 Kandidaten 200 Kandidaten in Statistik I und 198 Kandidaten in Statistik II mindestens ausreichende Noten, während genau 183 Kandidaten die Statistik-Prüfung insgesamt

bestanden. Aufgrund dieses Materials teste man bei Zugrundelegung einer Sicherheitswahrscheinlichkeit von 99% die Nullhypothese, daß die Ergebnisse in den beiden Teilklausuren statistisch unabhängig sind.

b) Unter der Annahme, daß in einem Klausurtermin für die beiden Einzelklausuren die Anteile der nicht-ausreichenden Noten $d_1 = 0{,}20$ und $d_2 = 0{,}30$ betragen, berechne man
   1) die maximal mögliche Durchfallquote –
   2) die minimal mögliche Durchfallquote

   in der Statistik-Prüfung. Sodann beantworte man die Frage, ob man aus unterschiedlichen Durchfallquoten in 2 Terminen schließen kann, daß die Anteile d_1 und d_2 der nicht-ausreichenden Noten in den Teilklausuren unterschiedlich waren.

Aufgabe 75 (Wahlfach): Eine Lotterie offeriert 10 000 Lose, von denen jedoch 20% nicht verkauft werden können. Der Gewinnplan sieht die Verlosung von 100 Gewinnen à 100 DM und 20 Gewinnen à 500 DM vor. Dabei soll die Ziehung dieser 120 Gewinne *mit Zurücklegen* der jeweiligen Gewinn-Lose erfolgen, d.h. daß mehrere Gewinne auf ein Los fallen können. Hierbei bezeichne ξ_1 die Anzahl von 100 DM-Gewinnen, die auf unverkaufte Lose fallen und ξ_2 die analoge Anzahl für die 500 DM-Gewinne.

a) Nach welchen Verteilungsfunktionen sind ξ_1 und ξ_2 verteilt?
b) Man berechne Erwartungswerte und Varianzen von ξ_1 und ξ_2.
c) Man berechne Erwartungswert und Varianz der zufälligen Variablen $\xi = 100\xi_1 + 500\,\xi_2$ und gebe die anschauliche Bedeutung der Zufallsgröße ξ an.
d) Man berechne approximativ die Wahrscheinlichkeit dafür, daß die Gewinnsumme, die auf die unverkauften Lose fällt, höchstens 5 000 DM beträgt.
e) Man behandle a), b) und c), soweit dies exakt möglich ist, auch für den Fall, daß an Stelle der obigen Annahme die 120 Gewinn-Lose *ohne Zurücklegen* gezogen werden.

Aufgabe 76 (Zwischenprüfung): Bei der Untersuchung des bekannten Brutschmarotzertums des Kuckucks wurden die Längen von Kuckuckseiern gemessen, die von Kuckucksweibchen in die Nester verschiedener Singvogelarten gelegt wurden:

Kuckucksei-Längen in Zaunkönigsnestern [mm]	19,8	22,1	21,5	20,9	20,3	20,9	22,0	20,0
Kuckusei-Längen in Rotkehlchennestern [mm]	21,8	23,0	23,3	22,4	23,9	22,3	22,0	22,6

a) Bei Zugrundelegung einer Sicherheitswahrscheinlichkeit von 99% teste man die Nullhypothese, daß sich Kuckuckseier in Zaunkönigs-Nestern und in Rotkehlchen-Nestern hinsichtlich ihrer Länge durchschnittlich nicht unterscheiden.
b) Für jede der beiden Nullhypothesen

H_0^* : Kuckuckseier in Zaunkönigs-Nestern sind durchschnittlich höchstens so lang wie in Rotkehlchen-Nestern

und

H_0^{**}: Kuckuckseier in Zaunkönigs-Nestern sind durchschnittlich mindestens so lang wie in Rotkehlchen-Nestern

gebe man zunächst an, ob man über ihre Ablehnung oder Nicht-Ablehnung bei Zugrundlegung einer Sicherheitswahrscheinlichkeit von 99% ohne Zuhilfenahme einseitiger Testschranken aufgrund des in a) erhaltenen Wertes der Testgröße allein unter Benutzung der zur Verfügung stehenden zweiseitigen Testschranken entscheiden kann. Gegebenenfalls gebe man jeweils das Testergebnis an.

Aufgabe 77 (Wahlfach): Für eine bestimmte Bevölkerung betrage die Wahrscheinlichkeit dafür, daß ein Neugeborenes männlich ist, $p = 1/2$. Es werde angenommen, daß die Eltern bei ihrer Familienplanung folgende sog. Stoppregel befolgen: man setzt die Familienerweiterung nur bis zur Geburt eines Jungen fort, bricht jedoch das Verfahren nach 3 Geburten in jedem Falle ab, wobei von der Möglichkeit von Mehrlingsgeburten abgesehen werde.

a) Man berechne den Erwartungswert der Anzahl ξ der Kinder(= Geburten) in einer zufällig herausgegriffenen Familie. (Dabei werde als Grundgesamtheit die Menge der Familien betrachtet, die die Familienerweiterung gemäß der genannten Stoppregel abgeschlossen haben.)
b) Man berechne den Erwartungswert der Anzahl η der Jungengeburten in einer zufällig herausgegriffenen Familie.
c) Man berechne den Erwartungswert von $\frac{\eta}{\xi}$, also den durchschnittlichen Anteil der Jungen(=Jungengeburten) in einer zufällig herausgegriffenen Familie.

Sodann konstruiere man ein Urnenmodell, in dem die 4 möglichen Familientypen („1 Junge", „1 Mädchen + 1 Junge", „2 Mädchen + 1 Junge", „3 Mädchen") jeweils durch eine geeignete Anzahl von Kugeln derart repräsentiert werden, daß die in a) berechneten Wahrscheinlichkeiten $W(\xi = m)$ für $m = 1, 2, 3$ korrekt realisiert werden können. Schließlich verfeinere man dieses

Urnenmodell in geeigneter Weise, um die Wahrscheinlichkeit dafür berechnen zu können, daß ein zufällig aus der Grundgesamtheit der nach dieser Stoppregel erzeugten Kinder herausgegriffenes Kind ein Junge ist.
Wie groß ist diese Wahrscheinlichkeit?

Zur Bedeutung der vorstehenden Aufgabe:

Der Wert der am Schluß zu berechnenden Wahrscheinlichkeit kann offenbar einen Beitrag zu der inhaltlich interessanten Frage leisten, ob die empirisch stets zu beobachtenden Jungen-Anteile von mehr als 50% unter Neugeborenen (s. Aufgabe 70) durch das vermutlich häufige Befolgen dieser oder ähnlicher Stoppregeln erklärt werden kann.

Aufgabe 78 (Zwischenprüfung):

a) Alle drei Varianten eines Urnenmodells enthalten jeweils unter $N = 1000$ Elementen $M_1 = 50$ Elemente mit der Eigenschaft A und $M_2 = 80$ Elemente mit der Eigenschaft B. Die drei Varianten dieses Modells unterscheiden sich dabei in der Anzahl M_3 von Elementen, die gleichzeitig die Eigenschaften A und B besitzen (zur Veranschaulichung wähle man etwa A = männlich, B = jugendlich) und zwar ist

in **Variante 1**: $M_3 = 0$, d.h. keines der 1000 Elemente der Urne besitzt beide Eigenschaften A und B,

in **Variante 2**: $M_3 = 10$, d.h. genau 10 Elemente besitzen gleichzeitig die Eigenschaften A und B,

in **Variante 3**: $M_3 = 4$, d.h. genau 4 Elemente besitzen gleichzeitig die Eigenschaften A und B.

Es bezeichne A_i für $i = 1, 2, 3$ das Ereignis, daß man beim zufälligen Herausgreifen eines Elementes aus der Urnen-Variante i ein Element mit der Eigenschaft A erhält. Analog seien die Ereignisse B_i für $i = 1, 2, 3$ definiert.
Man berechne für $i = 1, 2, 3$

$$W(A_i),\ W(B_i),\ W(A_i \cap B_i),\ W(A_i \cap \complement B_i),\ W(A_i \cup B_i)$$

und beantworte für jede der 3 Urnen-Varianten die Frage, ob die Ereignisse A_i und B_i statistisch unabhängig sind.

b) Ein Produktionsprozeß besteht aus 2 Arbeitsgängen, wobei bei jedem Exemplar des Produktes im 1. Arbeitsgang mit der Wahrscheinlichkeit 0,080 ein Fehler vom Typ A und *unabhängig* davon im 2. Arbeitsgang mit der Wahrscheinlichkeit 0,060 ein Fehler vom Typ B auftritt.

b1) Durch Angabe numerischer Werte für die Parameter N, M_1, M_2 und M_3 des Urnenmodells aus a) gebe man ein Urnenmodell für diesen Produktionsprozeß so an, daß die Produktion eines Exemplares des

Produktes hinsichtlich des Auftretens von Fehlern durch zufälliges Herausgreifen eines Elementes aus der Urne simuliert wird. (Dabei soll naheliegenderweise ein Element mit A interpretiert werden als „Fehler vom Typ A tritt auf", etc.).

b2) Es bezeichne ξ die Anzahl fehlerfreier Exemplare unter 1000 unabhängig voneinander hergestellten Exemplaren des Produktes. Man berechne Erwartungswert und Varianz von ξ. Ferner gebe man die Anzahl der Elemente des Definitionsbereichs von ξ an, wenn man die Definition von ξ mit Hilfe des in b1) anzugebenden Urnenmodells mathematisch präzisiert.

b3) Unter 1000 aus dem Produktionsprozeß zufällig herausgegriffenen Exemplaren des Produktes waren genau 845 fehlerfrei. Aufgrund dieser Angabe führe man eine empirische Überprüfung der angegebenen Modell-Annahmen (Wahrscheinlichkeiten 0,080 und 0,060 für die beiden Fehler-Typen, Unabhängigkeit der Fehler) durch. Dazu *formuliere man eine geeignete Nullhypothese* und teste sie bei Zugrundelegung einer Sicherheitswahrscheinlichkeit von 95%.

Aufgabe 79 (Wahlfach): Die Produktion eines bestimmten Gerätes erfolgt in 3 unabhängigen Arbeitsgängen 1, 2 und 3, wobei in jedem dieser Arbeitsgänge ein Fehler auftreten kann und zwar mit den Wahrscheinlichkeiten $p_1 = p_2 = 0{,}06$ und $p_3 = 0{,}08$. Die produzierten Geräte werden hinsichtlich der aufgetretenen Fehler folgendermaßen klassifiziert:

Klasse K_1: fehlerfrei

Klasse K_2: **nur** Fehler im 1. Arbeitsgang (übrige Arbeitsgänge fehlerfrei)

Klasse K_3: **nur** Fehler im 2. Arbeitsgang

Klasse K_4: **nur** Fehler im 3. Arbeitsgang

Klasse K_5: **nur** Fehler im 1. und 2. Arbeitsgang

Klasse K_6: **nur** Fehler im 1. und 3. Arbeitsgang

Klasse K_7: **nur** Fehler im 2. und 3. Arbeitsgang

Klasse K_8: Fehler in allen drei Arbeitsgängen.

a) Man berechne auf 6 Kommastellen die Wahrscheinlichkeiten $W(K_i)$ dafür, daß ein aus der Produktion zufällig herausgegriffenes Exemplar des Gerätes in die Klasse K_i $(i = 1, \ldots, 8)$ fällt.

b) Es bezeichne ξ die Anzahl Fehler in einem zufällig aus der Produktion herausgegriffenen Gerät. Man berechne eine vollständige Wertetabelle der Verteilungsfunktion von ξ.

c) Das Auftreten von Fehlern verursacht folgende Kosten:

10,– DM bei einem Gerät mit nur einem Fehler
20,– DM bei einem Gerät mit genau 2 Fehlern
100,– DM bei einem Gerät mit 3 Fehlern.

Man berechne zunächst **Erwartungswert** und **Streuung** der Fehler-Kosten η für ein zufällig herausgegriffenes Gerät. Sodann berechne man diese beiden Parameter für die Fehler-Kosten-Summe η^* für 10 000 zufällig und unabhängig voneinander zu einer Lieferung zusammengestellte Geräte.

d) Mit dem Ziel der empirischen Überprüfung der eingangs angegebenen Modell-Voraussetzungen wurde für 10 000 Exemplare des Gerätes ihre Aufteilung auf die in a) definierten Klassen ermittelt:

K_1	K_2	K_3	K_4	K_5	K_6	K_7	K_8
8125	572	499	666	32	48	50	8

Unter der Annahme, daß diese 10 000 Exemplare als Zufallsstichprobe aus der Produktion gedeutet werden können, berechne man zunächst Schätzwerte für die drei Fehler-Wahrscheinlichkeiten p_1, p_2 und p_3. Sodann teste man bei Zugrundelegung einer Sicherheitswahrscheinlichkeit von 95% folgende Nullhypothesen:

1) H_0: Die in b) definierte zufällige Variable ξ besitzt die in b) berechnete Verteilungsfunktion.
2) H_0: Das Auftreten der Fehler in den Arbeitsgängen 1 und 2 erfolgt statistisch unabhängig.

e) Für das in d) angegebene Stichprobenergebnis berechne man die Realisation der in c) definierten Fehler-Kosten-Summe η^* sowie approximativ die Wahrscheinlichkeit dafür, daß η^* größer als diese Realisation ausfällt. Hierbei gehe man von den eingangs angegebenen Modell-Voraussetzungen aus.

Aufgabe 80 (Zwischenprüfung): Im Rahmen der Qualitätskontrolle einer laufenden Produktion bestimmter Einzelteile kann bei jedem produzierten Einzelteil eine ausreichend genau normalverteilte zufällige Variable ξ gemessen werden, wobei die Streuung σ_ξ zu $\sigma_\xi = 10$ bekannt sei.

Die Kontrolle geschieht nach folgendem 2-stufigen Prüfplan:
Man ermittelt in einer Zufallsstichprobe vom **Umfang 10** aus dieser nach $N(\mu; 10^2)$ verteilten Grundgesamtheit den empirischen Mittelwert $\bar{x}$ und handelt wie folgt:

Fällt $\bar{x} < c_1$ aus, so wird die Produktion zum Zwecke einer Inspektion gestoppt.
Fällt $\bar{x} > c_2$ aus, so wird der Produktionsprozeß ohne weiteres fortgesetzt.
Im Falle $c_1 \leqslant \bar{x} \leqslant c_2$ wird eine weitere Zufallsstichprobe vom **Umfang 20** gezogen (2. Stufe der Prüfplans) und darin der Mittelwert $\bar{y}$ bestimmt und die Produktion nur dann. zum Zwecke einer Inspektion gestoppt, falls $\bar{y} < c_3$ ausfällt. Andernfalls wird die Produktion fortgesetzt. (Dabei dürfen $\bar{x}$ und $\bar{y}$ als unabhängige zufällige Variable betrachtet werden.)

a) Für die numerischen Werte $c_1 = 30{,}0$, $c_2 = 38{,}0$, $c_3 = 30{,}0$ berechne man für den Fall, daß $\mu = 34{,}0$ beträgt, folgende Wahrscheinlichkeiten

   1. W (Inspektion bereits nach 1. Stufe)
   2. W (2. Stufe erforderlich)
   3. W $(\bar{y} < c_3)$
   4. W (Prozeß wird aufgrund dieses 2-stufigen Prüfplans gestoppt)

b) Man bestimme c_1, c_2, c_3 so, daß im Falle $\mu = 34{,}0$ die in a) definierten Wahrscheinlichkeiten 1., 2. und 3. die Werte 0,10; 0,50; 0,05 erhalten. Für den so bestimmten Prüfplan berechne man die in a) 4. definierte Wahrscheinlichkeit.

c) Für den in a) angegebenen Prüfplan berechne man für den Fall $\mu = 34{,}0$ den Erwartungswert und die Varianz der Zufallsgröße „Anzahl zu messender Stücke bei einer Anwendung dieses Prüfplans". (Hinweis: Diese Anzahl kann offenbar nur die beiden Werte 10 und 10 + 20 = 30 annehmen.)

Aufgabe 81 (Zwischenprüfung): Aufgrund einer bestimmten Modellvorstellung muß die Wahrscheinlichkeit eines Ereignisses E bei einem Versuch p = 0,400 betragen.
Es bezeichne r_n (E) die relative und h_n (E) die absolute Häufigkeit des Auftretens von E bei n unabhängigen Wiederholungen dieses Versuchs.

a) Unter der Annahme, daß p = 0,400 ist, berechne man durch bestmögliche Approximation

$$W\,(0{,}380 < r_{1000}\,(E) < 0{,}420).$$

b) Unter der Annahme, daß p = 0,400 ist, berechne man eine **ganze** Zahl $x_{95\%}$ derart, daß

$$W\,(400 - x_{95\%} < h_{1000}\,(E) < 400 + x_{95\%}) \approx 0{,}95 \qquad (*)$$

Die Frage der zweckmäßigen ganzzahligen Rundung der zunächst zu bestimmenden reellen Zahl $x_{95\%}$ behandle man in der Weise, daß man die linke Seite von (*) für jedes der beiden in Frage kommenden Rundungsergebnisse für $x_{95\%}$ durch bestmögliche Approximation berechnet und schließlich diejenige dieser beiden ganzen Zahlen für $x_{95\%}$ wählt, für die (*) möglichst gut erfüllt ist.

c) Mit Hilfe des Ergebnisses zu b) läßt sich offenbar folgendes Testverfahren zum Testen der Nullhypothese H_0: p = 0,400 formulieren:
H_0 : p = 0,400 kann genau dann bei Zugrundelegung einer Sicherheitswahrscheinlichkeit von 95% abgelehnt werden, wenn

$$| h_{1000} (E) - 400 | \geqslant x_{95\%}$$

ausfällt.
Für diesen Test berechne man die Gütefunktion g (p) durch bestmögliche Approximation an den Stellen p = 0,400, p = 0,410 und p = 0,450.

d) Die in c) formulierte Nullhypothese läßt sich offenbar auch mit Hilfe eines einschlägigen χ^2-Verfahrens testen. Man führe diesen χ^2-Test für die beiden Stichprobenergebnisse h_{1000} (E) = 400 + $x_{95\%}$ („Gerade-Eben-Ablehn-Fall" beim Test aus c)) und h_{1000} (E) = 399 + $x_{95\%}$ („Gerade-Eben-Nicht-Ablehn-Fall" beim Test aus c)) bei Zugrundelegung einer Sicherheitswahrscheinlichkeit von 95% numerisch durch und beantworte die Frage, ob im vorliegenden Fall der χ^2-Test und der Test aus c) äquivalent sind.

e) Aufgrund der in d) bereits benutzten Stichprobenergebnisse h_{1000} (E) = 400 + $x_{95\%}$ und h_{1000} (E) = 399 + $x_{95\%}$ berechne man jeweils ein Konfidenzintervall zur Vertrauenswahrscheinlichkeit von 95% für die (jetzt als unbekannt angesehene) Wahrscheinlichkeit p des Ereignisses E und stelle mit einem kurzen, präzisen Hinweis einen Zusammenhang mit dem Test aus c) her.

Lösungswege und Lösungen

Zu Aufgabe 1:

a) Zur Beschreibung dieses Versuchs kann offenbar folgende Menge Ω von Elementarereignissen dienen:

$$\Omega = \{(w, w, w), (w, w, z), (w, z, w), (w, z, z), (z, w, w), (z, w, z), (z, z, w), (z, z, z)\},$$

wobei z.B. (w, w, z) den Versuchsausgang kennzeichnet, bei dem der 1. Wurf Wappen, der 2. Wurf Wappen und der 3. Wurf Zahl ergibt. Diese Menge ist offensichtlich so gewählt, daß es keinen plausiblen Grund gibt anzunehmen, daß diese 8 Elementarereignisse nicht gleichwahrscheinlich sind. Also erscheint die Laplace-Annahme hier sinnvoll, d.h. es ist zu erwarten, daß diese Annahme nicht im Widerspruch zu irgendwelchen empirisch erzielten bzw. erzielbaren Resultaten bei der Durchführung dieses Glücksspiels stehen wird. (Wollte man die Berechtigung der Laplace-Annahme für das vorliegende Glücksspiel empirisch überprüfen, so könnte man einen Test über hypothetische Wahrscheinlichkeiten durchführen, vgl. Aufgabe 58.) Damit ist auch klar, weshalb die manchem Anfänger wohl naheliegender erscheinende, folgende Definition der Menge der Elementarereignisse unzweckmäßig wäre:

$\Omega = \{\omega_0, \omega_1, \omega_2, \omega_3\}$, wobei ω_i bedeutet, daß bei den 3 Würfen genau i mal Wappen erscheint; denn für diese Elementarereignisse hielte die Laplace-Annahme einer empirischen Überprüfung sicherlich nicht stand. (Aus der sinnvollen Laplace-Annahme für die zuerst angegebene Wahl von Ω folgt nämlich sofort $W(\{\omega_0\}) = \frac{1}{8}$, $W(\{\omega_1\}) = \frac{3}{8}$, . . . , d.h. es wäre z.B. zu erwarten, daß ω_1 „auf lange Sicht" 3 mal so häufig auftritt wie ω_0.)

Die gesuchte Anzahl der Elementarereignisse beträgt also 8, oder systematisch abgezählt: $2 \cdot 2 \cdot 2$.

b) Die Anzahl aller Teilmengen einer N-elementigen Menge beträgt 2^N (s. Aufgabe 19). Wählt man als System der Ereignisse das System aller Teilmengen von Ω, so beträgt die gesuchte Anzahl der Ereignisse folglich $2^8 = 256$.

(Hierbei wird davon ausgegangen, daß man als System der Ereignisse das System aller Teilmengen wählt. Diese Wahl ist im Falle endlich vieler Elementarereignisse immer möglich, obgleich nicht mathematisch zwingend. Man könnte vielmehr auch ein „gröberes" System von Ereignissen wählen, d.h. man brauchte nicht alle Teilmengen in das System der Ereignisse aufzunehmen, sondern brauchte nur sicherzustellen, daß das System der Ereignisse eine σ-Algebra bildet. Durch die Wahl des Systems aller Teilmengen als System der Ereignisse vermeidet man jedoch alle Komplikationen.)

c) Genau diejenigen Ereignisse, die aus 4 Elementarereignissen bestehen, erhalten die (Laplace-) Wahrscheinlichkeit $\frac{4}{8} = \frac{1}{2}$. Da es $\binom{8}{4} = 70$ verschiedene 4-elementige Teilmengen von Ω gibt, beträgt die gesuchte Anzahl 70.

Zu Aufgabe 2:

a) Die Anzahl $|\Omega|$ der Elemente von Ω beträgt $10 \cdot 10 \cdot 10 = 1000$. (Für das Abzählen der Anzahl $|\Omega|$ stelle man sich etwa vor, daß man in folgender Weise systematisch eine Liste aller Elementarereignisse erstellt: Man füllt zunächst nur die erste Stelle (i_1) auf die 10 möglichen Weisen mit einer der Zahlen von 1 bis 10 aus, d.h. die Liste wird mit 10 verschiedenen Anfangszeilen eröffnet; sodann setzt man jede Zeile dadurch fort, daß man die 2. Stelle (i_2) auf die jeweils 10 möglichen Weisen ausfüllt, d.h. jede der 10 Anfangszeilen spaltet sich in 10 neue Zeilen auf, usw.).

b) Die Teilmenge E_1 besteht aus allen denjenigen Elementarereignissen, bei denen alle 3 Stellen ausschließlich mit Ziffern zwischen 1 und 3 besetzt sind, d.h. aus allen denjenigen Versuchsergebnissen, bei denen ausschließlich schwarze Kugeln gezogen werden; kurz: E_1 beschreibt das konkrete Ereignis „man erhält 3 schwarze Kugeln". Die Anzahl $|E_1|$ der Elemente von E_1 beträgt (vgl. Abzählschema unter a)) $3 \cdot 3 \cdot 3 = 27$; also beträgt die gesuchte (Laplace-) Wahrscheinlichkeit $W(E_1) = \frac{27}{1000} = 0{,}027$.

Analog gilt:

E_2: „man erhält beim 1. Zug eine schwarze Kugel und bei den übrigen Zügen nicht-schwarze Kugeln"

E_3: „man erhält beim 1. Zug eine schwarze Kugel" (über die Ergebnisse der übrigen Züge wird nichts verlangt)

E_4: „man erhält beim 2. Zug eine schwarze Kugel".

Die zugehörigen (Laplace-) Wahrscheinlichkeiten betragen:

$$W(E_2) = \frac{3 \cdot 7 \cdot 7}{1000} = 0{,}147; \quad W(E_3) = \frac{3 \cdot 10 \cdot 10}{10 \cdot 10 \cdot 10} = 0{,}3;$$

$$W(E_4) = \frac{10 \cdot 3 \cdot 10}{1000} = 0{,}3.$$

c) E_1 und E_2 schließen sich gegenseitig aus, da z.B. für i_3 nicht gleichzeitig $i_3 \leqslant 3$ und $i_3 \geqslant 4$ gelten kann.

E_1 und E_3 schließen sich nicht gegenseitig aus, da z.B. $(1, 1, 1) \in E_1 \cap E_3$

gilt. E_3 und E_4 schließen sich nicht gegenseitig aus, da z.B. $(1, 1, 1) \in E_3 \cap E_4$ gilt.

d) Nach dem Additions-Axiom gilt

$W(E_1 \cup E_2) = W(E_1) + W(E_2) = 0{,}027 + 0{,}147 = 0{,}174$. Weiter ist

$W(E_1 \cap E_2) = W(\emptyset) = 0$.

Wegen $E_1 \subset E_3$ gilt $E_1 \cup E_3 = E_3$, also $W(E_1 \cup E_3) = W(E_3)$.

Wegen $E_1 \subset E_3$ gilt $E_1 \cap E_3 = E_1$, also $W(E_1 \cap E_3) = W(E_1)$.

e) Wegen $W(E_1 \cap E_2) = 0$ und $W(E_1) \cdot W(E_2) \neq 0$ sind E_1 und E_2 nicht statistisch unabhängig. (Dies entspricht auch der Anschauung, denn wenn man z.B. die Information „E_1 ist eingetreten" besitzt, so weiß man auch, daß dann E_2 nicht eingetreten sein kann, d.h. die Definition der statistischen Unabhängigkeit trifft den anschaulichen Gehalt von „unabhängig" in der natürlichen Sprache.)

Wegen $W(E_1 \cap E_3) = W(E_1)$ und $W(E_1) \cdot W(E_3) \neq W(E_1)$ sind E_1 und E_3 nicht statistisch unabhängig. (Auch dies entspricht der Anschauung, denn die Information „E_1 ist eingetreten" enthält auch die Information, daß E_3 eingetreten ist.)

Wegen $W(E_3 \cap E_4) = \dfrac{3 \cdot 3 \cdot 10}{1000} = 0{,}090$ und $W(E_3) \cdot W(E_4) = 0{,}090$ sind E_3 und E_4 statistisch unabhängig. (Dies entspricht der Anschauung, da wegen des Ziehungsverfahrens *mit* Zurücklegen eine eventuelle Information über das Ergebnis beim 1. Zug keinerlei Information über das Ergebnis beim 2. Zug enthält und umgekehrt.)

Zu Aufgabe 3:

a) Die Anzahl der Elementarereignisse beträgt $\binom{50}{5} = 2\,118\,760$; folglich beträgt die Anzahl der Ereignisse $2^{2\,118\,760}$ (vgl. Aufgabe 19 und 1b).

b) E_1 besteht aus allen denjenigen Elementarereignissen $[i_1, i_2, \ldots, i_5]$, bei denen die beiden kleinsten Nummern i_1 und i_2 zwischen 1 und 6 liegen, also defekte Stücke kennzeichnen, und die übrigen Nummern nicht-defekte Stücke kennzeichnen; die Teilmenge (= Ereignis) E_1 beschreibt also das konkrete Ereignis „man erhält genau 2 defekte Stücke". Entsprechend beschreibt E_2 das konkrete Ereignis „man erhält mindestens 2 defekte Stücke" und E_3 das konkrete Ereignis „man erhält kein defektes Stück". Die gesuchten (Laplace-) Wahrscheinlichkeiten betragen:

$$W(E_1) = \frac{\binom{6}{2} \cdot \binom{44}{3}}{\binom{50}{5}} = 0{,}094, \quad W(E_2) = 1 - \frac{\binom{6}{0} \cdot \binom{44}{5} + \binom{6}{1} \cdot \binom{44}{4}}{\binom{50}{5}} = 0{,}103,$$

$$W(E_3) = \frac{\binom{6}{0} \cdot \binom{44}{5}}{\binom{50}{5}} = 0{,}513.$$

c) E_1 und E_2 schließen sich nicht gegenseitig aus, da z.B. $[1, 2, 7, 8, 9] \in E_1 \cap E_2$ ist. E_1 und E_3 schließen sich gegenseitig aus, da z.B. nicht gleichzeitig $i_1 < i_2 \leqslant 6$ und $i_1 \geqslant 7$ sein kann.

d) Wegen $E_1 \subset E_2$ ist $E_1 \cap E_2 = E_1$. Somit ist $W(E_1 \cap E_2) = W(E_1)$ und $W(E_1) \cdot W(E_2) \neq W(E_1)$, d.h. E_1 und E_2 sind nicht statistisch unabhängig.
Wegen $W(E_1 \cap E_3) = W(\emptyset) = 0$ und $W(E_1) \cdot W(E_3) \neq 0$ sind auch E_1 und E_3 nicht statistisch unabhängig. In beiden Fällen sind die Ereignisse auch in der Bedeutung des Wortes „unabhängig" in der natürlichen Sprache nicht unabhängig; denn die Information „E_1 ist eingetreten" informiert sowohl über das Eintreten von E_2 als auch das Eintreten von E_3; das Eintreten bzw. Nicht-Eintreten beider Ereignisse ist durch das Eintreten von E_1 sogar determiniert.

Zu Aufgabe 4*:

a) Wählte man in Aufgabe 4* wieder die analog zu Aufgabe 3 definierten Elementarereignisse, so hätte man $\binom{10}{3} = 120$ Elementarereignisse der Gestalt $[i_1, i_2, i_3]$. Nunmehr soll jedoch auf die Reihenfolge der 3 Nummern i_1, i_2, i_3 geachtet werden; dies bedeutet: aus jedem Elementarereignis alter Art entstehen $3! = 6$ Elementarereignisse neuer Art, die mit $[(i_1, i_2, i_3)]$ bezeichnet wurden. Also beträgt die Anzahl $|\Omega|$ der Elemente von Ω jetzt $\binom{10}{3} \cdot 3! = 720$.

b) Anschauliche Bedeutung der 3 Ereignisse:

E_1: „man erhält 3 schwarze Kugeln"
E_2: „der 1. Zug ergibt eine schwarze Kugel"
E_3: „der 2. Zug ergibt eine schwarze Kugel".

Laplace-Wahrscheinlichkeiten:

$$W(E_1) = \frac{\binom{3}{3} \cdot 3!}{\binom{10}{3} \cdot 3!} = \frac{1}{120} = 0{,}0083, \quad W(E_2) = \frac{3 \cdot \binom{9}{2} \cdot 2!}{720} = \frac{3}{10} = 0{,}3,$$

$$W(E_3) = \frac{3 \cdot \binom{9}{2} \cdot 2!}{720} = 0{,}3.$$

c) Wegen $W(E_1 \cap E_2) = W(E_1)$ und $W(E_1) \cdot W(E_2) \neq W(E_1)$ sind E_1 und E_2 nicht statistisch unabhängig, was natürlich im Einklang mit der Anschauung steht, da ja aus dem Eintreten von E_1 das Eintreten von E_2 folgt.
Wegen $W(E_2 \cap E_3) = \dfrac{\binom{3}{2} \cdot 2! \cdot \binom{8}{1}}{720} = \dfrac{1}{15}$ und $W(E_2) \cdot W(E_3) =$

$\frac{3}{10} \cdot \frac{3}{10} \neq \frac{1}{15}$ sind also, wie anschaulich zu erwarten (s. Vorbemerkung zu Aufgabe 4*) beim Ziehen *ohne* Zurücklegen die Ergebnisse der einzelnen Züge nicht statistisch unabhängig im Unterschied zum Ziehen mit Zurücklegen (s. Aufgabe 2e); d.h. auch in diesem Falle zeigt sich, daß es mit der Definition der statistischen Unabhängigkeit gelungen ist, den Gehalt des Wortes unabhängig in der natürlichen Sprache korrekt zu erfassen.

Bemerkungen zu den Laplace-Wahrscheinlichkeiten der Aufgabe 4*:

1) $W(E_1)$ läßt sich trivialerweise auch mit Hilfe der üblichen Elementarereignisse der Aufgabe 3 berechnen.
2) $W(E_2) = \frac{3}{10}$ ist plausibel, da $W(E_2)$ anschaulich mit der Wahrscheinlichkeit übereinstimmen muß, beim Ziehen von nur einer Kugel aus der Urne eine schwarze Kugel zu erhalten, wofür die Wahrscheinlichkeit trivialerweise $\frac{3}{10}$ beträgt. Daß $W(E_3) = W(E_2)$ gilt, kann eventuell auf den ersten Blick überraschen, da man vielleicht meinen könnte, daß sich beim Ziehen ohne Zurücklegen die Wahrscheinlichkeit für schwarz im zweiten Zug gegenüber dem 1. Zug ändert. Was sich hier jedoch ändert ist die bedingte Wahrscheinlichkeit für schwarz unter der Bedingung, daß das Ergebnis des 1. Zuges bekannt ist.
3) Analog zu 2) sieht man anschaulich, daß $W(E_2 \cap E_3)$ mit folgender Wahrscheinlichkeit in einem anderen Versuch übereinstimmen muß: mit der Wahrscheinlichkeit, beim Ziehen von 2 Kugeln aus der Urne 2 schwarze Kugeln zu erhalten; diese Wahrscheinlichkeit erhält man wieder trivial zu $\frac{\binom{3}{2} \cdot \binom{7}{0}}{\binom{10}{2}} = \frac{1}{15}$.

Zu Aufgabe 5: Die 10 Elemente der Grundgesamtheit sind als mit 1, 2, 3, ..., 10 numeriert zu denken. Das Ergebnis einer Stichprobe mit Zurücklegen vom Umfang $n = 3$ kann dann mit (i_1, i_2, i_3) gekennzeichnet werden, wobei i_1 die Nummer des beim 1. Zug erhaltenen Elementes, i_2 die Nummer des beim 2. Zug erhaltenen Elementes und i_3 die Nummer des beim 3. Zug erhaltenen Elementes bedeutet; also lautet die Menge aller möglichen Ergebnisse, d.h. die Menge Ω der Elementarereignisse

$$\Omega = \{(1, 1, 1), (1, 1, 2), (1, 1, 3), \ldots, (10, 10, 10)\}$$

oder kürzer und genauer (wie im Aufgabentext angegeben)

$$\Omega = \{(i_1, i_2, i_3) : 1 \leq i_j \leq 10 \quad \text{für } j = 1, 2, 3\}.$$

Das interessierende Ereignis E_1, daß Element Nr. 1 in die Stichprobe gelangt, wird durch die Menge aller derjenigen Elementarereignisse beschrieben, deren Tripel (i_1, i_2, i_3) wenigstens 1 Mal die Nr. 1 enthält; also

$E_1 = \{(i_1, i_2, i_3) : \text{mindestens eines der } i_j \text{ ist } 1\}$.

a) Die Anzahl $|E_1|$ der Elemente von E_1 erechnet man bequem wie folgt:

$|E_1| = |\Omega| - |\bar{E}_1| = 10 \cdot 10 \cdot 10 - |\bar{E}_1| = 1000 - 9 \cdot 9 \cdot 9 = 271$,

wobei $\bar{E}_1$ das Komplement der Menge E_1 bezeichnet.
Analog erhält man

$|E_2| = 1000 - |\bar{E}_2| = 1000 - 9^3 = 271$ und $|E_3| = 271$.

b) Unter der Laplace-Annahme, also unter der Annahme, daß alle Elementarereignisse die gleiche Wahrscheinlichkeit besitzen, ergeben sich wegen a) die gesuchten Wahrscheinlichkeiten der E_i zu

$$W(E_1) = \frac{|E_1|}{|\Omega|} = 0{,}271,\ W(E_2) = \frac{|E_2|}{|\Omega|} = 0{,}271 \text{ und } W(E_3) = \frac{|E_3|}{|\Omega|} = 0{,}271.$$

Hiermit ist also gezeigt, daß die Elemente Nr. 1, Nr. 2 und Nr. 3 die gleiche Laplace-Wahrscheinlichkeit besitzen, in die Stichprobe zu gelangen. Allgemeiner beweist man für beliebige Werte der Parameter N (= Umfang der Grundgesamtheit) und n (= Stichprobenumfang) den Satz, daß aus der Laplace-Voraussetzung die Stichprobenbedingung folgt, so:
Sei E_i ($i = 1, \ldots, N$) das Ereignis „Element Nr. i gelangt in die Stichprobe". Dann gilt für die Anzahl $|E_i|$ der Elemente von E_i

$|E_i| = |\Omega| - |\bar{E}_i| = N^n - (N-1)^n$ für $i = 1, \ldots, N$

und also

$$W(E_i) = \frac{N^n - (N-1)^n}{N^n} = 1 - (1 - \frac{1}{N})^n \quad \text{für } i = 1, \ldots, N,$$

d.h. wie behauptet sind alle $W(E_i)$ gleich.

Unabhängigkeitsprüfung von E_1, E_2, E_3: Eine notwendige (nicht hinreichende) Bedingung für die Unabhängigkeit dieser 3 Ereignisse stellt die paarweise Unabhängigkeit von je zweien dieser Ereignisse dar. Daher genügt es zum Beweis der anschaulich zu erwartenden Nicht-Unabhängigkeit etwa zu zeigen, daß E_1 und E_2 nicht unabhängig sind, d.h. es genügt zu zeigen, daß

$W(E_1 \cap E_2) = W(E_1) \cdot W(E_2) = 0{,}271000 \cdot 0{,}271000 = 0{,}073441$(*)

nicht erfüllt ist. Dies zu zeigen ist auf folgende Weisen möglich:

1. Möglichkeit: Da $W(E_1 \cap E_2) = \frac{|E_1 \cap E_2|}{1000}$ ist und $|E_1 \cap E_2|$ irgendeine *ganze* Zahl zwischen 0 und 1000 sein muß, ist (*) trivialerweise nicht erfüllt, d.h. E_1 und E_2 sind nicht statistisch unabhängig.
2. Möglichkeit: Man zählt die Anzahl $|E_1 \cap E_2|$ der Elementarereignisse von $E_1 \cap E_2$ wie folgt ab:
   1) Die Anzahl der Elementarereignisse, die die Nummern 1 und 2 enthalten und eine der 8 von 1 und 2 verschiedenen Nummern beträgt $8 \cdot 3! = 48$.
   2) Die Anzahl der Elementarereignisse, die die Nummer 1 ein Mal und die Nummer 2 zwei Mal enthalten beträgt 3.
   3) Die Anzahl der Elementarereignisse, die die Nummer 1 zwei Mal und die Nummer 2 ein Mal enthalten beträgt 3.

   Damit hat man $|E_1 \cap E_2| = 48 + 3 + 3 = 54$, also $W(E_1 \cap E_2) = 0{,}054 \neq W(E_1) \cdot W(E_2)$.
3. Möglichkeit: $W(E_1 \cap E_2) = 1 - W(\overline{E_1 \cap E_2}) = 1 - W(\bar{E}_1 \cup \bar{E}_2) =$

$$= 1 - (W(\bar{E}_1) + W(\bar{E}_2) - W(\bar{E}_1 \cap \bar{E}_2)) =$$
$$= 1 - (0{,}729 + 0{,}729 - \frac{8^3}{1000}) = 0{,}054\,.$$

   Die im Aufgabentext definierte zufällige Variable ξ_M ist unter der Laplace-Voraussetzung trivialerweise verteilt nach der Binomial-Verteilung $Bi(n; \frac{M}{N})$.

Zu Aufgabe 6*:

a) Als Menge Ω der Elementarereignisse dient hier

$$\Omega = \{(1,1), (1,2), (2,1), (2,2)\}.$$

Setzt man $W(\{(1,1)\}) = x_1$, $W(\{(1,2)\}) = x_2$, $W(\{(2,1)\}) = x_3$, $W(\{(2,2)\}) = x_4$ und bezeichnet mit E_i ($i = 1, 2$) das Ereignis, daß Kugel Nr. i in der Stichprobe erscheint, so lautet die „Stichprobenbedingung“

$$W(E_1) = W(E_2)\,.$$

Wegen $W(E_1) = x_1 + x_2 + x_3$, $W(E_2) = x_2 + x_3 + x_4$ und den trivialen Nebenbedingungen $x_1 + x_2 + x_3 + x_4 = 1$ und $0 \leqslant x_i \leqslant 1$ für $i = 1, 2, 3, 4$, ist also die „Stichprobenbedingung" genau dann erfüllt, wenn die x_i folgendes Gleichungssystem erfüllen:

$$x_1 + x_2 + x_3 = x_2 + x_3 + x_4$$

$$x_1 + x_2 + x_3 + x_4 = 1 \quad \text{und} \quad 0 \leqslant x_i \leqslant 1 \quad \text{für } i = 1, 2, 3, 4.$$

Da die erste Gleichung äquivalent mit $x_1 = x_4$ ist, so lautet die allgemeine Lösung: jede Wahl der Zahlen x_2 und x_3 mit $0 \leqslant x_2 + x_3 \leqslant 1$ und

$0 \leqslant x_2 \leqslant 1, 0 \leqslant x_3 \leqslant 1$ stellt zusammen mit $x_1 = x_4 = \dfrac{1 - x_2 - x_3}{2}$

eine Lösung dar, d.h. es gibt unendlich viele Wahrscheinlichkeitsbelegungen x_1, x_2, x_3, x_4, die zwar keine Laplace-Belegungen sind, aber die „Stichprobenbedingung" erfüllen; also ist die Laplace-Voraussetzung keine notwendige Voraussetzung für das Erfülltsein der „Stichprobenbedingung".
(Zur Kontrolle überzeuge man sich etwa anhand der speziellen Lösung $x_1 = \frac{1}{4}, x_2 = \frac{1}{8}, x_3 = \frac{3}{8}, x_4 = \frac{1}{4}$, daß diese Nicht-Laplace-Belegung die „Stichprobenbedingung" erfüllt.)

b) Wählt man etwa M = 1 und vereinbart, daß Element Nr. 1 das durch die Eigenschaft A ausgezeichnete Element ist, so wäre die Anzahl ξ_1 ausgezeichneter Elemente in einer **Zufalls**-Stichprobe vom Umfang n = 2 (Laplace-Voraussetzung als definierende Eigenschaft) nach der Binomial-Verteilung Bi(2; 0,5) verteilt. Damit gälte z.B.

$$W(\xi_1 = 0) = \binom{2}{0} 0{,}5^0 \cdot 0{,}5^2 = 0{,}25.$$

Wählt man hingegen als eine die „Stichprobenbedingung" erfüllende Belegung eine der in a) erhaltenen Belegungen, z.B.

$$x_1 = \tfrac{3}{8}, x_2 = x_3 = \tfrac{1}{8}, x_4 = \tfrac{3}{8},$$

so erhält man ein anderes Ergebnis, nämlich:

$$W(\xi_1 = 0) = W(\{(2, 2)\}) = \tfrac{3}{8}.$$

Dies bedeutet: Aus der „Stichprobenbedingung" ist nicht herleitbar, daß ξ_1 nach der Binomial-Verteilung Bi(2; 0,5) verteilt ist.

Zu Aufgabe 7:

a) Das Ereignis E_1, daß sich das Element Nr. 1 in der Stichprobe vom Umfang 2 befindet, wird durch die Teilmenge $\{[1,2], [1,3], [1,4]\}$ beschrieben. Folglich ist

$$W(E_1) = W([1,2]) + W([1,3]) + W([1,4]) = 0{,}1 + 0{,}1 + 0{,}3 = 0{,}5.$$

Analog erhält man

$$W(E_2) = 0{,}1 + 0{,}3 + 0{,}1 = 0{,}5, \quad W(E_3) = 0{,}1 + 0{,}3 + 0{,}1 = 0{,}5$$

$$W(E_4) = 0{,}3 + 0{,}1 + 0{,}1 = 0{,}5.$$

b) Die Laplace-Voraussetzung besagt: die 6 im Aufgabentext angegebenen Elementarereignisse besitzen alle die gleiche Wahrscheinlichkeit, nämlich $^1/_6$. Die zu a) analoge Rechnung ergibt das anschaulich zu Vermutende, nämlich: $W(E_i) = \frac{1}{2}$ für i = 1, 2, 3, 4.
Dieses Ergebnis, daß aus der Laplace-Voraussetzung die „Stichprobenbedingung" folgt, läßt sich leicht auf beliebige Werte der Urnenparameter N und n übertragen (vgl. den Beweis dieses Satzes für *Ziehen mit Zurücklegen* in Aufgabe 5b)).
Die Umkehrung dieses Satzes gilt nicht: die im Aufgabentext angegebene Nicht-Laplace-Belegung ist ein Gegenbeispiel, denn sie erfüllt nach dem Ergebnis zu a) die „Stichprobenbedingung".

c) Falls ξ hypergeometrisch verteilt wäre, so erhielte man:

$$W(\xi = 0) = \tfrac{1}{6}, \; W(\xi = 1) = \tfrac{2}{3}, \; W(\xi = 2) = \tfrac{1}{6}.$$

Mit der im Aufgabentext angegebenen Wahrscheinlichkeitsbelegung erhält man jedoch

$$W(\xi = 0) = W(\{[3,4]\}) = 0{,}1$$

$$W(\xi = 1) = W(\{[1,3]\}) + W(\{[1,4]\}) + W(\{[2,3]\}) + W(\{[2,4]\}) = 0{,}8$$

$$W(\xi = 2) = W(\{[1,2]\}) = 0{,}1.$$

Zur Bedeutung der Aufgaben 5 bis 7: s. Anmerkung nach dem Text von Aufgabe 6*.

Zu Aufgabe 8: Denkt man sich die 4 Bewerber mit 1, 2, 3, 4 numeriert, so kann man als Menge der Elementarereignisse

$$\Omega = \{[1, 2], [1, 3], [1, 4], [2, 3], [2, 4], [3, 4]\}$$

wählen, wobei z.B. das Elementarereignis [1, 2] den Versuchsausgang beschreiben möge, daß bei dem zufälligen Herausgreifen von 2 Bewerbern gerade Bewerber Nr. 1 und Bewerber Nr. 2 erhalten werden. Denkt man sich nun die Numerierung so erfolgt, daß die beiden besten Bewerber etwa die Nummern 1 und 2 erhalten haben, so wird offenbar das konkrete Ereignis „man erhält die beiden besten Bewerber" durch die Teilmenge $E_1 = \{[1, 2]\}$ beschrieben. Unter Zugrundelegung der Laplace-Annahme hat man also

$$W(E_1) = \tfrac{1}{6} \quad \text{und analog} \quad W(E_2) = \tfrac{1}{6}\ .$$

Zu Aufgabe 9:

a) Hier interessiert nur, wer jeweils bester Spieler des Abends ist; man kann also folgende Menge Ω von Elementarereignissen wählen:

$$\Omega = \{(A, A), (A, B), (A, C), \ldots, (C, C)\},$$

wobei ein Symbol der Gestalt (X, Y) den folgenden Versuchsausgang kennzeichnen soll: am 1. Abend ist Spieler X Bester und am 2. Abend ist Y Bester. Da Ω offenbar aus $3 \cdot 3 = 9$ Elementarereignissen besteht, so ergibt sich unter der Laplace-Annahme die gesuchte Wahrscheinlichkeit zu $^1/_9 = 0{,}111$.

b) Für die Fragestellung b) reicht die in a) benutzte Menge von Elementarereignissen offenbar nicht aus; man benötigt jetzt vielmehr Elementarereignisse, die sowohl die Reihenfolge des 1. Abends als auch die Reihenfolge des 2. Abends beschreiben, also z.B. (A – B – C; B – A – C), was bedeuten soll: am 1. Abend lautet die Reihenfolge A – B – C und am 2. Abend B – A – C. Da 3! = 6 verschiedene Reihenfolgen der 3 Spieler existieren, so hat man also 6 · 6 = 36 Elementarereignisse. Die gesuchte Laplace-Wahrscheinlichkeit beträgt $^6/_{36} = \frac{1}{6} = 0{,}167$. Natürlich kann man die Frage a) auch mittels der hier benutzten Menge der Elementarereignisse beantworten. Das in a) interessierende Ereignis besteht dann jedoch aus 4 Elementarereignissen.

c) Man kann wieder die Menge der Elementarereignisse aus b) benutzen und erhält die gesuchte Wahrscheinlichkeit zu $\frac{1}{36} = 0{,}028$.

Zu Aufgabe 10: Die in a) und b) jeweils benötigte Menge der Elementarereignisse wählt man analog wie in den Aufgaben 2 und 3. Die gesuchten Laplace-Wahrscheinlichkeiten lauten:

a) $W(E_0) = \frac{\binom{3}{0} \cdot \binom{7}{4}}{\binom{10}{4}} = 0{,}167, \; W(E_1) = \frac{\binom{3}{1} \cdot \binom{7}{3}}{210} = 0{,}500,$

$$W(E_2) = \frac{\binom{3}{2} \cdot \binom{7}{2}}{210} = 0{,}300, \; W(E_3) = \frac{\binom{3}{3} \cdot \binom{7}{1}}{210} = 0{,}033, \; W(E_4) = 0$$

b) $W(E_0) = \frac{\binom{4}{0} \cdot 3^0 \cdot 7^4}{10\,000} = 0{,}240, \; W(E_1) = \frac{\binom{4}{1} \cdot 3^1 \cdot 7^3}{10\,000} = 0{,}412$

$$W(E_2) = \frac{\binom{4}{2} \cdot 3^2 \cdot 7^2}{10\,000} = 0{,}265, \; W(E_3) = \frac{\binom{4}{3} \cdot 3^3 \cdot 7^1}{10\,000} = 0{,}076,$$

$$W(E_4) = \frac{3^4}{10\,000} = 0{,}008.$$

Als Kontrolle kann dienen, daß die Summe der $W(E_i)$ in beiden Fällen bis auf Rundungseinflüsse 1 ergeben muß; denn: die E_i sind paarweise disjunkt (sie schließen sich gegenseitig aus) und ihre Vereinigungsmenge ist Ω, weshalb nach dem Additions-Axiom ihre Summe 1 betragen muß.

Zu Aufgabe 11: Das Glücksspiel der Aufgabe 1 ist einem Urnenexperiment mit Zurücklegen mit N = 2, n = 3 äquivalent.
Der Versuch der Aufgabe 8 ist einem Urnenexperiment ohne Zurücklegen mit N = 4, n = 2 äquivalent.
Aufgabe 9a läßt sich als Urnenexperiment mit Zurücklegen mit N = 3, n = 2 deuten. Alle 3 Teilaufgaben von Aufgabe 9 lassen sich als Aufgaben zu einem

Urnenmodell mit Zurücklegen mit N = 6 und n = 2 deuten; dabei hätte jede der 6 Kugeln der Urne eine der 6 möglichen Reihenfolgen der 3 Skatspieler zu repräsentieren.

Zu Aufgabe 12:

a) Sei N die Anzahl der Kugeln des zu konstruierenden Urnenmodells. Die Anzahl der Kranke repräsentierenden Kugeln beträgt dann 0,001 N. Um die gegebenen Wahrscheinlichkeiten zu realisieren benötigt man in der Urne folglich

$0{,}001\ N \cdot 0{,}90 = 0{,}00090 \cdot N$ Kugeln, die Kranke mit Befund,
$0{,}001\ N \cdot 0{,}10 = 0{,}00010 \cdot N$ Kugeln, die Kranke ohne Befund,
$0{,}999\ N \cdot 0{,}01 = 0{,}00999 \cdot N$ Kugeln, die Gesunde mit Befund und
$0{,}999\ N \cdot 0{,}99 = 0{,}98901 \cdot N$ Kugeln, die Gesunde ohne Befund

repräsentieren.
Offensichtlich ist N = 100 000 die kleinste Anzahl, die gewährleistet, daß die vorstehenden 4 Zahlen ganze Zahlen werden. Das benötigte Urnenmodell enthält also N = 100 000 Kugeln mit folgenden Bedeutungen:

90 Kugeln repräsentieren Kranke mit Befund,
10 Kugeln repräsentieren Kranke ohne Befund,
999 Kugeln repräsentieren Gesunde mit Befund,
98 901 Kugeln repräsentieren Gesunde ohne Befund.

Zur Kontrolle überzeugt man sich, daß z.B. die Wahrscheinlichkeit, daß ein Gesunder einen Befund liefert, wie verlangt

$$\frac{999}{98\,901 + 999} = 0{,}01 \text{ beträgt.}$$

b) 1) Die Wahrscheinlichkeit dafür, daß eine zufällig aus der Grundgesamtheit herausgegriffene Person einen Befund liefert, ergibt sich mit Hilfe des in a) konstruierten Urnenmodells trivial zu

$$\frac{90 + 999}{100\,000} = 0{,}01089.$$

2) Die Wahrscheinlichkeit dafür, daß eine Person mit Befund tatsächlich krank ist, erhält man ebenso trivial zu $\frac{90}{90 + 999} = 0{,}0826.$

Die soeben berechneten Wahrscheinlichkeiten kann man auch ohne Zuhilfenahme des Urnenmodells aus a) mit Hilfe des Begriffs der bedingten Wahrscheinlichkeit berechnen:

1) Nach dem Satz über die totale Wahrscheinlichkeit gilt:
W (Befund) = W (Befund| krank) · W (krank) + W (Befund| gesund) · W (gesund). Da alle 4 Wahrscheinlichkeiten der rechten Seite im Aufgabentext gegeben sind, hat man
W (Befund) = 0,90 · 0,001 + 0,01 · 0,999 = 0,01089.

2) Nach dem Satz von *Bayes* gilt:

W (krank| Befund) =

$$= \frac{W(\text{Befund}|\text{krank}) \cdot W(\text{krank})}{W(\text{Befund}|\text{krank}) \cdot W(\text{krank}) + W(\text{Befund}|\text{gesund}) \cdot W(\text{gesund})} =$$

$$= \frac{0{,}90 \cdot 0{,}001}{0{,}90 \cdot 0{,}001 + 0{,}01 \cdot 0{,}999} = \frac{90}{90 + 999} = 0{,}0826.$$

c) Eine etwas „schlichte" Formder Berechnung der durchschnittlichen Behandlungskosten einer Bevölkerung von 1 Million geht so:
1 000 000 Personen werden sich „durchschnittlich" so zusammensetzen wie eine Urne in a) mit lediglich 10-fachem Inhalt; da eine solche Urne 10 · 90 Kranke mit Befund und 10 · 999 Gesunde mit Befund enthält, betragen also die gesuchten durchschnittlichen Behandlungskosten

10 · 90 · 10 000 DM + 10 · 999 · 1000 DM = 18,99 Millionen DM.

Die mathematisch einwandfreie Herleitung dieses Resultats ist wie folgt möglich: Man denkt sich die 1 000 000 Personen mit 1, 2, 3, . . . , 1 000 000 numeriert und bezeichnet mit ξ_i (i = 1, . . . , 1 000 000) die von Person Nr. i verursachten Behandlungskosten. Nach Definition des Erwartungswertes ist für jedes i

$$E[\xi_i] = 10\,000 \cdot W(\xi_i = 10\,000) + 1000 \cdot W(\xi_i = 1000) =$$
$$= 10\,000 \cdot W(\text{Befund und krank}) + 1000 \cdot W(\text{Befund und gesund}).$$

Die beiden benötigten Wahrscheinlichkeiten berechnet man wieder trivial mit Hilfe des Urnenmodells a) (oder auch mit Hilfe bedingter Wahrscheinlichkeiten) und erhält

$$E[\xi_i] = 10\,000 \cdot \frac{90}{100\,000} + 1000 \cdot \frac{999}{100\,000} = 18{,}99 \text{ DM}.$$

Bezeichnet ξ die gesamten Behandlungskosten von 1 000 000 Personen, so ist

$$\xi = \xi_1 + \xi_2 + \ldots + \xi_{1\,000\,000}$$

und wegen der Additivität des Erwartungswertes hat man

$$E[\xi] = 1\,000\,000 \cdot 18{,}99 \text{ DM} = 18{,}99 \text{ Millionen DM}.$$

Zu Aufgabe 13: Die gesuchten Wahrscheinlichkeiten sind

a) $$\frac{\binom{4}{2}\binom{7}{2}\cdot\binom{7}{2}\cdot\binom{7}{2}\cdot\binom{7}{2}}{\binom{32}{10}} = \frac{6\cdot 21^4}{64\,512\,240} = 0{,}018$$

b) $$\frac{\binom{14}{10}\cdot\binom{4}{2}}{\binom{32}{10}} = \frac{1001\cdot 6}{64\,512\,240} = 0{,}000\,093.$$

Ersichtlich benutzt man hierbei zweckmäßigerweise eine Tabelle der Binomialkoeffizienten.

Zu Aufgabe 14:

a) Die gesuchte Wahrscheinlichkeit ist $\dfrac{\binom{4}{3}\cdot\binom{28}{7}+\binom{4}{4}\cdot\binom{28}{6}}{\binom{32}{10}} = 0{,}079.$

b) Es bezeichne A_3 das Ereignis „Spieler A erhält mindestens 3 Buben“, B_3 das Ereignis „B erhält mindestens 3 Buben“ und C_3 das Ereignis „C erhält mindestens 3 Buben“. Da sich die Ereignisse A_3, B_3 und C_3 paarweise gegenseitig ausschließen, erhält man die gesuchte Wahrscheinlichkeit $W(A_3 \cup B_3 \cup C_3)$ wegen des Additions-Axioms zu

$$W(A_3 \cup B_3 \cup C_3) = W(A_3) + W(B_3) + W(C_3) = 3\cdot W(A_3) =$$
$$= 3\cdot 0{,}079 = 0{,}24.$$

c) Bezeichnet A_2 das Ereignis „A erhält mindestens 2 Buben“ so gilt analog wie in a)

$$W(A_2) = \frac{\binom{4}{2}\cdot\binom{28}{8}+\binom{4}{3}\cdot\binom{28}{7}+\binom{4}{4}\cdot\binom{28}{6}}{\binom{32}{10}} = 0{,}368.$$

d) Die gesuchte Wahrscheinlichkeit $W(A_2 \cup B_2 \cup C_2)$ kann man nicht mehr analog zu b) mit Hilfe des Additions-Axioms berechnen, da z.B. A_2 und B_2 sich nicht gegenseitig ausschließen, denn natürlich können die Spieler A und B gleichzeitig je 2 Buben erhalten. Man benötigt hier die sog. Siebformel

$$W(A_2 \cup B_2 \cup C_2) = W(A_2) + W(B_2) + W(C_2) - W(A_2 \cap B_2) -$$
$$- W(A_2 \cap C_2) - W(B_2 \cap C_2) + W(A_2 \cap B_2 \cap C_2).$$

Ersichtlich ist nach c) $W(A_2) = W(B_2) = W(C_2) = 0{,}368$ und natürlich $W(A_2 \cap B_2 \cap C_2) = W(\emptyset) = 0$ sowie $W(A_2 \cap B_2) = W(A_2 \cap C_2) = W(B_2 \cap C_2)$. Also braucht man nur noch die Wahrscheinlichkeit zu berechnen, daß z.B. A und B je 2 Buben erhalten. Diese Wahrscheinlichkeit ergibt sich zu (s. nachstehende Anmerkung zur Berechnung)

$$W(A_2 \cap B_2) = \frac{\binom{4}{2} \cdot \binom{28}{8} \cdot \binom{2}{2} \cdot \binom{20}{8} \cdot \binom{12}{10}}{\binom{32}{10} \cdot \binom{22}{10} \cdot \binom{12}{10}} = 0{,}0563.$$

Somit erhält man die gesuchte Wahrscheinlichkeit zu

$W(A_2 \cup B_2 \cup C_2) = 3 \cdot 0{,}368 - 3 \cdot 0{,}0563 = 0{,}94.$

Anmerkung zur Berechnung der Wahrscheinlichkeit $W(A_2 \cap B_2)$: Bei der Berechnung aller anderen Wahrscheinlichkeiten dieser Aufgabe wurde immer nur das Experiment betrachtet, das im zufälligen Herausgreifen von nur 10 Karten für z.B. Spieler A besteht, obwohl streng genommen das kompliziertere Experiment des Austeilens von je 10 Karten an alle 3 Spieler hätte betrachtet werden müssen, für welches man naheliegenderweise $\binom{32}{10} \cdot \binom{22}{10} \cdot \binom{12}{10}$ verschiedene Elementarereignisse hat. (Jede der $\binom{32}{10}$ Möglichkeiten, 10 Karten an A auszuteilen, kann mit jeder der $\binom{22}{10}$ verbleibenden Möglichkeiten, an B 10 Karten auszuteilen kombiniert werden, etc.) Die Anzahl der „günstigen Fälle" für $A_2 \cap B_2$ erhält man dann so: es gibt $\binom{4}{2} \cdot \binom{28}{8}$ Möglichkeiten, zunächst an A 2 Buben und 8 Nicht-Buben auszuteilen; bei jeder dieser Möglichkeiten kann B noch auf $\binom{2}{2} \cdot \binom{20}{8}$ verschiedene Weisen 2 Buben und 8 Nicht-Buben erhalten; jede dieser $\binom{4}{2} \cdot \binom{28}{8} \cdot \binom{2}{2} \cdot \binom{20}{8}$ möglichen Austeilungen an A und B kann dadurch zu einer vollständigen Austeilung der Karten an alle 3 Spieler ergänzt werden, daß C aus den verbleibenden 12 Karten auf $\binom{12}{10}$ verschiedene Weisen 10 Karten erhält.
Die vorgeführten Berechnungen aller übrigen Wahrscheinlichkeiten lassen sich von diesem Modell (mit $\binom{32}{10} \cdot \binom{22}{10} \cdot \binom{12}{10}$ Elementarereignissen) her gesehen so deuten, daß jeweils bereits durch $\binom{22}{10} \cdot \binom{12}{10}$ gekürzt wurde.

Zu Aufgabe 15:

a) $W(\text{A erhält in einer Partie alle 4 Buben}) = \dfrac{\binom{4}{4} \cdot \binom{28}{6}}{\binom{32}{10}} = 0{,}00584$

$\Rightarrow W(\text{A erhält in einer Partie nicht 4 Buben}) = 1 - 0{,}00584 = 0{,}99416$

$\Rightarrow W(\text{A erhält in keiner von 100 Partien alle 4 Buben}) = 0{,}99416^{100}$

(wegen vorauszusetzender Unabhängigkeit der 100 Partien)

$\Rightarrow$ W (A erhält bei 100 Partien wenigstens einmal alle 4 Buben =

$$= 1 - 0{,}99416^{100} = 0{,}44.$$

b) W (irgendeiner der 3 Spieler erhält bei einer Partie alle 4 Buben) =

$$= 3 \cdot \frac{\binom{4}{4} \cdot \binom{28}{6}}{\binom{32}{10}} = 0{,}0175$$

$\Rightarrow$ W (irgendeiner der 3 Spieler erhält bei 100 Partien wenigstens einmal alle 4 Buben) = $1 - 0{,}9825^{100} = 0{,}83$.

c) Gesucht ist die kleinste ganze Zahl n derart, daß

$1 - 0{,}99416^{n} \geqslant 0{,}90$ ist.

Zweckmäßigerweise bestimmt man zunächst die reelle Zahl x derart, daß

$1 - 0{,}99416^{x} = 0{,}90$ ist.

Diese Bestimmungsgleichung formt man wie folgt äquivalent um:

$$1 - 0{,}99416^{x} = 0{,}90 \Leftrightarrow 0{,}99416^{x} = 0{,}10$$
$$\Leftrightarrow \log(0{,}99416^{x}) = \log 0{,}10 = -1$$
$$\Leftrightarrow x \cdot \log 0{,}99416 = -1$$
$$\Leftrightarrow x = \frac{-1}{\log 0{,}99416} = 393{,}1$$

$\Rightarrow$ die gesuchte Mindestzahl beträgt n = 394 .

Zu Aufgabe 16: Bei vorauszusetzender Unabhängigkeit der n Anwendungen des Verfahrens beträgt die Wahrscheinlichkeit nie den Fehler 1. Art zu begehen $(1 - 0{,}05)^{n}$ (vgl. Aufgabe 15a).
Numerische Werte: $0{,}95^{10} = 0{,}599$, $0{,}95^{100} = 0{,}006$.

Zu Aufgabe 17: Die Wahrscheinlichkeit, bei einem Wurf mit 2 Würfeln eine Doppelsechs zu erzielen beträgt $\frac{1}{36}$. Die Wahrscheinlichkeit, bei n Würfen mindestens einmal eine Doppelsechs zu erzielen, beträgt also (vgl. Aufgabe 15 a) $1 - \left(\frac{35}{36}\right)^{n}$. Also ist die kleinste ganze Zahl n gesucht, für die $1 - \left(\frac{35}{36}\right)^{n} \geqslant \frac{1}{2}$ ist. Nach dem Verfahren von Aufgabe 15 c erhält man die gesuchte Mindestanzahl zu 25. (Als außerordentlich bemerkenswert wurde seinerzeit auch die hieraus sich ergebende Konsequenz empfunden, daß zwar hiernach die Wahrscheinlichkeit, mit 24 Würfen mit 2 Würfeln eine Doppelsechs zu erzielen kleiner als 50 % ist, aber die Wahrscheinlichkeit, mit 4 Würfen mit einem Würfel wenigstens eine Sechs zu erzielen, bereits größer als 50 %, nämlich $1 - (\frac{5}{6})^4 = 0{,}52$, ist. Als merkwürdig wurde dies deshalb empfunden, weil in dem ersten Experiment gegenüber dem angegebenen zweiten Experiment zwar die Anzahl der Würfe das 6-fache beträgt, aber dafür die Wahrscheinlichkeit, bei einem Wurf Erfolg zu haben, nur $^1/_6$ der Erfolgswahrscheinlichkeit des zweiten Experiments ist.)

Zu Aufgabe 18: Die Aufgabe soll dazu dienen, die beiden Relationen „statistisch unabhängig sein" und „sich gegenseitig ausschließen" zwischen zwei Ereignissen E_1 und E_2 gegeneinander abzugrenzen, da erfahrungsgemäß Anfänger hier zu Verwechslungen neigen.

Seien also E_1 und E_2 sich gegenseitig ausschließende Ereignisse, d.h. es sei $E_1 \cap E_2 = \emptyset$. Die gestellte Frage lautet: Unter welcher Bedingung sind dann E_1 und E_2 statistisch unabhängig? Mit anderen Worten: Unter welcher Bedingung gilt dann

$$W(E_1 \cap E_2) = W(E_1) \cdot W(E_2) \qquad (*)$$

Die Antwort ist trivial: Wegen $W(E_1 \cap E_2) = W(\emptyset) = 0$ ist die vorstehende definitorische Beziehung (*) der Unabhängigkeit von E_1 und E_2 dann und nur dann erfüllt, wenn wenigstens eines der beiden Ereignisse die Wahrscheinlichkeit 0 besitzt.

Ganz lax gesprochen läßt sich also sagen: „Normalerweise" sind sich gegenseitig ausschließende Ereignisse *nicht* statistisch unabhängig.

Zu Aufgabe 19: Als System der Ereignisse wird hier das System aller Teilmengen von Ω verwendet (s. Lösung zu Aufgabe 1 b). Die Anzahl der Teilmengen zählt man nach dem im Aufgabentext angegebenen Verfahren so ab:

1) es gibt $\binom{N}{0} = 1$ 0-elementige Teilmenge (es ist die leere Menge $\emptyset$)
2) es gibt $\binom{N}{1} = N$ 1-elementige Teilmengen
3) es gibt $\binom{N}{2}$ 2-elementige Teilmengen

⋮

N + 1) es gibt $\binom{N}{N} = 1$ N-elementige Teilmenge (es ist die Menge Ω).

Die gesuchte Anzahl aller Teilmengen beträgt also

$$\binom{N}{0} + \binom{N}{1} + \binom{N}{2} + \ldots + \binom{N}{N}.$$

Die N + 1 Summanden dieser Summe lassen sich bequem mit Hilfe des binomischen Satzes aufaddieren; rechnet man nämlich $(1 + 1)^N$ nach dem binomischen Satz aus (was natürlich „normalerweise“ eine grob unsinnige Prozedur wäre), so erhält man gerade die vorstehende Summe; also beträgt die gesuchte Anzahl $(1 + 1)^N = 2^N$.

Zu Aufgabe 20: Diese Aufgabe ist äquivalent mit der folgenden Urnenaufgabe: Aus einer Urne, die unter 49 Kugeln genau 6 in bestimmter Weise ausgezeichnete (z.B. schwarze) Kugeln enthält, werden n = 6 Kugeln zufällig und ohne Zurücklegen herausgegriffen. Gesucht: die Wahrscheinlichkeit dafür, daß sich unter den herausgegriffenen Kugeln mindestens 3 der ausgezeichneten Kugeln befinden. Die Wahrscheinlichkeit beträgt (hypergeometrische Verteilung)

$$\frac{\binom{6}{3}\cdot\binom{43}{3}+\binom{6}{4}\cdot\binom{43}{2}+\binom{6}{5}\cdot\binom{43}{1}+\binom{6}{6}\cdot\binom{43}{0}}{\binom{49}{6}} =$$

$$\frac{20\cdot 12\,341 + 15\cdot 903 + 6\cdot 43 + 1}{13\,983\,816} = \frac{260\,624}{13\,983\,816} = 0{,}0186.$$

Anmerkung: Das angegebene Urnenmodell läßt die folgenden äquivalenten Interpretationen zu:

1) Man deutet die 49 Kugeln als die 49 Zahlen des Tippscheines und die 6 ausgezeichneten Kugeln als die angekreuzten Zahlen, also als Tippreihe. Das Herausgreifen von n = 6 Kugeln aus der Urne ist dann als das Ermitteln der 6 Gewinnzahlen mit Hilfe der Lotto-Trommel zu interpretieren.
2) Man deutet die 49 Kugeln als die 49 Kugeln in der bei der Ausspielung benutzten Lotto-Trommel und die 6 ausgezeichneten Kugeln als die 6 in der Trommel enthaltenen (und gekennzeichnet *gedachten*) Gewinnzahlen. Das Herausgreifen von n = 6 Kugeln aus der Urne ist in diesem Fall als Ausfüllen des Tippscheines zu interpretieren.

Zu Aufgabe 21*:

1. Lösungsmöglichkeit (Berechnung als bedingte Wahrscheinlichkeit): Die bedingte Wahrscheinlichkeit $W(A|B)$ (gelesen: Wahrscheinlichkeit des Ereignisses A unter der Bedingung, daß das Ereignis B bereits eingetreten ist) ist für $W(B) \neq 0$ durch

$$W(A|B) := \frac{W(A \cap B)}{W(B)}$$ definiert.

Interpretiert man B als „die Tippreihe enthält genau 5 Gewinnzahlen“ und A als „die Tippreihe enthält die Zusatzzahl“, so ist $W(A|B) = \frac{1}{43}$ (denn: ist B bereits eingetreten, so enthält die Lotto-Trommel nur noch 49 − 6 = 43

Nicht-Gewinnzahlen, von denen genau eine in der vorgelegten Tippreihe enthalten ist; für A existieren also 43 „mögliche Fälle" und ein „günstiger Fall").

Da ferner

$$W(B) = \frac{\binom{6}{5} \cdot \binom{43}{1}}{\binom{49}{6}}$$ ist, so ergibt sich die gesuchte Wahrscheinlichkeit zu

$$W(A \cap B) = W(A|B) \cdot W(B) = \frac{1}{43} \cdot \frac{\binom{6}{5} \cdot \binom{43}{1}}{\binom{49}{6}} = \frac{6}{13\,983\,816} =$$

$$= 4{,}29 \cdot 10^{-7}.$$

2. Lösungsmöglichkeit: Zunächst besitzt der Versuch, aus 49 Zahlen 6 Gewinnzahlen und eine Zusatzzahl herauszugreifen offenbar $\binom{49}{6} \cdot 43$ verschiedene mögliche Ausgänge (= Elementarereignisse); man könnte ein solches Elementarereignis etwa mit $(i_1, i_2, \ldots, i_6 | i_7)$ bezeichnen, wobei die $i_1, \ldots, i_6$ die 6 Gewinnzahlen und i_7 die Zusatzzahl bedeuten sollen. Gesucht ist die Wahrscheinlichkeit des Ereignisses, daß eine vorgelegte Tippreihe, z.B. die Tippreihe 1, 2, 3, 4, 5, 6 genau 5 der 6 ermittelten Gewinnzahlen und die Zusatzzahl enthält. Bei der Ermittlung der 6 Gewinnzahlen gibt es $\binom{6}{5}$ Möglichkeiten, 5 Zahlen der vorgelegten Tippreihe zu erhalten (s. Interpretation 1) in der Lösung zu Aufgabe 20). Die verbleibende Zahl der Tippreihe muß dann zwangsläufig Zusatzzahl werden, wenn das interessierende Ereignis eintreten soll. Die zur Vervollständigung der Ziehung noch erforderliche Gewinnzahl, die nicht in der Tippreihe enthalten ist, kann jedoch auf $49 - 5 - 1 = 43$ verschiedene Arten gewählt werden. Damit beträgt die Anzahl der für das interessierende Ereignis „günstigen Fälle", d.h. die Anzahl seiner Elementarereignisse $\binom{6}{5} \cdot 43$ und die gesuchte Wahrscheinlichkeit

$$\frac{\binom{6}{5} \cdot 43}{\binom{49}{6} \cdot 43} = \frac{6}{13\,983\,816} = 4{,}29 \cdot 10^{-7}.$$

Zu Aufgabe 22: Ist p die Wahrscheinlichkeit, mit einer Tippreihe einen Gewinn in einer bestimmten Klasse zu erzielen, so beträgt der Erwartungswert der Anzahl der Gewinne in dieser Klasse $n \cdot p$, wenn n die Anzahl der beteiligten Tippreihen bezeichnet. (Herleitung: Bezeichnet ξ_i die Anzahl der Gewinne, die auf die Tippreihe Nr. i entfallen $(i = 1, 2, \ldots, n)$, so gilt zunächst wegen der Additivität des Erwartungswertes für den gesuchten Erwartungswert der Summe $\xi_1 + \xi_2 + \ldots + \xi_n$

$$E[\xi_1 + \xi_2 + \ldots + \xi_n] = E[\xi_1] + E[\xi_2] + \ldots + E[\xi_n]. \qquad (*)$$

Da jedoch die Zufallsgröße ξ_i nur die Werte 0 und 1 annehmen kann und der Wert 1 mit der Wahrscheinlichkeit p auftritt, so ist $E[\xi_i] = p$ für alle i und der gesuchte Erwartungswert $E[\xi_1 + \ldots + \xi_n]$ ergibt sich zu $n \cdot p$.) Damit ergeben sich die gesuchten Erwartungswerte der Besetzungszahlen zu (vgl. Aufgaben 20 und 21):

Klasse	erwartete Besetzungszahlen bei 13 983 816 Tippreihen	10^8 Tippreihen
I (6 Treffer)	$\frac{1}{\binom{49}{6}} \cdot 13\,983\,816 = 1$	7,2
II (5 Treffer mit Zusatzzahl)	$\frac{\binom{6}{5} \cdot 43}{\binom{49}{6} \cdot 43} \cdot 13\,983\,816 = 6$	42,9
III (5 Treffer ohne Zusatzzahl)	$\left(\frac{\binom{6}{5} \cdot \binom{43}{1}}{\binom{49}{6}} - \frac{\binom{6}{5} \cdot 43}{\binom{49}{6} \cdot 43}\right) \cdot 13\,983\,816 = 252$	1802,1
IV (4 Treffer)	$\frac{\binom{6}{4} \cdot \binom{43}{2}}{\binom{49}{6}} \cdot 13\,983\,816 = 13\,545$	96 862,0
V (3 Treffer)	$\frac{\binom{6}{3} \cdot \binom{43}{3}}{\binom{49}{6}} \cdot 13\,983\,816 = 246\,820$	1 765 040,4

Die Unabhängigkeitsvoraussetzung wird hierbei nicht benötigt, denn für die Gültigkeit von (*) ist es nicht erforderlich, daß die zufälligen Variablen $\xi_1, \ldots, \xi_n$ unabhängig sind. Folglich gelten die angegebenen Resultate z.B. auch für den Fall, daß sämtliche beteiligten Tippreihen identisch sind.

Zu Aufgabe 23: Die Wahrscheinlichkeit, mit einer Tippreihe nicht 6 Treffer zu erzielen, ist $1 - p$, wobei

$p = \frac{1}{\binom{49}{6}} = \frac{1}{13\,983\,816}$ ist. Folglich beträgt die Wahrscheinlichkeit bei

Unabhängigkeit der Tippreihen mit n Tippreihen kein einziges Mal sechs Treffer zu erzielen

$$(1 - p)^n.$$

Da für kleinere Werte von p die Binomialverteilung Bi (n; p) mittels der Poisson-Verteilung Po (np) mit ausreichender Genauigkeit approximiert werden kann, also

$$\binom{n}{m} p^m \cdot (1-p)^{n-m} \approx \frac{(n \cdot p)}{m!} \; e^{-np} \qquad (*)$$

gilt, ergeben sich die beiden gesuchten Wahrscheinlichkeiten zu

a) $\frac{(np)^0}{0!} \; e^{-np} = e^{-1} = 0{,}368$

b) $\frac{(np)^0}{0!} \; e^{-np} = e^{-\frac{10^8}{13983816}} = 0{,}000784.$

(Wegen des hier sehr kleinen p sind diese Approximationen im vorliegenden Falle sogar noch auf mehr als die angegebenen Ziffern mit den exakt berechneten Werten identisch.)

Auf die Voraussetzung, daß die beteiligten Tippreihen unabhängig voneinander ausgewählt werden, kann hier selbstverständlich nicht verzichtet werden; man verdeutliche sich dies anhand der beiden folgenden Extremfälle von Abhängigkeit:

1) sind sämtliche 13 983 816 beteiligten Tippreihen verschieden, so gibt es – da dies wegen $\binom{49}{6} = 13\,983\,816$ die Anzahl der überhaupt existierenden verschiedenen Tippreihen ist – trivialerweise mit Sicherheit genau eine Tippreihe mit 6 Treffern
2) sind sämtliche 13 983 816 beteiligten Tippreihen identisch, so ist es praktisch sicher, daß *kein* Sechser auftritt (die Wahrscheinlichkeit dafür beträgt $1 - p = 0{,}999\,999\,93$).

Diese Diskussion sollte auch zu einer präzisierten Auffassung des Aufgabentextes „. . . bei einer Ausspielung mit 13 983 816 beteiligten Tippreihen . . .“ in dem Sinne führen, daß die zitierte Passage bedeuten soll: es ist nur bekannt, daß an der Ausspielung 13 983 816 unabhängig voneinander ausgewählte bzw. auszuwählende Tippreihen beteiligt sein werden; allein aufgrund dieser Information soll die gesuchte Wahrscheinlichkeit berechnet werden, d. h. die Aufgabe soll folgender Urnenaufgabe äquivalent sein: aus einer Urne mit $\binom{49}{6} = 13\,983\,816$ Kugeln, unter denen sich eine ausgezeichnete Kugel (der „Sechser“) befindet, werden im Falle a) 13 983 816 und im Falle b) 10^8 Kugeln zufällig und *mit* Zurücklegen gezogen; gesucht: die Wahrscheinlichkeit dafür, kein einziges Mal die ausgezeichnete Kugel zu erhalten. Für jemanden, der die beteiligten Tippreihen bereits vor der Ausspielung durchgesehen hat und festgestellt hat, daß sich unter den beteiligten Tippreihen genau x *verschiedene*

Tippreihen befinden, betrüge die Wahrscheinlichkeit dafür, daß die Ausspielung keinen Sechser ergäbe offensichtlich $1 - \frac{x}{13\,983\,816}$.

Dieser Ausdruck stellt übrigens die beiden ersten Glieder der Potenzreihe von $(1 - p)^x$ dar, d.h. für kleine Werte von x sind die Wahrscheinlichkeiten keinen Sechser zu erhalten, bei x verschiedenen und bei x unabhängig ausgefüllten Tippreihen näherungsweise gleich.

Zu Aufgabe 24: Der Spielplan (s. Vorbemerkung vor Aufgabe 20) sieht bei 13 983 816 beteiligten Tippreihen 13 983 816 · 0,5 · 0,5 · 0,20 = 699 190,8 DM als gesamte Ausschüttungssumme für die Klasse I vor. Folglich beträgt die Gewinnhöhe für 6 Treffer dann und nur dann 500 000 DM, wenn es unter den beteiligten Tippreihen genau eine mit 6 Treffern gibt. Die Wahrscheinlichkeit dafür, d.h. die in a) gesuchte Wahrscheinlichkeit, beträgt bei Unabhängigkeit der n beteiligten Tippreihen nach der Binomialverteilung und ihrer Approximation mittels der Poisson-Verteilung (vgl. die Lösung von Aufgabe 23)

$$\binom{n}{1} p^1 (1 - p)^{n-1} \approx \frac{(np)^1}{1!} e^{-np} = \frac{1^1}{1} \cdot e^{-1} = e^{-1} = 0{,}368,$$

wobei p die Wahrscheinlichkeit bezeichnet, mit einer einzigen Tippreihe 6 Treffer zu erzielen und $\frac{1}{\binom{49}{6}} = \frac{1}{13\,983\,816}$ beträgt.

In der Teilaufgabe b) ist die Wahrscheinlichkeit dafür gesucht, daß die Gewinnhöhe 500 000 DM beträgt unter der Bedingung, daß mindestens auf eine Tippreihe 6 Treffer entfallen sind. Gesucht ist also die bedingte Wahrscheinlichkeit (s. Lösung zu 21*)

$W(A|B) = \frac{W(A \cap B)}{W(B)}$, wobei A das Ereignis „es gibt genau einen Sechser" und B das Ereignis „es gibt mindestens einen Sechser" bezeichnet. Da nun

$W(A \cap B) = W(A) = \binom{n}{1} p^1 (1 - p)^{n-1}$ und

$W(B) = 1 - \binom{n}{0} \cdot p^0 (1 - p)^n = 1 - (1 - p)^n$ ist, so erhält man durch Approximation der Binomial-Verteilung mittels der Poisson-Verteilung die gesuchte bedingte Wahrscheinlichkeit zu

$$W(A|B) \approx \frac{\frac{(np)^1}{1!} e^{-np}}{1 - \frac{(np)^0}{0!} e^{-np}} = \frac{np\, e^{-np}}{1 - e^{-np}} = \frac{e^{-1}}{1 - e^{-1}} = \frac{1}{e - 1} = 0{,}582.$$

(Modifiziert man den Text der Teilaufgabe b) geringfügig oder faßt man den vorgelegten Text so auf, daß ein bestimmter Spieler A etwa bei der Übertragung der Ziehung der Lottozahlen im Fernsehen feststellt, daß er mit seiner Tippreihe 6 Treffer erzielt hat und er nun nach der Wahrscheinlichkeit fragt, den Höchstgewinn von 500 000 DM zu erhalten, so lautet das Ergebnis anders. In diesem Falle wäre nach der Wahrscheinlichkeit gefragt, daß sich unter den restlichen 13 983 815 Tippreihen kein Sechser mehr befindet. Diese Wahrscheinlichkeit betrüge

$$(1 - p)^{13\,983\,815} \approx e^{-1{,}000} = 0{,}368.$$

Der vorgelegte Aufgabentext bezieht sich also auf die Grundgesamtheit aller derjenigen Ausspielungen, bei denen mindestens eine Tippreihe mit 6 Treffern auftritt, während die erwähnte Modifikation sich auf die Grundgesamtheit derjenigen Ausspielungen bezieht, bei denen A mit seiner Tippreihe 6 Treffer erzielt.)

Auf die benutzte Voraussetzung, daß die beteiligten Tippreihen unabhängig voneinander ausgewählt werden müssen (s. die ausführliche Diskussion zu Aufgabe 23) kann nicht verzichtet werden.

Für den numerisch etwas unbequemeren aber realitätsnahen (s. die einschlägige Bemerkung in Aufgabe 22) Fall der Beteiligung von 10^8 Tippreihen lauten die Ergebnisse wie folgt:

Die Ausschüttungssumme für Klasse I beträgt nach Spielplan $10^8 \cdot 0{,}5 \cdot 0{,}5 \cdot 0{,}20 = 5\,000\,000$ DM; d.h. die Gewinnhöhe beträgt genau dann 500 000 DM, wenn die Anzahl der auftretenden Sechser zwischen 1 und 10 liegt. Also betragen die gesuchten Wahrscheinlichkeiten

$$\text{a)}\quad \sum_{m=1}^{10} \binom{n}{m} p^m (1-p)^{n-m} \approx \sum_{m=1}^{10} \frac{(np)^m}{m!} e^{-np} = F(10) - F(0),$$

wobei F die Verteilungsfunktion einer Poisson-Verteilung mit dem Mittelwert $np = \frac{10^8}{13\,983\,816} = 7{,}151$ bedeutet; die Werte dieser Poisson-Verteilung kann man etwa in den Tabellen von *Wetzel, Jöhnk* und *Naeve* [1967] zu F (10) = 0,89 und F (0) = 0,00 ablesen und hat damit die gesuchte Wahrscheinlichkeit zu 0,89.

$$\text{b)}\quad W(A|B) \approx \frac{F(10) - F(0)}{1 - F(0)} = \frac{0{,}89}{1{,}00} = 0{,}89\,.$$

Die Tatsache, daß sich bei 10^8 beteiligten Tippreihen die Ergebnisse von a) und b) praktisch nicht mehr unterscheiden ist natürlich darauf zurückzuführen, daß der Fall „kein einziger Sechser" hier nur noch mit sehr kleiner Wahrscheinlichkeit, nämlich mit der Wahrscheinlichkeit

$$(1 - p)^n \approx \frac{(np)^0}{0!} e^{-np} = e^{-7,151} = 0{,}00078 \text{ auftritt.}$$

Ersetzt man in Aufgabe 24 den bis 30.6.1974 gültigen Höchstbetrag von 500 000 DM durch den seit 1.7.1974 gültigen Höchstbetrag von 1,5 Millionen DM und berücksichtigt die geänderte Gewinnverteilung (s. die vor Aufgabe 20 angegebenen Änderungen des Gewinnplanes), so ist bei 13 983 816 beteiligten Tippreihen das Eintreten der in a) und b) interessierenden Ereignisse unmöglich, während bei 10^8 beteiligten Tippreihen die in a) und b) gesuchten Wahrscheinlichkeiten sich beide zu 0,026 ergeben.

Zu Aufgabe 25: Die gesamte Ausschüttungssumme beträgt 13 983 816 · 0,5 · 0,5 = 3 495 954 DM. Zu berechnen ist noch der Erwartungswert der Ausschüttungssumme in Klasse I. Nach dem Spielplan sind 20 % dieser Ausschüttungssumme, also 699 190, 80 DM, für die Klasse I reserviert. Dieser Betrag gelangt jedoch in der Klasse I nur dann voll zur Auszahlung, wenn mehr als ein Sechser auftritt. Tritt hingegen kein Sechser auf, so beträgt die Ausschüttungssumme in Klasse I 0 DM; sie beträgt 500 000 DM, wenn genau ein Sechser auftritt. Folglich beträgt der Erwartungswert der Ausschüttungssumme ξ in Klasse I

$$\begin{aligned} E[\xi] &= 500\,000 \cdot \binom{n}{1} p^1 \cdot (1-p)^{n-1} + 699\,190{,}80 \cdot \\ &\quad \cdot \left(1 - \binom{n}{0} p^0 (1-p)^n - \binom{n}{1} p^1 (1-p)^{n-1}\right) \approx \\ &\approx 500\,000 \cdot \frac{(np)^1}{1!} \cdot e^{-np} + 699\,190{,}80 \cdot \\ &\quad \cdot \left(1 - \frac{(np)^0}{0!} e^{-np} - \frac{(np)^1}{1!} e^{-np}\right) = \\ &= 500\,000 \cdot e^{-1} + 699\,190{,}80 \cdot (1 - e^{-1} - e^{-1}) = 368\,695 \text{ DM.} \end{aligned}$$

Hierbei wird davon abgesehen, daß in den Teilnahmebedingungen noch festgelegt ist, daß der Einzelgewinn in einer Gewinn-Klasse nicht den Einzelgewinn einer höheren Gewinn-Klasse übersteigen darf. In einem solchen Fall würden die Ausschüttungssummen der beiden betreffenden Klassen zusammengelegt und gleichmäßig an die Gewinner beider Klassen verteilt. Auf diese Weise würde bei 13 983 816 beteiligten Tippreihen eine Zusammenlegung der Klassen I und II, also ein Übertrag von II nach I, in folgenden Fällen erforderlich.

1. Fall: 1 Gewinner in Klasse II und mindestens 5 Gewinner in Klasse I,
2. Fall: 2 Gewinner in Klasse II und mindestens 9 Gewinner in Klasse I,
3. Fall: 3 Gewinner in Klasse II und mindestens 13 Gewinner in Klasse I, etc.

(Falls es keinen Gewinner in Klasse II gibt, so wird der für Klasse II vorgesehene Ausschüttungsbetrag auf Klasse III übertragen.) Da bereits die Wahrscheinlichkeiten für die beiden ersten Fälle nur $5 \cdot 10^{-5}$ und $5 \cdot 10^{-8}$ betragen, so ist die Vernachlässigung dieses Effektes gerechtfertigt. Die durchschnittliche Auszahlungssumme in Klasse I erhöhte sich bei Berücksichtigung dieses Effektes im vorliegenden Fall um weniger als 2,00 DM.

Der gesuchte durchschnittliche Anteil der Ausschüttungssumme in der Gewinn-Klasse I an der gesamten Ausschüttungssumme beträgt also im vorliegenden Fall 0,105 oder 10,5 %.
Bei dieser Berechnung wurde die Voraussetzung der Unabhängigkeit der n = 13 983 816 Tippreihen verwendet, da benutzt wurde, daß die Anzahl der Sechser unter diesen Tippreihen nach der Binomial-Verteilung Bi (n., p) verteilt ist, wobei $p = \frac{1}{13\,983\,816}$ der Wahrscheinlichkeit ist, mit einer Tippreihe einen Sechser zu erzielen.

Geht man von dem seit dem 1.7.1974 gültigen Gewinnplan aus (s. die vor Aufgabe 20 angegebenen Änderungen des Gewinnplanes), so beträgt die durchschnittliche Ausschüttungssumme in Klasse I 331 480 DM und der durchschnittliche Anteil der Gewinn-Klasse I an der gesamten Ausschüttungssumme 9,48 %.

Zu Ausgabe 26*:

a) Es bezeichne ξ^* die Gewinnhöhe in Klasse I und η die Anzahl der Sechser. Da nach Spielplan für die Gewinn-Klasse I als Ausschüttungssumme ein Betrag von a = 13 983 816 · 0,5 · 0,5 · 0,2 = 699 190,80 DM reserviert ist, so kann die zufällige Variable ξ^* offenbar nur die Werte 0; 500 000, $\frac{a}{2}$, $\frac{a}{3}$, . . . annehmen je nachdem, ob die Anzahl der Sechser 0 oder 1 oder 2 oder 3 . . . beträgt (vgl. Fußnote zur Lösung der Aufgabe 25). Folglich beträgt der gesuchte Erwartungswert von ξ^*

$$E[\xi^*] = 500\,000 \cdot W(\eta = 1) + \frac{a}{2} W(\eta = 2) + \frac{a}{3} \cdot W(\eta = 3) + \ldots \approx$$

$$\approx 500\,000 \cdot \frac{(np)^1}{1!} e^{-np} + \frac{a}{2} \cdot \frac{(np)^2}{2!} e^{-np} + \frac{a}{3} \cdot \frac{(np)^3}{3!} e^{-np} + \ldots =$$

$$= 500\,000 \cdot e^{-1} + \frac{a}{2} \cdot \frac{e^{-1}}{2!} + \frac{a}{3} \cdot \frac{e^{-1}}{3!} + \ldots =$$

$$= e^{-1} \left[500\,000 + a\left(\frac{1}{2 \cdot 2!} + \frac{1}{3 \cdot 3!} + \ldots\right)\right] = 265{,}7 \cdot 10^3 \text{ DM}$$

Zur numerischen Berechnung der Summe der voranstehenden unendlichen Reihe kann man etwa so vorgehen: Man berücksichtige z.B. 5 Summanden der Reihe, was

$$e^{-1} \left[500\,000 + a\left(\frac{1}{2 \cdot 2!} + \ldots + \frac{1}{6 \cdot 6!}\right)\right] = 265\,702$$

ergibt und schätzt den begangenen Fehler ϵ, also das sog. Restglied, z.B. in folgender Weise sehr grob ab:

$$\epsilon = e^{-1} \cdot a \sum_{n=7}^{\infty} \frac{1}{n! \cdot n} < e^{-1} \cdot a \sum_{n=7}^{\infty} \frac{1}{n! \cdot 7} =$$

$$= \frac{e^{-1} a}{7} \left(\sum_{n=0}^{\infty} \frac{1}{n!} - \sum_{n=0}^{6} \frac{1}{n!} \right) = \frac{e^{-1} \cdot a}{7} \left(e - \sum_{n=0}^{6} \frac{1}{n!} \right) = 8{,}3$$

damit hat man also

$$265\,702 < E[\xi^*] < 265\,702 + 8{,}3.$$

b) Wie die numerischen Ergebnisse zeigen, erhält man die durchschnittliche Gewinnhöhe in der Klasse I keineswegs indem man die durchschnittliche Ausschüttungssumme in der Klasse I (368 695 DM nach Aufgabe 25) durch die durchschnittliche Besetzungszahl (sie beträgt 1 nach Aufgabe 22) dividiert. Zwar gilt natürlich für jede Ausspielung

$$\xi = \xi^* \cdot \eta,$$

wobei

ξ^* die Gewinnhöhe in der Klasse I,
ξ die Ausschüttungssumme in Klasse I und
η die Besetzungszahl der Klasse I bezeichnet.

Aber hieraus würde $E[\xi] = E[\xi^*] \cdot E[\eta]$ nur folgen, falls ξ^* und η statistisch unabhängig wären. Die Anschauung zeigt jedoch sofort, daß ξ^* und η keineswegs unabhängig voneinander sind. Dies Beispiel lehrt also wieder, daß es gelungen ist, mit der Definition der statistischen Unabhängigkeit den anschaulichen Gehalt von „unabhängig" korrekt zu erfassen (vgl. Aufgaben 2 e, 3 d und Vorbemerkung zu Aufgabe 4*).

Geht man von dem seit dem 1.7.1974 gültigen Gewinnplan aus (s. die vor Aufgabe 20 angegebenen Änderungen des Gewinnplans), so erhält man als Lösung zu a) für die durchschnittliche Gewinnhöhe $E[\xi^*]$ die Abschätzung

$$254\,235 < E[\xi^*] < 254\,235 + 6{,}2 \quad \text{und also}$$

$$E[\xi^*] = 254{,}2 \cdot 10^3 \text{ DM}.$$

Die Diskussion zur Teilaufgabe b) bleibt im Prinzip ungeändert.

Zu Aufgabe 27:

a) *1. Lösungsweg:* Der Hauptgewinn fällt offenbar genau dann auf das Los Nr. 1111, wenn beim zufälligen und gleichzeitigen Herausgreifen („Ziehen ohne Zurücklegen") von 4 Kugeln aus der Trommel mit 40 Kugeln genau die 4 Einsen der Trommel erscheinen. Die Wahrscheinlichkeit dafür beträgt (hypergeometrische Verteilung)

$$W_1 = \frac{1}{\binom{40}{4}} = 0{,}0000109.$$

Einer der 10 Nebengewinne fällt ersichtlich genau dann auf das Los Nr. 1111, wenn man beim zufälligen und gleichzeitigen Herausgreifen von 3 Kugeln aus der Trommel genau 3 von den in der Trommel vorhandenen 4 Einsen erhält; also beträgt die gesuchte Wahrscheinlichkeit (hypergeometrische Verteilung)

$$W_2 = \frac{\binom{4}{3} \cdot \binom{36}{0}}{\binom{40}{3}} = 0{,}000\,405.$$

2. Lösungsweg: Für Lose, bei denen nicht alle 4 Ziffern gleich sind, versagt der 1. Lösungsweg. Der jetzt gewählte Weg vermeidet diesen Nachteil. Dazu denke man sich die 40 Kugeln der Trommel mit den Zahlen von 1 bis 40 derart numeriert, daß bei dieser Numerierung die 4 Nullen der Trommel die Zahlen von 1 bis 4 als Nummern erhalten, die 4 Einsen der Trommel die Zahlen 5 bis 8 als Nummern erhalten usw. Ein mögliches Ergebnis (= Elementarereignis) des Versuches, der im zufälligen Herausgreifen von 4 Kugeln besteht, kann dann (ganz analog wie in Aufgabe 4*) durch die Angabe von 4 verschiedenen Zahlen zwischen 1 und 40 – wobei es auf die Reihenfolge dieser Zahlen ankommt – geschehen, etwa in folgender Bezeichnung: [(40, 38, 37, 39)]. Dieses eben als Beispiel gewählte Elementarereignis würde übrigens zu dem Ereignis „der Hauptgewinn fällt auf Los Nr. 9999" gehören. Zu dem in Aufgabe 27 zu betrachtenden Ereignis „der Hauptgewinn fällt auf Los Nr. 1111" gehören u.a. die Elementarereignisse [(5, 6, 7, 8)], [(6, 5, 7, 8)].
Die Menge Ω aller Elementarereignisse besteht hier also aus allen 4-Tupeln der Form $[(i_1, i_2, i_3, i_4)]$, wobei die i_j ($j = 1, 2, 3, 4$) verschiedene Zahlen zwischen 1 und 40 sein dürfen; in knapper Schreibweise:

$$\Omega = \{[(i_1, i_2, i_3, i_4)] : 1 \leqslant i_j \leqslant 40 \text{ für } j = 1, 2, 3, 4 \text{ und } i_j \neq i_k \text{ für } j \neq k\}$$

Die Anzahl aller Elementarereignisse kann man auf folgende Weisen abzählen:

1) Es gibt $\binom{40}{4}$ verschiedene Möglichkeiten aus 40 verschiedenen Zahlen 4 verschiedene Zahlen herauszugreifen; unter Beachtung der Reihenfolge also $\binom{40}{4} \cdot 4! = 40 \cdot 39 \cdot 38 \cdot 37$ Möglichkeiten.
2) Stellt man sich vor, daß man sämtliche Elementarereignisse aufschrei-

ben wollte, so könnte man so vorgehen: Man kann zunächst auf 40 verschiedene Weisen die erste Stelle (i_1) besetzen. Sodann kann man jeden dieser 40 Anfänge durch Ausfüllen der zweiten Stelle (i_2) wegen der Verschiedenheit der 4 zu ziehenden Zahlen nur auf jeweils 39 verschiedene Weisen fortsetzen, usw., also erhält man die Anzahl aller Elementarereignisse wieder zu $40 \cdot 39 \cdot 38 \cdot 37$.

Zählt man nun etwa nach dem Verfahren unter 2) die Anzahl der Elementarereignisse des Ereignisses E_1 „der Hauptgewinn fällt auf Los Nr. 1111" ab, so erhält man diese Anzahl sofort zu $4 \cdot 3 \cdot 2 \cdot 1$.
Da die Elementarereignisse so gewählt wurden, daß sie alle gleichwahrscheinlich sind, ergibt sich die gesuchte Wahrscheinlichkeit W_1 nunmehr in der Form

$$W(E_1) = \frac{\text{Anzahl der Elementarereignisse von } E_1}{\text{Anzahl aller Elementarereignisse}} = \frac{4 \cdot 3 \cdot 2 \cdot 1}{40 \cdot 39 \cdot 38 \cdot 37}.$$

Auch das Ereignis E_2 „ einer der Nebengewinne fällt auf Los Nr. 1111" läßt sich mit Hilfe der angegebenen Menge der Elementarereignisse beschreiben; es besteht offensichtlich aus allen denjenigen Elementarereignissen (i_1, i_2, i_3, i_4), bei denen i_2, i_3 und i_4 Zahlen zwischen 5 und 8 sind (die nach unserer gedachten Numerierung Einsen zugeordnet sind) und i_1 beliebig ist (nach Besetzung der übrigen Stellen verbleiben jeweils 37 Möglichkeiten der Besetzung der ersten Stelle bzw. der Wahl von i_1); also besteht E_2 aus $4 \cdot 3 \cdot 2 \cdot 37$ Elementarereignissen und man hat damit

$$W_2 = W(E_2) = \frac{4 \cdot 3 \cdot 2 \cdot 37}{40 \cdot 39 \cdot 38 \cdot 37}.$$

Nach dem vorstehenden Verfahren lassen sich alle in den Aufgaben 28 und 29 zu berechnenden Wahrscheinlichkeiten berechnen.

b) Es bezeichne ξ die Summe der auf Los Nr. 1111 fallenden Gewinne. Zweckmäßigerweise deutet man zur Berechnung des gesuchten Erwartungswertes $E[\xi]$ die Zufallsgröße ξ als Summe aus dem Gewinn ξ_1 bei der 1. Ziehung (Auslosung der 4ziffrigen Nummer) und dem Gewinn ξ_2 bei der 2. Ziehung (Auslosung der 3ziffrigen Nummer). Dann erhält man nämlich wegen der Additivität des Erwartungswertes und der Definition des Erwartungswertes

$$\begin{aligned} E[\xi] &= E[\xi_1 + \xi_2] = E[\xi_1] + E[\xi_2] = 10\,000 \cdot W_1 + 0 \cdot (1 - W_1) + \\ &\quad + 1000 \cdot W_2 + 0 \cdot (1 - W_2) = 10\,000\, W_1 + 1000\, W_2 = \\ &= 0{,}109 + 0{,}405 = 0{,}51 \text{ DM}. \end{aligned}$$

(Natürlich kann man zur Berechnung von E [ξ] die Definition des Erwartungswertes auch direkt auf ξ anwenden; jedoch ist zu beachten, daß ξ als mögliche Werte die Zahlen 10 000, 1000, 11 000 und 0 mit den Wahrscheinlichkeiten W_1 $(1 - W_2)$, W_2 $(1 - W_1)$, $W_1 \cdot W_2$ und $1 - (1 - W_1) \cdot (1 - W_2)$ annehmen kann, d.h. E [ξ] ergibt sich dann so:

$$E[\xi] = 10\,000 \cdot W_1 (1 - W_2) + 1000 \cdot W_2 (1 - W_1) + 11\,000 \cdot W_1 \cdot W_2 = $$
$$= 10\,000\, W_1 + 1000\, W_2 = 0{,}51 \text{ DM}).$$

c) Anschaulich ist sofort klar, daß die auf jedes Los durchschnittlich entfallende Gewinnsumme bei Gleichwertigkeit aller Lose betrüge: Summe aller auszuschüttenden Gewinne (20 000 DM) dividiert durch Anzahl der Lose = 2,00 DM.

Die mathematische Herleitung dieses Ergebnisses ist wie folgt möglich: Sei η_i für i = 1, 2, . . . , 10 000 die Gewinnsumme auf Los Nr. i. Wegen $\eta_1 + \eta_2 + \ldots + \eta_{10\,000} = 20\,000$ DM folgt aus der Voraussetzung der Gleichwertigkeit aller Lose hinsichtlich ihrer Gewinn-Erwartungswerte, also aus $E[\eta_1] = E[\eta_2] = \ldots = E[\eta_{10\,000}]$ – wegen der Additivität des Erwartungswertes – sofort $E[\eta_i] = \frac{20\,000}{10\,000} = 2{,}00$ DM für jedes i. Wegen $E[\xi] = 0{,}51 \neq 2{,}00$ sind also bei dem angegebenen Ziehungsverfahren nicht alle Lose gleichwertig.

d) Man könnte die Gleichwertigkeit aller Lose dadurch gewährleisten, daß man die einzelnen Kugeln „mit Zurücklegen" aus der Trommel zieht. Die Lotteriegesellschaft hat inzwischen folgenden Weg gewählt: man läßt die benötigten Kugeln aus verschiedenen Exemplaren von Trommeln, die alle die gleiche Bestückung mit Kugeln aufweisen, rollen.

Zu Aufgabe 28: Nach der im 2. Lösungsweg zur Aufgabe 27 a) angegebenen Berechnung der Wahrscheinlichkeit, mit einem Los den Hauptgewinn zu erzielen, ist klar, daß die Wahrscheinlichkeit für den Hauptgewinn davon abhängt, wie viele verschiedene Ziffern eine Los-Nummer enthält. Deshalb erhält man bei Einteilung der 10 000 Lose in Klassen hinsichtlich ihrer Gewinn-Wahrscheinlichkeiten für den Hauptgewinn folgende 5 Klassen $K_1, \ldots$ $\ldots, K_5$:

Bezeichnung und Beschreibung der Klasse	Gewinn-Wahrscheinlichkeit bezüglich des Hauptgewinnes für jedes Los der Klasse
K_1: „Alle 4 Ziffern gleich", z.B. Nr. 1111	$p_1 = \frac{4 \cdot 3 \cdot 2 \cdot 1}{40 \cdot 39 \cdot 38 \cdot 37} = 0{,}0000109$
K_2: „Genau 3 Ziffern gleich", z.B. Nr. 1112	$p_2 = \frac{4 \cdot 3 \cdot 2 \cdot 4}{40 \cdot 39 \cdot 38 \cdot 37} = 0{,}0000438$
K_3: „2 mal 2 Ziffern gleich", z.B. Nr. 1122	$p_3 = \frac{4 \cdot 3 \cdot 4 \cdot 3}{40 \cdot 39 \cdot 38 \cdot 37} = 0{,}0000657$
K_4: „Genau 2 Ziffern gleich", z.B. Nr. 1123	$p_4 = \frac{4 \cdot 3 \cdot 4 \cdot 4}{40 \cdot 39 \cdot 38 \cdot 37} = 0{,}0000875$
K_5: „Alle 4 Ziffern verschieden", z.B. Nr. 1234	$p_5 = \frac{4 \cdot 4 \cdot 4 \cdot 4}{40 \cdot 39 \cdot 38 \cdot 37} = 0{,}0001167$

Der gesuchte Quotient beträgt also $\frac{4 \cdot 4 \cdot 4 \cdot 4}{4 \cdot 3 \cdot 2 \cdot 1} = 10{,}67.$

Eine Kontrolle der berechneten Wahrscheinlichkeiten wird möglich, wenn man zunächst ermittelt, wie viele Lose sich in jeder der 5 Klassen befinden. Bezeichnet $A(K_i)$ die Besetzungszahl der Klasse K_i, so ist

$A(K_1) = 10$, $A(K_2) = 10 \cdot 9 \cdot \binom{4}{3} = 360$, $A(K_3) = \binom{10}{2} \cdot \binom{4}{2} = 270$,

$A(K_4) = 10 \cdot 9 \cdot 8 \cdot \binom{4}{2} = 4320$, $A(K_5) = 10 \cdot 9 \cdot 8 \cdot 7 = 5040$.

Bezeichnet E_i für $i = 1, 2, \ldots, 10\,000$ das Ereignis, „der Hauptgewinn fällt auf Los Nr. i", so sind diese Ereignisse E_i paarweise disjunkt, und es muß gelten

$$1 = W(E_1) + \ldots + W(E_{10\,000}) = A(K_1) \cdot p_1 + \ldots + A(K_5) \cdot p_5 .$$

Diese Beziehung wird von den angegebenen numerischen Werten erfüllt.

Zu Aufgabe 29: Für die Erzielung eines der 10 Nebengewinne mit einem Los sind nur die 3 letzten Ziffern der Los-Nummern von Bedeutung; die Wahrscheinlichkeit für einen Nebengewinn hängt dabei nur davon ab, wieviel verschiedene Ziffern sich unter den 3 letzten Ziffern der Los-Nummer befinden. Deshalb erhält man bei Einteilung der 10 000 Lose in Klassen hinsichtlich ihrer Gewinn-Wahrscheinlichkeiten für einen Nebengewinn folgende 3 Klassen K_1^*, K_2^*, K_3^*:

Bezeichnung und Beschreibung der Klasse	Gewinn-Wahrscheinlichkeit für einen Nebengewinn für jedes Los der Klasse
K_1^*: „Alle 3 Endziffern gleich", z.B. Nr. 1111	$p_1^* = \frac{4 \cdot 3 \cdot 2 \cdot 37}{40 \cdot 39 \cdot 38 \cdot 37} = 0{,}000\,405$
K_2^*: „Genau 2 der 3 Endziffern gleich", z.B. Nr. 1122	$p_2^* = \frac{4 \cdot 4 \cdot 3 \cdot 37}{40 \cdot 39 \cdot 38 \cdot 37} = 0{,}000\,810$
K_3^*: „Alle 3 Endziffern verschieden", z.B. Nr. 1123	$p_3^* = \frac{4 \cdot 4 \cdot 4 \cdot 37}{40 \cdot 39 \cdot 38 \cdot 37} = 0{,}001\,080$

Der gesuchte Quotient beträgt also $\frac{4 \cdot 4 \cdot 4}{4 \cdot 3 \cdot 2} = 2{,}67$.

Eine Kontrolle der berechneten Wahrscheinlichkeiten p_i^* wird möglich, wenn zunächst ermittelt wird, wie viele Lose zu jeder der 3 Klassen gehören. Bezeichnet $A(K_i^*)$ die Besetzungszahl der Klasse K_i^*, so ist

$$A(K_1^*) = 10 \cdot 10 = 100, \; A(K_2^*) = 10 \cdot 9 \cdot \binom{3}{1} \cdot 10 = 2700,$$

$$A(K_3^*) = 10 \cdot 9 \cdot 8 \cdot 10 = 7200.$$

Numeriert man die 1000 verschiedenen 3stelligen Endzahlen mit den Zahlen von 1 bis 1000 durch und bezeichnet das Ereignis „die 10 Nebengewinne fallen auf die 10 Lose mit der Endzahl Nr. i" mit E_i, so muß gelten

$$1 = W(E_1) + \ldots + W(E_{1000}) = 10 \cdot p_1^* + 270 \cdot p_2^* + 720 \cdot p_3^*.$$

Diese Beziehung wird von den angegebenen numerischen Werten erfüllt.

Zu Aufgabe 30: Die Lösungen der Aufgaben 28 und 29 zeigten, daß es bezüglich der Gewinn-Wahrscheinlichkeit für den Hauptgewinn 5 Klassen von Losen gibt, während es bezüglich der Gewinn-Wahrscheinlichkeit für einen Nebengewinn nur 3 Klassen von Losen gibt. Allein hieraus folgt schon, daß es Lose geben muß, die im Hinblick auf die Erzielung eines Nebengewinnes gleichwertig sind, aber im Hinblick auf die Erzielung des Hauptgewinnes ungleichwertig sind. So gehören z.B. die 3 Lose mit den Nummern 1112, 1122, 1233 hinsichtlich des Nebengewinnes alle zur selben Klasse K_2^*, aber hinsichtlich des Hauptgewinnes zu den Klassen K_2, K_3 und K_4. Trivialerweise haben dann diese 3 Lose verschiedene Gewinn-Erwartungswerte; die sich analog wie in Aufgabe 27 b (unter Benutzung der in den Aufgaben 28 und 29 berechneten Wahrscheinlichkeiten) folgendermaßen ergeben:

$$10\,000\, p_2 + 1000\, p_2^* = 0{,}438 + 0{,}810 = 1{,}248 \text{ DM für Los-Nr. } 1112,$$

$$10\,000\, p_3 + 1000\, p_2^* = 0{,}657 + 0{,}810 = 1{,}467 \text{ DM für Los-Nr. } 1122,$$

$$10\,000\, p_4 + 1000\, p_2^* = 0{,}875 + 0{,}810 = 1{,}685 \text{ DM für Los-Nr. } 1233.$$

Insgesamt erhält man bei Einteilung der 10 000 Lose in Klassen hinsichtlich ihrer Gewinn-Erwartungswerte ersichtlich folgende 7 Klassen; dabei wird mit $K_i \times K_j^*$ diejenige Klasse von Losen bezeichnet, die bezüglich der Hauptgewinn-Wahrscheinlichkeit zur Klasse K_i und bezüglich der Nebengewinn-Wahrscheinlichkeit zur Klasse K_j^* gehören:

Bezeichnung der Klasse	Anzahl der Lose in dieser Klasse	Gewinn-Erwartungswert für jedes Los der Klasse
$K_1 \times K_1^*$, z.B. Nr. 1111	10	0,109 + 0,405 = 0,514 DM
$K_2 \times K_1^*$, z.B. Nr. 1222	90	0,438 + 0,405 = 0,843 DM
$K_2 \times K_2^*$, z.B. Nr. 2122	270	0,438 + 0,810 = 1,248 DM
$K_3 \times K_2^*$, z.B. Nr. 1122	270	0,657 + 0,810 = 1,467 DM
$K_4 \times K_2^*$, z.B. Nr. 1233	2160	0,875 + 0,810 = 1,685 DM
$K_4 \times K_3^*$, z.B. Nr. 1123	2160	0,875 + 1,080 = 1,955 DM
$K_5 \times K_3^*$, z.B. Nr. 1234	5040	1,167 + 1,080 = 2,247 DM

Als Kontrolle kann hier dienen, daß die Summe der Gewinn-Erwartungswerte aller 10 000 Lose die Summe aller Auszahlungen, also 20 000 DM, ergeben muß. Man erhält für die Summe aller Gewinn-Erwartungswerte

$10 \cdot 0{,}514 + 90 \cdot 0{,}843 + 270 \cdot 1{,}248 + 270 \cdot 1{,}467 + 2160 \cdot 1{,}685 +$

$+ 2160 \cdot 1{,}955 + 5040 \cdot 2{,}247 = 20\,001{,}34.$

Die geringfügige Abweichung vom Sollwert 20 000 ist auf Rundungsfehler der Gewinn-Erwartungswerte zurückzuführen.

Wie man sieht, sind hinsichtlich der Gewinn-Erwartungswerte die „besten" Lose um den Faktor $\frac{2{,}247}{0{,}514} = 4{,}4$ besser als die „schlechtesten" Lose. Hinsichtlich der Hauptgewinn-Wahrscheinlichkeit waren jedoch die besten Lose um den Faktor $\frac{p_5}{p_1} = 10{,}7$ besser als die schlechtesten Lose. Dieser Effekt, daß sich die Lose hinsichtlich ihrer Gewinn-Erwartungswerte viel weniger unterscheiden als hinsichtlich ihrer Gewinn-Wahrscheinlichkeiten für den Hauptgewinn, fällt bei den originalen Verhältnissen der Glücksspirale noch viel deutlicher aus (s. nachfolgende Anmerkung)

Berechnung der Lospreise: Die Summe aller Lospreise soll 40 000.– DM betragen, da die Ausschüttungssumme nach Gewinnplan zu 20 000 DM festgesetzt ist und 50 % der Einnahmen ausgeschüttet werden. Für den Preis x DM des Loses Nr. 1111 mit dem Gewinn-Erwartungswert 0,514 DM muß daher folgendes Verhältnis gelten:

$$\frac{x}{40\,000} = \frac{0{,}514}{20\,000},$$

also beträgt der korrekte Preis für Los Nr. 1111 DM 1,03. Analog erhält man als Preis für Los Nr. 1234 DM 4,49.

Anmerkung: Bei den originalen Verhältnissen der Lotterie „Glücksspirale 1971" (s. Metrika 22, 1975, 1-11) beträgt der Quotient der maximalen und der minimalen Hauptgewinn-Wahrscheinlichkeiten 163,4 während der analoge Quotient der Gewinn-Erwartungswerte nur 3,6 beträgt. In die Richtung dieses Effektes weist auch die wohl noch überraschendere Tatsache, daß Lose A und B derart existieren, daß zwar A hinsichtlich der Hauptgewinn-Wahrscheinlichkeit „besser" als B ist, aber hinsichtlich des Gewinn-Erwartungswertes A „schlechter" als B ist.

Zu Aufgabe 31: Es bezeichne

ξ_1 die Anzahl ausgezeichneter Elemente in einer Stichprobe ohne Zurücklegen,

ξ_2 die Anzahl ausgezeichneter Elemente in einer Stichprobe mit Zurücklegen,

ξ_3 eine nach der Poisson-Verteilung verteilte zufällige Variable, deren Erwartungswert mit dem gemeinsamen Erwartungswert von ξ_1 und ξ_2 übereinstimmt.

Dann gilt mit $p = \frac{M}{N}$ als Abkürzung:

ξ_1 ist verteilt nach der hypergeometrischen Verteilung H (N;n;p), d.h. es ist

$$W(\xi_1 = m) = \frac{\binom{M}{m}\binom{N-M}{n-m}}{\binom{N}{n}} \qquad \text{für } m = 0, \ldots, n;$$

ξ_2 ist verteilt nach der Binomial-Verteilung Bi (n; p), d.h. es ist

$$W(\xi_2 = m) = \binom{n}{m} \cdot p^m (1-p)^{n-m} \qquad \text{für } m = 0, \ldots, n.$$

Wegen $E[\xi_1] = E[\xi_2] = np$ gilt

$$W(\xi_3 = m) = \frac{(np)^m}{m!} e^{-np} \qquad \text{für } m = 0, 1, 2, \ldots .$$

Die zu berechnenden Wertetabellen lauten:

x	$F_1(x) = W(\xi_1 \leqslant x)$	$F_2(x) = W(\xi_2 \leqslant x)$	$F_3(x) = W(\xi_3 \leqslant x)$
$-\infty < x < 0$	0	0	0
$0 \leqslant x < 1$	0,584	0,590	0,607
$1 \leqslant x < 2$	0,923	0,919	0,910
$2 \leqslant x < 3$	0,993	0,991	0,986
$3 \leqslant x < 4$	1,000	1,000	0,998
$4 \leqslant x < 5$	1,000	1,000	1,000
$5 \leqslant x < +\infty$	1	1	1,000

Wie man aus dem Vergleich von F_1 und F_2 sieht, kann offenbar die hypergeometrische Verteilung H (100; 5; 0,1) mit für viele praktische Zwecke ausreichender Genauigkeit durch die numerisch erheblich bequemer zu berechnende Binomial-Verteilung Bi (5; 0,1) approximiert werden. Eine einschlägige Faustregel lautet: Ist $n < 0{,}1 \cdot N$, so kann mit für praktische Zwecke ausreichender Genauigkeit die hypergeometrische Verteilung H (N; n; p) durch die Binomial-Verteilung approximiert werden. (Diese ihrerseits kann dann wieder durch die Normalverteilung approximiert werden, s. Aufgabe 40b.) Für kleine Werte von p (etwa $p < 0{,}1$) und größere Werte von n kann die Binomial-Verteilung Bi (n; p) mittels der Poisson-Verteilung Po (np) approximiert werden. Obwohl im vorliegenden Zahlenbeispiel n noch nicht ausreichend groß ist (manche Autoren verlangen $n > 50$), so ist durch Vergleich von F_2 und F_3 auch diese Approximationsmöglichkeit zu erkennen.

Zu Aufgabe 32:

a) Spieler A besitzt die Information, daß sich unter den 22 Karten, die er nicht kennt, genau 3 Buben befinden. Da er die beiden im sog. Skat liegenden Karten als eine Stichprobe ohne Zurücklegen vom Umfang 2 aus den 22 Karten deuten kann, so ist ξ verteilt nach der hypergeometrischen Verteilung $H(N; n; \frac{M}{N})$ mit $N = 22$, $n = 2$ und $M = 3$. Man hat also

$$W(\xi = 0) = \frac{\binom{3}{0}\binom{19}{2}}{\binom{22}{2}} = \frac{57}{77} = 0{,}740,\ W(\xi = 1) = 0{,}247,\ W(\xi = 2) = 0{,}013$$

und damit für die durch $F(x) = W(\xi \leqslant x)$ definierte Verteilungsfunktion F von ξ folgende vollständige Wertetabelle

x	F (x)
$-\infty < x < 0$	0
$0 \leqslant x < 1$	0,74
$1 \leqslant x < 2$	0,99
$2 \leqslant x < +\infty$	1

b) Der Erwartungswert von ξ beträgt $n\frac{M}{N} = 2 \cdot \frac{3}{22} = 0{,}27$ und die

Streuung $\sqrt{n\frac{M}{N}(1 - \frac{M}{N}) \cdot \frac{N-n}{N-1}} = \sqrt{\frac{3}{11} \cdot \frac{19}{22} \cdot \frac{20}{21}} = 0{,}47.$

Natürlich kann man diese beiden Parameter auch durch unmittelbares Zurückgehen auf die Definition von Erwartungswert und Streuung mit Hilfe der unter a) berechneten $W(\xi = m)$ für $m = 0, 1, 2$ berechnen.

Zu Aufgabe 33: Vollständige Wertetabelle:

x	$-\infty < x < 2$	$2 \leqslant x < 3$	$3 \leqslant x < 4$	$4 \leqslant x < 5$	$5 \leqslant x < 6$	$6 \leqslant x < 7$
F(x)	0	$^1/_{36}$	$^3/_{36}$	$^6/_{36}$	$^{10}/_{36}$	$^{15}/_{36}$
x	$7 \leqslant x < 8$	$8 \leqslant x < 9$	$9 \leqslant x < 10$	$10 \leqslant x < 11$	$11 \leqslant x < 12$	$12 \leqslant x < +\infty$
F(x)	$^{21}/_{36}$	$^{26}/_{36}$	$^{30}/_{36}$	$^{33}/_{36}$	$^{35}/_{36}$	1

Der Erwartungswert beträgt 7 die Streuung 2,42.
Natürlich ist ξ weder nach einer hypergeometrischen Verteilung noch nach einer Binomial-Verteilung verteilt, denn ξ läßt sich hier nicht als eine Anzahl ausgezeichneter Elemente in einer Stichprobe deuten, obwohl sich der Versuch als ein Urnenexperiment „mit Zurücklegen" ($N = 6$, $n = 2$) deuten läßt.

Zu Aufgabe 34: Die möglichen Werte der Zufallsgröße ξ sind $x_1 = 400$, $x_2 = 100$, $x_3 = 10$, $x_4 = 0$ mit den zugehörigen Wahrscheinlichkeiten $W(\xi = x_1) = 0{,}001$, $W(\xi = x_2) = 0{,}010$, $W(\xi = x_3) = 0{,}010$, $W(\xi = x_4) = 0{,}979$.

Erwartungswert: $\mu = E[\xi] = \Sigma\, x_i \cdot W(\xi = x_i) = 1{,}50$ DM

Streuung: $\sqrt{E[(\xi - \mu)^2]} = \sqrt{\Sigma\,(x_i - \mu)^2 \cdot W(\xi = x_i)} = 16{,}09$ DM.

Bequemer berechnet man die Varianz mit Hilfe des Satzes

$$E[(\xi - \mu)^2] = E[\xi^2] - \mu^2 \quad \text{(sog. Verschiebungssatz)}$$

in der Form

$$E[\xi^2] - \mu^2 = 400^2 \cdot 0{,}001 + 100^2 \cdot 0{,}010 + 10^2 \cdot 0{,}010 - 1{,}5^2 = 258{,}75.$$

Vollständige Wertetabelle:

x	$-\infty < x < 0$	$0 \leqslant x < 10$	$10 \leqslant x < 100$	$100 \leqslant x < 400$	$400 \leqslant x < +\infty$
F(x)	0	0,979	0,989	0,999	1

Natürlich ist ξ nach keiner der 3 angegebenen Typen von Verteilungsfunktionen verteilt, da sich ξ nicht als eine Anzahl ausgezeichneter Elemente in einer Stichprobe deuten läßt und ξ nicht vom stetigen Typ ist. Da der Gewinn-Erwartungswert für ein Los 1,50 DM beträgt, ist sofort klar, daß der Preis pro Los 3,00 DM betragen muß.

Zu Aufgabe 35: Für jede mit dem Mittelwert μ und der Streuung σ normalverteilte zufällige Variable ξ, also für jede nach $N(\mu; \sigma^2)$ verteilte zufällige Variable ξ gilt

$$W(\xi \leqslant x) = \Phi\left(\frac{x - \mu}{\sigma}\right) \quad \text{für jede reelle Zahl } x,$$

wobei Φ die Verteilungsfunktion der normierten Normalverteilung $N(0; 1)$ bezeichnet. Damit ergibt sich:

$$W(\xi \leqslant 500) = \Phi(0) = 0{,}5000.$$

Für jede zufällige Variable ξ vom stetigen Typ ist die Wahrscheinlichkeit dafür, daß eine Realisation von ξ gleich einer vorgegebenen reellen Zahl ist 0; folglich ist auch $W(\xi = 500) = 0$.

Anmerkung: Hierbei wurde natürlich 500 als die reelle Zahl 500,000 . . . aufgefaßt. In den Anwendungen meint man hingegen etwa mit dem Meßwert 500 g oft, daß für den Meßwert $\xi(\omega)$ gilt, $499{,}500 \ldots < \xi(\omega) < 500{,}500$; natürlich wäre in diesem Sinne $W(\xi = 500\text{ g}) \neq 0$.

Die weiteren Ergebnisse: $W(\xi \geqslant 510) = 1 - W(\xi < 510) = 1 - W(\xi \leqslant 510) =$ $= 1 - \Phi(0{,}5) = 0{,}3085$.

$W(495 < \xi < 525) = W(\xi \leqslant 525) - W(\xi \leqslant 495) = \Phi(1{,}25) - \Phi(-0{,}25) = 0{,}4931$.

Wegen $W(500 - x < \xi < 500 + x) = \Phi(\frac{x}{20}) - \Phi(-\frac{x}{20}) = 2\,\Phi(\frac{x}{20}) - 1$

und $2\,\Phi(\frac{x}{20}) - 1 = 0{,}90 \Leftrightarrow \Phi(\frac{x}{20}) = 0{,}95 \Leftrightarrow \frac{x}{20} = 1{,}645$

lautet die gesuchte Zahl $x = 32{,}9$.

Zu Aufgabe 36: $W(\mu - \sigma < \xi < \mu + \sigma) = 0{,}6826$, $W(\mu - 2\sigma < \xi < \mu + 2\sigma) =$ $= 0{,}9544$, $W(\mu - 3\sigma < \xi < \mu + 3\sigma) = 0{,}9974$. Hieraus sieht man, daß σ die Erwartungen erfüllt, die intuitiv gesehen ein Streuungsmaß erfüllen sollte, denn: bei kleinem σ ist z.B. das 2 σ-Intervall klein, bei großem σ aber groß, aber stets beträgt die Wahrscheinlichkeit, daß ein Meßwert in dieses Intervall fällt 68,26 %.

Zu Aufgabe 37:

a) Gewicht einer gefüllten Dose: $\xi = \xi_1 + \xi_2$,

$E[\xi] = E[\xi_1 + \xi_2] = E[\xi_1] + E[\xi_2] = 155 + 45 = 200$ g.

Wegen der vorauszusetzenden Unabhängigkeit von ξ_1 und ξ_2 setzt sich die Varianz von ξ additiv aus den Varianzen von ξ_1 und ξ_2 zusammen; man hat also:

$\sigma^2 = E[(\xi - 200)^2] = 4^2 + 3^2 = 25 \Rightarrow \sigma = 5$ g.

b) $W(\xi_1 + \xi_2 \leqslant 215) = \Phi(\frac{215 - 200}{5}) = 0{,}9987$, da eine Summe aus unabhängigen und normalverteilten zufälligen Variablen wieder normalverteilt ist.

c) Bezeichnet η das Gewicht einer gefüllten Kiste und η_i für $i = 1, 2, \ldots, 100$ das Gewicht der i-ten gefüllten Dose der Kiste, so ist

$\eta = \eta_1 + \eta_2 + \ldots + \eta_{100} + \xi_3$.

Also hat man

$E[\eta] = E[\eta_1] + \ldots + E[\eta_{100}] + E[\xi_3] = 200 \cdot 100 + 1000 = 21\,000$ g

und wegen der vorauszusetzenden Unabhängigkeit der η_i und ξ_3

$E[(\eta - 21\,000)^2] = 100 \cdot 5^2 + 20^2 = 2900$

und somit für die gesuchte Streuung $\sqrt{2900} = 53{,}85$ g.

Das Gewicht η einer gefüllten Kiste ist wegen der vorauszusetzenden Unabhängigkeit der η_i und ξ_3 nach der Normalverteilung $N(21\,000; 53{,}85^2)$

verteilt, da eine Summe aus unabhängigen und normalverteilten zufälligen Variablen wieder normalverteilt ist.

Zu Aufgabe 38:

a) ξ_n ist verteilt nach der Binomial-Verteilung Bi (n; 0,05).

Wertetabelle für die Verteilungsfunktion F von ξ_3:

x	$-\infty < x < 0$	$0 \leqslant x < 1$	$1 \leqslant x < 2$	$2 \leqslant x < 3$	$3 \leqslant x < +\infty$
F(x)	0	0,86	0,99	1,00	1

b) Gesucht: $W(\xi_{1000} \leqslant 40) = \binom{1000}{0} 0{,}05^0 \cdot 0{,}95^{1000} + \ldots + \binom{1000}{40} \cdot 0{,}05^{40} \cdot 0{,}95^{960}$.

Eine direkte numerische Auswertung des vorstehenden Ausdrucks ist natürlich kaum möglich und keinesfalls sinnvoll. Vielmehr benutzt man folgende *Approximationsregel*:

Ist ξ eine nach der Binomial-Verteilung Bi (n; p) verteilte zufällige Variable, so gilt mit für viele praktische Zwecke ausreichender Genauigkeit

$$W(\xi \leqslant m) \approx \Phi\left(\frac{m - np + 0{,}5}{\sqrt{np(1-p)}}\right) \qquad \text{für } m = 0, 1, \ldots, n,$$

falls die Faustregel $np(1-p) > 9$ erfüllt ist. Hierbei ist Φ die Verteilungsfunktion der normierten Normalverteilung.

Hiernach hat man wegen $np(1-p) = 47{,}5 > 9$

$$W(\xi_{1000} \leqslant 40) \approx \Phi\left(\frac{40 - 50 + 0{,}5}{\sqrt{47{,}5}}\right) = 0{,}084.$$

Zu Aufgabe 39: Unabhängig davon, ob die Stichprobe ohne oder mit Zurücklegen gezogen wurde, kann für die numerische Rechnung von der Binomial-Verteilung ausgegangen werden (s. Aufgabe 31), welche wiederum mit Hilfe der Normalverteilung approximiert werden kann (s. Aufgabe 38b). Die Wahrscheinlichkeiten für das Eintreten der 3 Fälle ergeben sich damit zu 0,73, 0,24, 0,034. Bezeichnet ξ die mit einer Lieferung von 6 % Ausschuß verbundenen Kosten, so lauten die möglichen Werte von ξ

600 · 8 = 4800 DM bei Annahme
10 000 · 0,50 = 5000 DM bei Total-Kontrolle (eventuell auch 9700 · 0,50 DM)
9 400 · 1 = 9400 DM bei Ablehnung.

Der Erwartungswert E [ξ] beträgt 4800 · 0,73 + 5000 · 0,24 + 9400 · · 0,034 = 50 · 10^2 DM, also rund 5000 DM. Die vollständige Wertetabelle der Verteilungsfunktion lautet:

x	$-\infty < x < 4800$	$4800 \leqslant x < 5000$	$5000 \leqslant x < 9400$	$9400 \leqslant x < +\infty$
F(x)	0	0,73	0,97	1

Zu Aufgabe 40:

a) Wegen der Unabhängigkeit der 4 Fehler-Typen gilt:

W (Gerät defekt) = 1 – W (Gerät nicht defekt) = 1 – 0,99 · 0,99 · 0,95 · · 0,98 = 0,0875.

Die Anzahl ξ defekter Geräte in einer Lieferung von n = 1000 Exemplaren ist verteilt nach der Binomial-Verteilung Bi (1000; 0,0875), mit dem Erwartungswert 87,5 und der Streuung 8,9.

b) Die gesuchte Wahrscheinlichkeit W ($\xi \leqslant 110$) erhält man durch Approximation mittels der Normalverteilung (s. Aufgabe 38b) zu 0,995.

c) Der Erwartungswert der Kosten für ein Gerät beträgt bisher 100 · 0,0875 = = 8,75 DM. Bezöge man hingegen das Teil C zu einem höheren Preis, so betrüge die Defekt-Wahrscheinlichkeit für ein Gerät nur 1 – 0,99 · 0,99 · · 0,99 · 0,98 = 0,0491 und also betrügen die durchschnittlichen Kosten für ein Gerät nur 4,91 DM. Der zu vertretende maximale Aufpreis beträgt also 8,75 DM – 4,91 DM = 3,84 DM.

Zu Aufgabe 41:

a) Mittelwert: 2507,5 g, Streuung: 10,0 g, bei Unabhängigkeit der hintereinandergeschalteten Abfüllvorgänge.

b) 0,7734

c) 100,51 g

d) Approximation mittels der Normalverteilung (s. Aufgabe 38b) ergibt 0,0495.

Zu Aufgabe 42:

a) W ($\xi > 60,0$) = 0,3821, W ($55,0 < \xi \leqslant 60,0$) = 0,3759, W ($\xi \leqslant 55,0$) = 0,2420; also betragen die gesuchten Prozentsätze 38,21 %, 37,59 %, 24,20 %.

b) Das Gesamtgewicht von 100 Eiern ist verteilt nach der Normalverteilung mit dem Mittelwert 5 850 g und der Streuung $\sqrt{100 \cdot 25} = 50$ g. Damit erhält man die gesuchte Wahrscheinlichkeit zu 0,9987.

Zu Aufgabe 43:

a) $E[\eta] = 16\,200$ Stunden, Streuung von $\eta : \sqrt{150 \cdot 10^2} = 122{,}47$ Stunden.

b) Die für 100 Arbeitstage erforderliche Maschinenzeit beträgt $10 \cdot 16 \cdot 100 = 16\,000$ Stunden. Die gesuchte Wahrscheinlichkeit ist also

$$W(\eta > 16\,000) = 1 - W(\eta \leq 16\,000) = 1 - \Phi\left(\frac{16\,000 - 16\,200}{122{,}47}\right) =$$
$$= \Phi(1{,}633) = 0{,}9488.$$

Da die einzelnen Lebensdauern als unabhängig angenommen werden können, ist η als Summe einer großen Anzahl von unabhängigen zufälligen Variablen nach dem zentralen Grenzwertsatz auch dann näherungsweise normalverteilt, wenn dies für die einzelnen Lebensdauern nicht gilt.

c) Die Wahrscheinlichkeit, daß ein zufällig herausgegriffenes Teil vor Ablauf von 100 Betriebsstunden ausgewechselt werden müßte, beträgt

$$W(\xi < 100) = \Phi\left(\frac{100 - 108}{10}\right) = 0{,}2119.$$

Folglich beträgt die Wahrscheinlichkeit, daß von 10 Teilen keines vorzeitig ausgewechselt werden müßte $(1 - 0{,}2119)^{10} = 0{,}09$.
Sei nun x die Zeit nach der ausgewechselt werden müßte, damit $W(\xi < x) = 0{,}05$ ist. Diese Bestimmungsgleichung für x löst man so:

$$W(\xi < x) = 0{,}05 \Leftrightarrow \Phi\left(\frac{x - 108}{10}\right) = 0{,}05 \Leftrightarrow \Phi\left(-\frac{x - 108}{10}\right) = 0{,}95$$

$$\Leftrightarrow -\frac{x - 108}{10} = 1{,}645 \Leftrightarrow x = 91{,}55 \text{ Stunden.}$$

Zu Aufgabe 44: Sei ξ der Reingewinn des Veranstalters und η der Auszahlungsbetrag für eine zufällig ausgewählte Partie. Dann ist $\xi = 1 - \eta$.

a) $E[\eta] = 40 \cdot \frac{1}{216} + 20 \cdot \frac{3}{216} + 0 \cdot \frac{212}{216} = 0{,}463 \text{ DM} \Rightarrow E[\xi] = 0{,}537 \text{ DM}.$

Wie man leicht nachrechnet oder sieht, sind die Varianzen von ξ und η identisch. Bequem erhält man die Varianz von η als

$$E[(\eta - 0{,}463)^2] = E[\eta^2] - 0{,}463^2 = 40^2 \cdot \frac{1}{216} + 20^2 \cdot \frac{3}{216} - 0{,}463^2 =$$
$$= 12{,}75,$$

also beträgt die gesuchte Streuung 3,57 DM.

b) Erwartungswert und Streuung würden verdoppelt.

c) Die Summe der Reingewinne bei 10 000 Partien hat den Erwartungswert 5370 DM und (bei vorauszusetzender Unabhängigkeit der 10 000 Partien) eine Streuung von $\sqrt{10\,000 \cdot 12{,}75} = 357$ DM. Diese Berechnungen sind exakt möglich; hingegen gilt näherungsweise nach dem zentralen Grenzwertsatz, daß die Summe der Reingewinne normalverteilt (mit den soeben berechneten Parametern) ist.

Zu Aufgabe 45: Für die relative Häufigkeit ξ_n gilt genau dann $0{,}35 < \xi_n < 0{,}45$, wenn für die absolute Häufigkeit $n\,\xi_n$ gilt $0{,}35 \cdot n < n\xi_n < 0{,}45\, n$. Da $n\,\xi_n$ exakt nach der Binomial-Verteilung Bi(n; 0,4) verteilt ist und man diese Binomial-Verteilung mittels der Normalverteilung approximieren kann (s. Lösung zu Aufgabe 38b), erhält man:

für $n = 100$:

$$W(p - 0{,}05 < \xi_{100} < p + 0{,}05) = W(35 < 100\,\xi_{100} < 45) =$$
$$= W(100\,\xi_{100} \leqslant 44) - W(100\,\xi_{100} \leqslant 35) \approx$$
$$\approx \Phi\left(\frac{44 - 40 + 0{,}5}{\sqrt{40 \cdot 0{,}6}}\right) - \Phi\left(\frac{35 - 40 + 0{,}5}{\sqrt{40 \cdot 0{,}6}}\right) = \Phi(0{,}9186) - \Phi(-0{,}9186) =$$
$$= 2\,\Phi(0{,}9186) - 1 = 2 \cdot 0{,}82084 - 1 = 0{,}6417.$$

(Hierbei wurde $\Phi(0{,}91) = 0{,}8186$ und $\Phi(0{,}92) = 0{,}8212$ einer Tabelle entnommen und linear interpoliert. Benutzt man eine Tabelle, in der man $\Phi(0{,}918)$ und $\Phi(0{,}919)$ nachschlagen kann, so ändert sich das Endergebnis in der angegebenen Stellenzahl nicht.)

Berechnet man die gesuchte Wahrscheinlichkeit exakt mit Hilfe der Binomial-Verteilung, so erhält man

$$W(35 < 100\,\xi_{100} < 45) = \binom{100}{36} \cdot 0{,}4^{36} \cdot 0{,}6^{64} + \ldots + \binom{100}{44} \cdot 0{,}4^{44} \cdot 0{,}6^{56}$$
$$= 0{,}6416.$$

Diesen letzten Wert kann man natürlich bequem mit Hilfe einer Tabelle der Verteilungsfunktion der Binomial-Verteilung erhalten (s. z.B. *Wetzel, Jöhnk* und *Naeve*, Statistische Tabellen).

für $n = 1000$:

$$W(p - 0{,}05 < \xi_{1000} < p + 0{,}05) = W(350 < 1000\,\xi_{1000} < 450) =$$
$$= W(1000\,\xi_{1000} \leqslant 449) - W(1000\,\xi_{1000} \leqslant 350) \approx$$
$$\approx \Phi\left(\frac{449 - 400 + 0{,}5}{\sqrt{400 \cdot 0{,}6}}\right) - \Phi\left(\frac{350 - 400 + 0{,}5}{\sqrt{400 \cdot 0{,}6}}\right) = 2\,\Phi(3{,}195) - 1 =$$
$$= 2 \cdot 0{,}99930 - 1 = 0{,}9986.$$

Aus den beiden Ergebnissen wird plausibel, daß $\lim\limits_{n \to \infty} W(p - \epsilon < \xi_n < p + \epsilon) = 1$

für jede beliebige (kleine) positive Zahl ϵ gilt; in Worten: die relative Häufigkeit ξ_n konvergiert für $n \to \infty$ *in Wahrscheinlichkeit* gegen die Wahrscheinlichkeit W (E) = p des Ereignisses E. Dies ist das sog. Bernoulli'sche Gesetz der großen Zahlen. (Ausführliche Erläuterungen zur Bedeutung dieses Satzes findet man z.B. bei *Basler*, Grundbegriffe der Wahrscheinlichkeitsrechnung und statistischen Methodenlehre, 1974, S. 40ff.)

Zu Aufgabe 46: Es handelt sich um das Testen einer Nullhypothese über den Mittelwert μ einer normalverteilten Grundgesamtheit. Der anzuwendende Test ist der t-Test. Die Testvorschrift des einseitig verwendeten t-Testes lautet: Die Nullhypothese $H_0 : \mu < \mu_0$ kann zugunsten der Alternative $\mu > \mu_0$ mit einer Sicherheitswahrscheinlichkeit von 95 % dann und nur dann abgelehnt werden, wenn

$$t = \frac{\bar{x} - \mu_0}{s} \sqrt{n} > + t^*_{95\%} \qquad \text{ausfällt.}$$

Dabei sind $\bar{x}$ der Mittelwert und s die Streuung der Stichprobe vom Umfang n und $t^*_{95\%}$ die einseitige 95 %-Schranke der t-Verteilung mit dem Freiheitsgrad n – 1.
Im vorliegenden Fall erhält man

$$\bar{x} = \frac{1}{n} \sum_{i=1}^{n} x_i = 254{,}2 \text{ g} \quad \text{und} \quad s^2 = \frac{1}{n-1} \sum_{i=1}^{n} (x_i - \bar{x})^2 = \frac{423{,}6}{9}$$

und also die Testgröße t zu

$$t = \frac{\bar{x} - 250}{s} \sqrt{n} = +\,1{,}93.$$

Da man für den Freiheitsgrad n – 1 = 9 einer Tabelle der Schranken der t-Verteilung $t^*_{95\%} = 1{,}83$ entnimmt, so lautet das Testergebnis:

Aufgrund des vorgelegten Stichprobenmaterials kann die Nullhypothese, daß der unbekannte Mittelwert μ, mit dem die Abfüllmaschine arbeitet, kleiner als 250 g ist, mit einer Sicherheitswahrscheinlichkeit von 95 % abgelehnt werden.

Eine zweiseitige Nullhypothese $H_0 : \mu = \mu_0$ kann genau dann abgelehnt werden, wenn die obige Testgröße t zu

$$|t| > t_{95\%} \qquad \text{ausfällt,}$$

wobei $t_{95\%}$ die 2-seitige 95 %-Schranke (= 97,5 %-Punkt) der t-Verteilung mit dem Freiheitsgrad n – 1 ist.
Wegen $t_{95\%} = 2{,}26$ hätte also die 2-seitige Nullhypothese, wenn sie zu testen gewesen wäre, *nicht* mit einer Sicherheitswahrscheinlichkeit von 95 % abgelehnt werden können!

Der Zusammenhang zwischen dem Testergebnis der einseitigen und der zweiseitigen Hypothese ist insoweit allgemeingültig, als die Ablehnung im zweiseitigen Fall stets auch die Ablehnung im geeigneten einseitigen Fall zur Folge hat aber nicht umgekehrt (wie das vorliegende Beispiel zeigt).

Anwendung eines Rang-Testes: Der hier anzuwendende Rangtest ist der Vorzeichen-Rangtest von *Wilcoxon.* (= Matched Pair Signed Rank Test). An sich ist der Vorzeichen-Rangtest ein Test, der es gestattet eine Nullhypothese über den Zentralwert z einer Zufallsgröße ξ zu testen. Wegen der Symmetrie der Normalverteilung sind hier jedoch Mittelwert und Zentralwert identisch. (Übrigens benötigt man die Voraussetzung, daß ξ symmetrisch zu seinem Zentralwert z verteilt ist, generell, wenn man eine Nullhypothese über den Zentralwert von ξ mit Hilfe des Vorzeichen-Rangtestes testen will.)

Testverfahren: Nullhypothese (einseitig) $H_0 : z < z_0$.
Man bestimmt für die Stichprobenwerte $x_1, \ldots, x_n$ die Rangzahlen der Beträge $|x_i - z_0|$ und berechnet die Summe T_n der zu positiven Differenzen $x_i - z_0$ gehörenden Rangzahlen. Als Testgröße dient entweder direkt T_n oder $T_n - \frac{n(n+1)}{4}$. (Letztere Größe ist so normiert, daß sie im Falle $z = z_0$ den Erwartungswert 0 hat.)
Im vorliegenden Beispiel ist $z_0 = 250$ und man erhält

$$T_{10} = 0{,}5 + 3{,}5 + 6 + 6 + 8 + 9 + 10 = 43 \quad \text{und} \quad T_n - \frac{n(n+1)}{4} = +\,15{,}5.$$

Da die einseitige 95 %-Schranke 17,5 beträgt, so kann also mit Hilfe des Vorzeichen-Rang-Testes die Nullhypothese *nicht* mit einer Sicherheitswahrscheinlichkeit von 95 % abgelehnt werden.
(Hier könnte man auch den Stichprobenwert $x_{10} = 250$ wegen $x_{10} - z_0 = 0$ weglassen; man erhielte dann $T_9 = 2{,}5 + 5 + 5 + 7 + 8 + 9 = 36{,}5$, also $T_n - \frac{n(n+1)}{4} = +\,14$; die einseitige Testschranke beträgt 14,5).

Anwendung des Zeichentestes: Bezeichnet man den Fall, daß für einen Meßwert der Zufallsgröße ξ (= Gewicht eines zufällig herausgegriffenen Paketes) $\xi(\omega) < 250$ g gilt, kurz mit einem Minus-Zeichen –, so kann man die in der Aufgabe zu testende Nullhypothese auch dadurch testen, daß man über die Wahrscheinlichkeit W (–) des Auftretens eines Minus-Zeichens die Nullhypothese

$$H_0 : W(-) > 0{,}5$$

testet. (Denn: Wenn $\mu < 250$ ist, so ist $W(-) > 0{,}5$.)

Anschaulich ist klar, daß man als Testgröße die Anzahl k der Minus-Zeichen in der Stichprobe verwenden kann und die Nullhypothese ablehnen kann, wenn k „zu klein" ausfällt. Was hierbei „zu klein" heißt, muß natürlich bei vorgegebener Sicherheitswahrscheinlichkeit durch Berechnung einer geeigneten Testschranke quantifiziert werden.

Da man im vorliegenden Fall den Wert $x_{10} = 250$ fortlassen kann, hat man einen reduzierten Stichprobenumfang $n' = 9$ und erhält $k = 3$. Wie das Testergebnis lautet, läßt sich auf folgende Weisen (ohne Verwendung statistischer Tafeln) entscheiden:

1. Möglichkeit: Man berechnet die Irrtumswahrscheinlichkeit, die man akzeptierte, wenn man das vorgelegte Stichprobenresultat zum Anlaß der Ablehnung der Nullhypothese nähme. Dazu muß man die Wahrscheinlichkeit dafür berechnen, daß man das Stichprobenergebnis $k = 3$ oder ein noch extremeres Ergebnis, also $k < 3$ erhielte, wenn die Nullhypothese zuträfe. Unter der Annahme, daß $W(-) = 0{,}5$ ist, beträgt die Wahrscheinlichkeit für $k \leqslant 3$ (k ist ja dann nach der Binomial-Verteilung Bi $(n'; 0{,}5)$ verteilt)

$$W(k \leqslant 3 \mid W(-) = 0{,}5) = \binom{9}{0}\left(\frac{1}{2}\right)^0\left(1-\frac{1}{2}\right)^9 + \binom{9}{1}\left(\frac{1}{2}\right)^1\left(1-\frac{1}{2}\right)^8 +$$

$$+ \binom{9}{2}\left(\frac{1}{2}\right)^2\left(1-\frac{1}{2}\right)^7 + \binom{9}{3}\left(\frac{1}{2}\right)^3\left(1-\frac{1}{2}\right)^6 = \frac{1+9+36+84}{512} = 0{,}25.$$

Hieraus folgt ersichtlich

$$W(k \leqslant 3 \mid W(-) \geqslant 0{,}5) \leqslant 0{,}25$$

und

$$W(k \leqslant 3 \mid W(-) > 0{,}5) = W(k \leqslant 3 \mid H_0) < 0{,}25;$$

d.h. bei Richtigkeit unserer obigen Nullhypothese $H_0 : W(-) > 0{,}5$ kann das Stichprobenergebnis $k \leqslant 3$ mit einer Wahrscheinlichkeit bis zu 0,25 auftreten, d.h. nähme man das Ergebnis $k = 3$ zum Anlaß die Nullhypothese abzulehnen, so akzeptierte man ungünstigstenfalls eine Irrtumswahrscheinlichkeit (= Wahrscheinlichkeit die Nullhypothese abzulehnen, wenn sie richtig ist = Wahrscheinlichkeit, den Fehler 1. Art zu begehen) von 0,25. Mit der vorgegebenen Sicherheitswahrscheinlichkeit von 95 % ist aber für die Irrtumswahrscheinlichkeit eine Obergrenze von 0,05 vorgegeben; also kann die Nullhypothese aufgrund des vorgelegten Stichprobenresultats *nicht* mit einer Sicherheitswahrscheinlichkeit von 95 % abgelehnt werden.

2. Möglichkeit: Explizite Berechnung der Testschranke.
Die zu berechnende Testschranke $k^*_{95\%}$ soll dadurch definiert sein, daß folgende Testvorschrift gilt:

Die Nullhypothese $H_0 : W(-) > 0{,}5$ wird genau dann mit einer Sicherheitswahrscheinlichkeit von 95 % abgelehnt, wenn

$$k - \frac{n'}{2} \leqslant - k^*_{95\%} \qquad \text{ausfällt.}$$

Dabei ist n' der reduzierte Stichprobenumfang (= Anzahl der überhaupt ermittelten Vorzeichen) und k die Anzahl der Minus-Zeichen in der Stichprobe.

Die gesuchte Testschranke berechnet man für das vorliegende $n' = 9$ wie folgt:

Es ist

(1) $W(k \leqslant 0 \mid W(-) = 0{,}5) = (\frac{1}{2})^9 = 0{,}002$

(2) $W(k \leqslant 1 \mid W(-) = 0{,}5) = (\frac{1}{2})^9 + \binom{9}{1} \cdot (\frac{1}{2})^9 = 0{,}020$

(3) $W(k \leqslant 2 \mid W(-) = 0{,}5) = (\frac{1}{2})^9 \left(\binom{9}{0} + \binom{9}{1} + \binom{9}{2}\right) = 0{,}090.$

Aus (1), (2) und (3) sieht man, daß man die Nullhypothese nur in den Fällen $k = 0$ und $k = 1$ mit einer Sicherheitswahrscheinlichkeit von 95 % ablehnen kann, denn lehnte man in den Fällen $k \leqslant 2$ ab, so hieße das mit einer Obergrenze der Irrtumswahrscheinlichkeit von 0,090 zu arbeiten. (Genauer müßte man für diesen Schluß wieder wie unter „1. Möglichkeit" aus (3) zunächst $W(k \leqslant 2 \mid W(-) \geqslant 0{,}5) \leqslant 0{,}090$ und $W(k \leqslant 2 \mid H_0) < 0{,}090$ folgern.) Also: benutzte man k selbst als Testgröße, so lautet die Testvorschrift: Ablehnung mit 95 % Sicherheitswahrscheinlichkeit genau dann, wenn $k \leqslant 1$ ausfällt. Dies ist aber äquivalent damit, daß man für die oben definierte Testschranke $k^*_{95\%}$ den Wert 3 hat; denn: $k = 1$ ist der Wert, bei dem gerade noch abgelehnt werden kann, folglich ist für die normierte Testgröße $k - \frac{n'}{2}$ der Wert $1 - \frac{9}{2} = -\,3{,}5$ der Wert bei dem gerade noch abgelehnt werden kann, und also lautet bei der zulässigen Beschränkung der Testschranke auf ganze Zahlen $k^*_{95\%} = 3$,

Das Testergebnis im vorliegenden Beispiel lautet demnach:
Wegen

$$k - \frac{n'}{2} = 3 - 4{,}5 = -\,1{,}5 \nleqslant -\,k^*_{95\%} = -\,3$$

kann die Nullhypothese, daß $W(-) > 0{,}5$ ist, *nicht* mit einer Sicherheitswahrscheinlichkeit von 95 % abgelehnt werden.

Anmerkung: Trivialerweise stellen die *verschiedenen* Testergebnisse, die man bei Verwendung der 3 Testverfahren aufgrund desselben Stichprobenmaterials erhält *keinen Widerspruch* dar, denn: das Nicht-Ablehnen einer Nullhypothese darf ja bekanntlich (s. auch Lösung zu Aufgabe 52d) bei einem Signifikanztest keinesfalls als eine Annahme oder Bestätigung der Nullhypothese mißdeutet werden, vielmehr stellt das Nicht-Ablehnen streng genommen eine Stimmenthaltung dar. In Aufgabe 46 hat sich also gezeigt, daß man mit dem einschlägig „stärksten" Verfahren, dem t-Test, die Nullhypothese auf dem 95 %-Niveau ablehnen kann, aber bei Verwendung der beiden „schwächeren" Verfahren Stimmenthaltung üben muß.

Zu Aufgabe 47:

a) Bezeichnet ξ die Gesamtarbeitszeit, so ist:

$E[\xi] = 110$ Minuten und $W(\xi \leqslant 120) = 0{,}991$.

b) Aufgrund der gegebenen Daten kann nur getestet werden, ob der spezialisierte Monteur ebenfalls mit dem Mittelwert $\mu = 38$ Minuten arbeitet. Also ist über den Mittelwert μ einer normalverteilten Zufallsgröße die Nullhypothese

$H_0 : \mu \geqslant 38$

gegen die Alternative $\mu < 38$ bei bekannter Streuung $\sigma = 3{,}0$ zu testen. (Die einseitige Fragestellung erscheint hier deshalb sinnvoll, weil man wohl davon ausgehen kann, daß der spezialisierte Monteur nicht länger braucht als ein anderer. Sollte diese Annahme in einem konkreten Fall nicht gerechtfertigt sein, so müßte man natürlich $\mu = 38$ gegen $\mu \neq 38$ testen)

In Analogie zum t-Test lautet die Testvorschrift:

Die Nullhypothese $H_0 : \mu \geqslant \mu_0$

kann genau dann mit einer Sicherheitswahrscheinlichkeit von 95 % abgelehnt werden, wenn

$$\frac{\bar{x} - \mu_0}{\sigma} \sqrt{n} < -1{,}64 \qquad \text{ausfällt.}$$

Für den 2-seitigen Fall hätte man:

Die Nullhypothese $H_0 : \mu = \mu_0$ kann genau dann mit einer Sicherheitswahrscheinlichkeit von 95 % abgelehnt werden, wenn

$$\left| \frac{\bar{x} - \mu_0}{\sigma} \sqrt{n} \right| > 1{,}96 \qquad \text{ausfällt.}$$

(Die Schranken 1,64 und 1,96 sind die einseitige und die zweiseitige 95 %-Schranke der normierten Normalverteilung. Man braucht hier nicht die Schranken der t-Verteilung, da σ bekannt ist und daher im Falle $\mu = \mu_0$ die Testgröße $\frac{\bar{x} - \mu_0}{\sigma} \sqrt{n}$ normiert normalverteilt ist.)

Im vorliegenden Fall ist

$$\frac{\bar{x} - \mu_0}{\sigma} \sqrt{n} = \frac{36{,}0 - 38{,}0}{3{,}0} \sqrt{10} = -2{,}1.$$

Also lautet das Testergebnis:
Die Nullhypothese $\mu \geqslant 38$ kann zugunsten der Alternative $\mu < 38$ mit einer Sicherheitswahrscheinlichkeit von 95 % abgelehnt werden. (Ersichtlich könnte sogar die zweiseitig formulierte Nullhypothese abgelehnt werden.)

Zu Aufgabe 48:

a) Die Teilaufgabe dient nur zur Vorbereitung von b). Man erhält

$$W(\text{Klasse I}) = 1 - \Phi\left(\frac{60 - 58{,}5}{4{,}5}\right) = 0{,}37$$

$$W(\text{Klasse II}) = \Phi\left(\frac{60 - 58{,}5}{4{,}5}\right) - \Phi\left(\frac{55 - 58{,}5}{4{,}5}\right) = 0{,}41$$

$$W(\text{Klasse III}) = \Phi\left(\frac{55 - 58{,}5}{4{,}5}\right) = 0{,}22.$$

b) Es sind μ und σ derart zu bestimmen, daß gilt:

(1) $W(\text{Klasse I}) = 1 - \Phi\left(\frac{60 - \mu}{\sigma}\right) = 0{,}4013,$

(2) $W(\text{Klasse II}) = \Phi\left(\frac{60 - \mu}{\sigma}\right) - \Phi\left(\frac{55 - \mu}{\sigma}\right) = 0{,}4400,$

(3) $W(\text{Klasse III}) = \Phi\left(\frac{55 - \mu}{\sigma}\right) = 0{,}1587.$

Aus (1) folgt (mit Hilfe einer Tafel von Φ) $\frac{60 - \mu}{\sigma} = 0{,}25.$

Aus (3) folgt analog $\frac{55 - \mu}{\sigma} = -1{,}00.$ Aus diesen beiden Gleichungen für μ und σ erhält man $\sigma = 4$ und den gesuchten Mittelwert μ zu 59,0 g. (Als Kontrolle kann dienen, daß die beiden erhaltenen Werte von μ und σ auch (2) erfüllen müssen.)

c) Hier ist mit Hilfe des t-Testes (s. Aufgabe 46) die Nullhypothese

$H_0 : \mu \leqslant 59{,}00$ g

gegen die Alternative $\mu > 59{,}00$ g zu testen.

Da man für die Testgröße $t = \frac{\bar{x} - \mu_0}{s} \sqrt{n} = \frac{59{,}68 - 59{,}00}{3{,}89} \sqrt{100} = +1{,}75$

erhält und die Testschranke $t^*_{95\%} = 1{,}66$ beträgt, so kann H_0 mit einer Sicherheitswahrscheinlichkeit von 95 % abgelehnt werden.

Zu Aufgabe 49: Die Testvorschrift lautet (s. Aufgabe 47b):
Die Nullhypothese $H_0 : \mu \leqslant 500$ g kann genau dann mit einer Sicherheitswahrscheinlichkeit von 95 % abgelehnt werden, wenn

$$\frac{\bar{x} - 500}{\sigma} \sqrt{n} > 1{,}64 \qquad \text{ausfällt.}$$

Da nach der im Aufgabentext gegebenen Definition der Gütefunktion g z.B. g (501) die Wahrscheinlichkeit für die Ablehnung der Nullhypothese angibt unter der Annahme, daß der wahre Wert von μ gerade 501 g beträgt, kann man kurz schreiben:

$$g(501) = W\left(\frac{\bar{x} - 500}{\sigma} \sqrt{n} > 1{,}64 \mid 501\right)$$

oder allgemeiner:

$$g(\mu) = W\left(\frac{\bar{x} - 500}{\sigma} \sqrt{n} > 1{,}64 \mid \mu\right)$$

Zur Berechnung dieser Wahrscheinlichkeit muß man ausnutzen, daß die Zufallsgröße

$\frac{\bar{x} - \mu}{\sigma} \sqrt{n}$ normiert normalverteilt ist, also die Verteilungsfunktion Φ hat.

($\bar{x}$ hat bekanntlich den Mittelwert μ der Grundgesamtheit – $\bar{x}$ ist eine sog. erwartungstreue Schätzfunktion für μ – und die Streuung $\frac{\sigma}{\sqrt{n}}$).

Daher rechnet man so:

$$g(\mu) = W\left(\frac{\bar{x} - 500}{\sigma} \sqrt{n} > 1{,}64 \mid \mu\right) =$$

$$= W\left(\frac{\bar{x} - \mu + \mu - 500}{\sigma} \sqrt{n} > 1{,}64 \mid \mu\right) =$$

$$= W\left(\frac{\bar{x} - \mu}{\sigma} \sqrt{n} > 1{,}64 - \frac{\mu - 500}{\sigma} \sqrt{n} \mid \mu\right) =$$

$$= 1 - W\left(\frac{\bar{x} - \mu}{\sigma} \sqrt{n} \leqslant 1{,}64 - \frac{\mu - 500}{\sigma} \sqrt{n} \mid \mu\right) =$$

$$= 1 - \Phi\left(1{,}64 - \frac{\mu - 500}{\sigma} \sqrt{n}\right) = \Phi\left(\frac{\mu - 500}{\sigma} \sqrt{n} - 1{,}64\right).$$

Der Graph dieser Funktion

$$g(x) = \Phi\left(\frac{x - 500}{\sigma}\sqrt{n} - 1{,}64\right)$$

soll dadurch veranschaulicht werden, daß geeignete Parameter μ^* und σ^* einer Normalverteilung derart bestimmt werden, daß für die Verteilungsfunktion F (x) dieser Normalverteilung

$$F(x) = \Phi\left(\frac{x - 500}{\sigma}\sqrt{n} - 1{,}64\right) \text{ für alle x gilt.}$$

Wegen $F(x) = \Phi\left(\frac{x - \mu^*}{\sigma^*}\right)$ sind also μ^* und σ^* derart zu bestimmen, daß für alle x gilt:

$$\frac{x - \mu^*}{\sigma^*} = \frac{x - 500}{\sigma}\sqrt{n} - 1{,}64.$$

Schreibt man die rechte Seite in der Form $\dfrac{x - (500 + 1{,}64\,\frac{\sigma}{\sqrt{n}})}{\frac{\sigma}{\sqrt{n}}}$,

so sieht man durch Vergleich der Koeffizienten:

$$\sigma^* = \frac{\sigma}{\sqrt{n}} \quad \text{und} \quad \mu^* = 500 + 1{,}64 \cdot \frac{\sigma}{\sqrt{n}} .$$

Die Verteilungsfunktion einer Normalverteilung mit diesen beiden Parametern kann man sofort skizzieren (s. z.B. Aufgabe 35): Es ist eine s-förmige, drehsymmetrische Kurve mit dem Wendepunkt an der Stelle

$x_0 = 500 + 1{,}64\,\frac{\sigma}{\sqrt{n}}$, $g(x_0) = 0{,}5$. Obwohl damit die Gestalt der Kurve klar ist, sollte man sich für die gegebenen Werte von n und σ noch eine Wertetabelle der Gütefunktionen etwa so anlegen:

μ	499	500	501	502	505	510	515	520
$g(\mu)$ für n = 4	0,033	0,050	0,07	0,11	0,26	0,64	0,91	0,99
$g(\mu)$ für n = 100	0,005	0,050	0,26	0,64	1,00	1,00	1,00	1,00

Wie man (eventuell mit Hilfe einer Skizze der Gütefunktionen) sieht, gibt die Gütefunktion $g(\mu)$ für die $\mu \leqslant 500$ die Wahrscheinlichkeit an, den sog. Fehler 1. Art zu begehen; für $\mu > 500$ stellt $1 - g(\mu)$ die Wahrscheinlichkeit für den sog. Fehler 2. Art dar.

Zu Aufgabe 50:

a) Gesucht sind die Werte g (251,0) und g (250,0) der Gütefunktion g des Testes (s. Aufgabe 49). Da hier die Gütefunktion

$$g(\mu) = \Phi\left(\frac{\mu - 250,5}{\sigma}\sqrt{n} - 1,64\right)$$

lautet (s. Lösung zu Aufgabe 49), so erhält man

$$g(251,0) = \Phi(0,03) = 0,51 \quad \text{und} \quad g(250,0) = \Phi(-3,31) = 0,00.$$

b) g (251,0) = 0,51 bedeutet: im Falle $\mu = 251,0$ beträgt die Wahrscheinlichkeit, den Fehler 2. Art zu begehen 0,49. g (250,0) = 0,00 bedeutet: im Falle $\mu = 250,0$ beträgt die Wahrscheinlichkeit, den Fehler 1. Art zu begehen, 0,00 (s. Schlußbemerkung zur Lösung von Aufgabe 49).

c) Hier ist n so zu bestimmen, daß gilt: g (251,0) = 0,99.
Diese Forderung lautet im vorliegenden Fall:

$$\Phi\left(\frac{251,0 - 250,5}{3,0}\sqrt{n} - 1,64\right) = 0,99.$$

Wegen $\Phi(2,33) = 0,99$ hat man also

$$\frac{251,0 - 250,5}{3,0}\sqrt{n} - 1,64 = 2,33.$$

Hieraus erhält man den gesuchten Stichprobenumfang zu

$$n = \left(\frac{2,33 + 1,64}{0,167}\right)^2 = 567.$$

Zu Aufgabe 51: Die Testvorschrift lautet: Die Nullhypothese $H_0 : \mu = 800$ kann genau dann mit einer Sicherheitswahrscheinlichkeit von 95 % abgelehnt werden, wenn

$$\left|\frac{\bar{x} - 800}{\sigma}\sqrt{n}\right| > 1,96 \qquad \text{ausfällt (s. Lösung zu Aufgabe 47b).}$$

Die Gütefunktion g dieses Testes berechnet man so (vgl. Aufgabe 49):

$$g(\mu) = W\left(\left|\frac{\bar{x} - 800}{\sigma}\sqrt{n}\right| > 1,96 \mid \mu\right) =$$

$$= 1 - W\left(\left|\frac{\bar{x} - 800}{\sigma}\sqrt{n}\right| \leqslant 1,96 \mid \mu\right) =$$

$$= 1 - W\left(-1,96 \leqslant \frac{\bar{x} - 800}{\sigma}\sqrt{n} \leqslant +1,96 \mid \mu\right) =$$

$= 1 -$

$$W(-1{,}96 + \frac{800-\mu}{\sigma}\sqrt{n} \leqslant \frac{\bar{x}-\mu}{\sigma}\sqrt{n} \leqslant +1{,}96 + \frac{800-\mu}{\sigma}\sqrt{n} \mid \mu) =$$

$$= 1 - \Phi(1{,}96 + \frac{800-\mu}{\sigma}\sqrt{n}) + \Phi(-1{,}96 + \frac{800-\mu}{\sigma}\sqrt{n}).$$

Wie anschaulich vor jeder Rechnung zu erwarten, muß g symmetrisch zu 800 sein, d.h. für jede reelle Zahl x muß g (800 – x) = g (800 + x) sein, was man für die soeben berechnete Gütefunktion durch eine leichte Rechnung nachprüft.

Die verlangte Wertetabelle:

μ	800	799	801	798	802	797	803	796	804	795	805	790	810
$g(\mu)$	0,05	0,07	0,07	0,13	0,13	0,22	0,22	0,36	0,36	0,52	0,52	0,98	0,98

Zu Aufgabe 52:

a) Die Nullhypothese $H_0 : E[\xi] = 25{,}0$ kann genau dann mit einer Sicherheitswahrscheinlichkeit von 99 % zugunsten der Alternative $H_1 : E[\xi] =$ $= 25{,}5$ abgelehnt werden, falls

$$\frac{\bar{x} - 25{,}0}{1{,}5}\sqrt{n} > +2{,}326$$

ausfällt. (Denn bei Richtigkeit von H_0 ist diese Testgröße nach der normierten Normalverteilung N (0; 1) verteilt und 2,326 ist der 99 %-Punkt dieser Normalverteilung, vgl. Aufgabe 47b).

b) W (Fehler 2. Art) = W (Nicht-Ablehnung von $H_0 \mid E[\xi] = 25{,}5$) =

$$= W(\frac{\bar{x} - 25{,}0}{1{,}5}\sqrt{n} \leqslant 2{,}326 \mid E[\xi] = 25{,}5) =$$

$$= W(\frac{\bar{x} - 25{,}5}{1{,}5}\sqrt{n} \leqslant 2{,}326 - \frac{0{,}5}{1{,}5}\sqrt{n} \mid E[\xi] = 25{,}5) =$$

$$= \Phi(2{,}326 - \frac{0{,}5}{1{,}5}\sqrt{n}) = \Phi(-1{,}01) = 0{,}156.$$

c) Es ist n derart zu bestimmen, daß gilt:

$$\Phi(2{,}326 - \frac{0{,}5}{1{,}5}\sqrt{n}) = 0{,}01.$$

Aus dieser Bestimmungsgleichung folgt

$$2{,}326 - \frac{0{,}5}{1{,}5}\sqrt{n} = -2{,}326, \text{ also } n = 195.$$

d) Daß man bei einem Signifikanz-Test das Nicht-Ablehnen der Nullhypothese nicht als ein Annehmen oder als Bestätigung der Nullhypothese deuten darf, hat seinen Grund darin, daß bei einem solchen Test die Wahrscheinlichkeit für den Fehler 2. Art unkontrolliert hoch sein kann (z.B. kann bei diskreter Testgröße und hinreichend kleinem Stichprobenumfang die Wahrscheinlichkeit für den Fehler 2. Art sogar 100 % betragen). Da jedoch im vorliegenden Fall der Stichprobenumfang so eingerichtet werden konnte, daß die Wahrscheinlichkeit für den Fehler 2. Art nur 1 % beträgt, so kann man sehr wohl das Nicht-Ablehnen als Annehmen der Nullhypothese deuten, denn: wenn die Nullhypothese falsch wäre, also die Alternative zuträfe, so betrüge die Wahrscheinlichkeit für ihre Annahme nur 1 %. Man nennt einen solchen Test im Unterschied zu einem *Signifikanztest* einen *Alternativtest.*

Zu Aufgabe 53:

a) Die Nullhypothese kann mit Hilfe des *Zeichen*-Testes getestet werden. Bezeichnet man einer suggestiveren Sprechweise zuliebe das Ergebnis, daß ein zufällig herausgegriffener Wähler A-Wähler ist, mit einem Minus-*Zeichen* – , so kann man die vorgelegte Nullhypothese als

$H_0 : W(-) \leqslant 0{,}5$

formulieren. Die Testvorschrift lautet hier (vgl. Lösung zu Aufgabe 46 „Anwendung des Zeichentestes"): Die Nullhypothese $H_0 : W(-) \leqslant 0{,}5$ kann genau dann mit einer Sicherheitswahrscheinlichkeit von 95 % abgelehnt werden, wenn

$$k - \frac{n'}{2} \geqslant + k^*_{95\%} \qquad \text{ausfällt;}$$

wobei k die Anzahl der Minus-Zeichen (= A-Wähler) in der Stichprobe, $n' = 400$ und $k^*_{95\%}$ die einseitige 95 %-Schranke des Zeichentestes ist. Da hier n' „groß" ist (eine bekannte Faustregel verlangt $n' > 35$), kann $k^*_{95\%}$ näherungsweise durch Approximation der Binomial-Verteilung mittels der Normalverteilung zu

$$k^*_{95\%} \approx 1{,}64\sqrt{\frac{n'}{4}}$$ berechnet werden (Herleitung analog wie in der Lösung zu Aufgabe 46). Für $n' = 400$ ist $k^*_{95\%} = 16{,}4$ und folglich beträgt die gesuchte Mindestanzahl der A-Wähler in der Stichprobe, die zur Ablehnung der Nullhypothese ausreicht, 217.

b) Gesucht ist die Wahrscheinlichkeit $W(k < 217 \mid W(-) = 0{,}511)$.
Da k nach der Binomial-Verteilung Bi (400; 0,511) verteilt ist, kann man

diese Wahrscheinlichkeit durch Approximation mittels der Normalverteilung (s. Lösung zu Aufgabe 38b) wie folgt berechnen:

$$W(k < 217 \mid W(-) = 0{,}511) = W(k \leqslant 216 \mid W(-) = 0{,}511) \approx$$

$$\approx \Phi\left(\frac{216 - 400 \cdot 0{,}511 + 0{,}5}{\sqrt{400 \cdot 0{,}511 \cdot 0{,}489}}\right) = \Phi(1{,}21) = 0{,}89.$$

c) In b) wurde die Wahrscheinlichkeit für den Fehler 2. Art für den Fall $W(A) = 0{,}511$ berechnet.

Zu Aufgabe 54: Bezeichnet man etwa die Geburt eines Jungen mit einem Minus-Zeichen (vgl. Aufgabe 53), so erhält die zu testende Nullhypothese die Gestalt

$$H_0 : W(-) \leqslant 0{,}5.$$

Diese Nullhypothese kann genau dann mit einer Sicherheitswahrscheinlichkeit von 99 % abgelehnt werden, wenn

$$k - \frac{n'}{2} \geqslant + k^*_{99\,\%} \approx 2{,}33 \cdot \sqrt{\frac{n'}{4}}$$ ausfällt (s. Aufgabe 53b).

Da hinsichtlich des Bemühens, das Falschsein der Nullhypothese aufzudekken, der Fall s = 1,06 den ungünstigsten Fall darstellt, weil er nämlich die kleinste zugelassene Abweichung von H_0 darstellt, die naturgemäß am schwersten aufzudecken ist, müssen wir uns bei der Suche nach dem Mindeststichprobenumfang auf den Fall s = 1,06 einstellen. Der Wert s = 1,06 entspricht aber genau dem Wert $W(-) = \frac{106}{100 + 106} = 0{,}5146$, d.h. s = 1,06 ist äquivalent damit, daß der Prozentsatz der Jungen 51,46 % beträgt.

Gesucht: n' derart, daß näherungsweise gilt:

$$W(\text{Ablehnung von } H_0 \mid W(-) = 0{,}5146) = 0{,}99.$$

Eine zu 53b analoge Rechnung ergibt (unter Vernachlässigung des Korreksummanden + 0,5 in der Approximationsformel aus 38b):

$$W(\text{Ablehnung von } H_0 \mid W(-) = 0{,}5146) =$$

$$= W\left(k - \frac{n'}{2} \geqslant 2{,}33\sqrt{\frac{n'}{4}} \mid W(-) = 0{,}5146\right) =$$

$$= 1 - W\left(k < \frac{n'}{2} + 2{,}33\sqrt{\frac{n'}{4}} \mid W(-) = 0{,}5146\right) \approx$$

$$\approx 1 - \Phi\left(\frac{\frac{n'}{2} + 2{,}33\sqrt{\frac{n'}{4}} - n' \cdot 0{,}5146}{\sqrt{n' \cdot 0{,}5146 \cdot 0{,}4854}}\right) =$$

$$= 1 - \Phi\left(\frac{-0{,}0146 \cdot n' + 2{,}33 \cdot 0{,}5\sqrt{n'}}{\sqrt{n'} \cdot 0{,}5}\right) =$$

$$= 1 - \Phi(-0{,}0292\sqrt{n'} + 2{,}33) = \Phi(0{,}0292\sqrt{n'} - 2{,}33).$$

Also lautet die Bestimmungsgleichung für n':

$$\Phi(0{,}0292\sqrt{n'} - 2{,}33) = 0{,}99.$$

Hieraus folgt $0{,}0292\sqrt{n'} - 2{,}33 = +\,2{,}33$ und also $n' = \left(\frac{4{,}66}{0{,}0292}\right)^2 \approx$

$\approx 25 \cdot 10^3$.

Der das Verlangte leistende Mindeststichprobenumfang beträgt also rund 25 000.

Zu Aufgabe 55:

a) Analog wie in den Aufgaben 49 und 50a) erhält man die gesuchte Wahrscheinlichkeit

$$W(\text{Fehler 2. Art} \mid \mu = 497{,}0) = \ldots = 1 - \Phi(1{,}36) = 0{,}087.$$

b) Bezeichnet man das Ergebnis, daß ein Meßwert kleiner als 500 g ausfällt mit einem Minus-Zeichen (s. Aufgabe 53a), so entspricht der Nullhypothese $\mu \geqslant 500$ nunmehr die mit dem Zeichentest zu testende Nullhypothese

$$H_0 : W(-) \leqslant 0{,}5.$$

Der als tatsächlich vorliegender Wert von μ angenommene Wert $\mu = 497{,}0$ entspricht dem Wert

$$W(-) = W(\text{Meßwert} < 500 \mid \mu = 497{,}0) = \Phi\left(\frac{500 - 497{,}0}{10}\right) = 0{,}6179.$$

Folglich ist n' derart gesucht, daß

$$W(\text{Nicht-Ablehnung mit Zeichentest} \mid W(-) = 0{,}6179) = 1 - \Phi(1{,}36) \text{ ist.}$$

Analog wie in 53b hat man (unter Vernachlässigung des Korrektursummanden + 0,5 in der Approximationsformel aus 38b)

W (Nicht-Ablehnung | W (–) = 0,6179) =

$$W\left(k - \frac{n'}{2} < 1{,}64\sqrt{\frac{n'}{4}} \;\middle|\; W(-) = 0{,}6179\right) \approx$$

$$\approx \Phi\left(\frac{\frac{n'}{2} + 1{,}64\sqrt{\frac{n'}{4}} - 0{,}6179 \cdot n'}{\sqrt{n' \cdot 0{,}6179 \cdot 0{,}3821}}\right) = \Phi\left(\frac{-0{,}1179\sqrt{n'} + 0{,}82}{\sqrt{0{,}6179 \cdot 0{,}3821}}\right).$$

Da dieser Ausdruck gleich 1 – Φ (1,36) sein soll, so hat man

$$\frac{+0{,}1179\sqrt{n'} - 0{,}82}{\sqrt{0{,}6179 \cdot 0{,}3821}} = 1{,}36 \text{ und also}$$

$$n' = \left(\frac{1{,}36 \cdot \sqrt{0{,}6179 \cdot 0{,}3821} + 0{,}82}{0{,}1179}\right)^2 = 158.$$

Dieses Ergebnis besagt: Für den Fall, daß $\mu = 497{,}0$ ist, braucht man bei Verwendung des Zeichentestes einen Stichprobenumfang von 158, um die Wahrscheinlichkeit für den Fehler 2. Art genau so niedrig zu halten wie bei Verwendung des unter den gegebenen Voraussetzungen „bestmöglichen" Testes (= gleichmäßig bester Test oder trennscharfer Test) mit einem Stichprobenumfang von nur n = 100. Man drückt dies auch so aus: der Zeichentest weist im vorliegenden Fall eine Wirksamkeit von

$\frac{100}{158} = 0{,}63$ oder 63 % auf.

Bemerkenswert ist, daß die Wirksamkeit des Zeichentestes für größere Stichprobenumfänge ganz allgemein rund 64 % beträgt (s. *Pfanzagl*, Allgemeine Methodenlehre der Statistik II, 1974, S. 137).

Zu Aufgabe 56: Die Aufgabe ist analog zu Aufgabe 54.

a) W (Ablehnung der Nullhypothese | W (A) = 0,485) ≈ 0,33

b) Der gesuchte Stichprobenumfang beträgt rund 9500.

Zu Aufgabe 57: Hier liegt eine sog. verbundene Stichprobe vor. Bezeichnet ξ die Differenz zwischen der Punktzahl bei Verfahren A und der Punktzahl bei Verfahren B, so kann man die verlangte Prüfung durchführen, indem man mit dem t-Test über ξ die Nullhypothese $E[\xi] = 0$ gegen die Alternative $E[\xi] \neq 0$ testet.

Dies ist möglich, falls ξ ausreichend genau normalverteilt ist. Diese Voraussetzung ist hier natürlich allein schon wegen der Ganzzahligkeit der möglichen Werte von ξ problematisch. Andererseits ist der t-Test gegen Abweichungen von der Voraussetzung der Normalverteilung ziemlich robust (s. z.B. *Pfanzagl*, Allgemeine Methodenlehre der Statistik II, 1974, S. 147, 203), so daß im vorliegenden Fall die Anwendung gerechtfertigt erscheint. Völlig unproblematisch hingegen ist im vorliegenden Fall die Anwendung des Vorzeichen-Rang-Testes von *Wilcoxon*. Prinzipiell könnte man natürlich auch den Zeichentest anwenden, dessen „Wirksamkeit“ (s. Aufgabe 55b) jedoch zu klein ist, so daß seine Anwendung hier nicht sinnvoll ist.

Anwendung des t-Testes: Nullhypothese: $E[\xi] = 0$.
Aufgrund der 10 Realisationen $-4, -3, -9, +1, -7, +2, +5, -5, -4, -10$ von ξ berechnet man die Testgröße t des t-Testes zu (vgl. Aufgabe 46)

$$t = \frac{\bar{x} - 0}{s} \sqrt{n} = -2{,}22.$$

Da $|t| = 2{,}22$ nicht größer als die zweiseitige 95 %-Schranke $t_{95\%} = 2{,}26$ der t-Verteilung mit dem Freiheitsgrad $n - 1 = 9$ ausgefallen ist, so kann also die Nullhypothese *nicht* mit einer Sicherheitswahrscheinlichkeit von 95 % abgelehnt werden.
(Hätte man nachweisen wollen, daß Verfahren B durchschnittlich zu höheren Punktzahlen als A führt, so hätte man die einseitige Nullhypothese

$$H_0 : E[\xi] \geqslant 0$$

zu testen gehabt. Da diese Nullhypothese genau dann mit einer Sicherheitswahrscheinlichkeit von 95 % abgelehnt werden kann, wenn

$$t = \frac{\bar{x} - 0}{s} \sqrt{n} < -t^*_{95\%} \qquad \text{ausfällt}$$

und die einseitige 95 %-Schranke $t^*_{95\%} = 1{,}83$ beträgt, so hätte wegen

$$t = -2{,}22 < -t^*_{95\%} = -1{,}83$$

diese Nullhypothese mit einer Sicherheitswahrscheinlichkeit von 95 % abgelehnt werden können. Dies hätte man dann auch so formulieren können: Unter Zugrundelegung einer Sicherheitswahrscheinlichkeit von 95 % wurde statistisch nachgewiesen, daß Verfahren B zu signifikant höheren Punktzahlen führt als Verfahren A).

Anwendung des Vorzeichen-Rangtestes von Wilcoxon: Man erhält für die Testgröße (s. Aufgabe 46) $T_n - \frac{n(n+1)}{4} = 1 + 2 + 6{,}5 - \frac{10 \cdot 11}{4} = -18.$
Da die zweiseitige 95 %-Schranke für $n = 10$ den Wert 19,5 hat, so kann auch mit Hilfe des Vorzeichen-Rangtestes die zweiseitige Nullhypothese *nicht* mit

einer Sicherheitswahrscheinlichkeit von 95 % abgelehnt werden. (Bei einseitiger Fragestellung hätte auch hier die Nullhypothese abgelehnt werden können; denn: die einseitige 95 %-Schranke hat den Wert $c^*_{95\%} = 17{,}5$ und die Testvorschrift lautet: Ablehnung der Nullhypothese genau dann, wenn

$$T_n - \frac{n(n+1)}{4} \leqslant - c^*_{95\%} \qquad \text{ausfällt.)}$$

Mit Hilfe des Zeichentestes könnte weder die zweiseitige noch die einseitige Nullhypothese mit einer Sicherheitswahrscheinlichkeit von 95 % abgelehnt werden.

Zu Aufgabe 58: Bezeichnet man die Wahrscheinlichkeit dafür, daß ein auftretender Maschinenstillstand in die Schichtstunde Nr. i fällt mit W_i $(i = 1, 2, \ldots, 8)$, so ist hier die Nullhypothese

$$H_0 : W_1 = W_2 = \ldots = W_8 = \frac{1}{8}$$

zu testen. Es handelt sich also um das Testen mehrerer (hier 8) hypothetischer Wahrscheinlichkeiten, denn über jede der unbekannten Wahrscheinlichkeiten W_i ist die Hypothese aufgestellt, daß sie einen vorgegebenen hypothetischen Wert (der hier für alle W_i gleich 1/8 ist) besitzt. Diese Nullhypothese kann mittels eines χ^2-Testes getestet werden, dem allgemein folgendes Modell zugrunde liegt:

Für einen bestimmten Versuch sind s verschiedene sich paarweise gegenseitig ausschließende Ereignisse $K_1, \ldots K_s$ gegeben, deren Vereinigung das sichere Ereignis ist. Über die unbekannten Wahrscheinlichkeiten $W(K_i)$ dieser Ereignisse wird die Nullhypothese

$$H_0 : W(K_i) = p_i \quad \text{für } i = 1, 2, \ldots, s$$

aufgestellt, wobei die p_i vorgegebene Zahlen (= hypothetische Werte der unbekannten Wahrscheinlichkeiten $W(K_i)$) mit $p_1 + \ldots + p_s = 1$ und $0 \leqslant p_i \leqslant 1$ sind. Zur empirischen Überprüfung dieser Hypothese zieht man eine Stichprobe vom Umfang n, d.h. man führt n unabhängige Wiederholungen des Versuchs durch und ermittelt für jedes K_i die Häufigkeit x_i seines Eintretens bei diesen n Versuchen. In anschaulicher Sprechweise kann man dieses Modell auch so beschreiben: In einer Grundgesamtheit ist eine Klasseneinteilung von Klassen $K_1, \ldots, K_s$ aller Elemente definiert. Über die unbekannten Wahrscheinlichkeiten $W(K_i)$, daß ein zufällig aus dieser Grundgesamtheit herausgegriffenes Element zur Klasse K_i gehört (natürlich läßt sich $W(K_i)$ auch als *Anteil* der Elemente der Grundgesamtheit auffassen, die zu K_i gehören) wird die Nullhypothese

$$H_0 : W(K_i) = p_i \quad \text{für } i = 1, \ldots, s$$

aufgestellt. Sodann ermittelt man in einer Stichprobe von n Elementen aus dieser Grundgesamtheit für jede Klasse K_i ihre Besetzungszahl x_i, wobei natürlich $x_1 + \ldots + x_n = n$ sein muß. Die Stichprobe muß dabei mit Zurücklegen gezogen werden oder – was für die Praxis viel wichtiger ist – n muß relativ klein gegenüber dem Umfang der Grundgesamtheit sein (vgl. Aufgabe 31).

Als Testgröße berechnet man eine gewisse Meßzahl dafür, wie stark die erhaltenen tatsächlichen Besetzungszahlen x_i von den aufgrund der Nullhypothese zu erwartenden Besetzungszahlen $n\,p_i$ abweichen:
für jede Klasse K_i berechnet man den Ausdruck

$$\frac{(\text{erwartete Besetzungszahl} - \text{tatsächliche Besetzungszahl})^2}{\text{erwartete Besetzungszahl}} = \frac{(n\,p_i - x_i)^2}{n\,p_i}$$

und addiert die erhaltenen s Zahlen zur Testgröße V auf, d.h. es ist

$$V = \sum_{i=1}^{s} \frac{(n\,p_i - x_i)^2}{n\,p_i}.$$

Da man beweisen kann, daß bei Richtigkeit der Nullhypothese H_0 die Größe V näherungsweise nach der χ^2-Verteilung mit dem Freiheitsgrad $s - 1$ verteilt ist, falls die nachfolgende Faustregel erfüllt ist, so lautet die
Testvorschrift für das Testen hypothetischer Wahrscheinlichkeiten
mit Hilfe des χ^2-Testes:
Die Nullhypothese

$$H_0 : W(K_i) = p_i \quad \text{für } i = 1, \ldots, s$$

kann genau dann mit einer Sicherheitswahrscheinlichkeit von $100\,\beta\,\%$ abgelehnt werden, wenn

$$V > \chi^2_\beta \qquad \text{ausfällt,}$$

wobei χ^2_β die $100\,\beta\,\%$-Schranke der χ^2-Verteilung mit dem Freiheitsgrad $s - 1$ ist. Dabei soll folgende *Faustregel* erfüllt sein (die allerdings von verschiedenen Autoren etwas unterschiedlich angegeben wird): im Falle von nur 2 Klassen ($s = 2$) soll n mindestens 30 sein und keine der erwarteten Besetzungszahlen $n\,p_i$ darf kleiner als 5 sein; im Falle $s > 2$ soll keine der erwarteten Besetzungszahlen kleiner als 5 sein, allerdings ist es bei größeren Werten von s statthaft, daß einige erwartete Besetzungszahlen zwischen 5 und 1 liegen. Erforderlichenfalls sollte man zu kleine Klassen geeignet zu größeren Klassen zusammenfassen

Anwendung auf das Stichprobenergebnis von Aufgabe 58: Hier sind alle hypothetischen Wahrscheinlichkeiten 1/8, die tatsächlichen Besetzungszahlen lauten $x_1 = 17$, $x_2 = 14, \ldots, x_8 = 19$ und folglich ist $n = x_1 + \ldots + x_8 = 158$. Damit erhält man

$$V = \sum_{i=1}^{8} \frac{(n\,p_i - x_i)^2}{n\,p_i} = 4{,}63.$$

Da die 95 %-Schranke der χ^2-Verteilung für den Freiheitsgrad $s - 1 = 7$ den Wert 14,1 hat und die genannte Faustregel erfüllt ist, so kann also aufgrund des vorgelegten Stichprobenresultats die Nullhypothese, daß sich die Maschinenstillstände über die Schichtstunden gleichmäßig verteilen, *nicht* mit einer Sicherheitswahrscheinlichkeit von 95 % abgelehnt werden. (Wegen $\chi^2_{90\%} = 12{,}0$ könnte die Nullhypothese noch nicht einmal mit der für viele Anwendungen wohl fahrlässig niedrigen Sicherheitswahrscheinlichkeit von 90 % abgelehnt werden.)

Zu Aufgabe 59:

a) Wegen der Unabhängigkeit der beiden Fehler-Typen ist

W (Güteklasse I) = 0,95 · 0,90 = 0,855 und

W (Produkt defekt) = 1 − 0,855 = 0,145.

b) Testen hypothetischer Wahrscheinlichkeiten (s. Aufgabe 58).

Nullhypothese:

W(Güteklasse I nach technischer Änderung) = 0,855,
W (Produkt defekt nach technischer Änderung) = 0,145.

Die bei der Lösung zu Aufgabe 58 definierte Testgröße V erhält hier den Wert V = 1,36. Da die 95 %-Schranke $\chi^2_{95\%} = 3{,}84$ beträgt, so kann die Nullhypothese *nicht* mit einer Sicherheitswahrscheinlichkeit von 95 % abgelehnt werden.

Zu Aufgabe 60: Hier soll der χ^2-Test zum Testen hypothetischer Wahrscheinlichkeiten als sog. *Anpassungstest* verwendet werden. Dies ist die Bezeichnung für Teste, die es gestatten, eine Hypothese über die Gestalt der Verteilungsfunktion einer Grundgesamtheit zu testen.

a) Da die Klassen symmetrisch zum Mittelwert $\mu = 250{,}0$ g definiert sind, so sieht man zunächst (oder bemerkt es bei der Rechnung), daß $W_1 = W_7$, $W_2 = W_6$ und $W_3 = W_5$ ist, wobei W_i die Wahrscheinlichkeit bezeichnet, daß ein zufällig herausgegriffenes Paket in die Gewichtsklasse Nr. i fällt. Die gesuchten Wahrscheinlichkeiten erhält man zu (vgl. Aufgabe 35):
$W_1 = W(\xi \leqslant 244{,}95) = 0{,}1562$,
$W_2 = W(244{,}95 \leqslant \xi \leqslant 246{,}95) = \Phi(1{,}01) - \Phi(0{,}61) = 0{,}1147$,
$W_3 = 0{,}1459$, $W_4 = 0{,}1664$.

b) Testen hypothetischer Wahrscheinlichkeiten (s. Aufgabe 58).
Wenn ξ nach der angegebenen Normalverteilung verteilt ist, dann besitzen die unbekannten Wahrscheinlichkeiten W_i die in a) berechneten Werte. Also läßt sich die Hypothese, daß ξ nach der Normalverteilung $N(250{,}0; 5^2)$ verteilt ist dadurch testen, daß man über die Wahrscheinlichkeiten W_i die Hypothese testet, daß sie die in a) berechneten Werte haben; denn wenn diese letztere Hypothese als falsch erwiesen werden kann, so folgt (sog. indirekter Beweis), daß auch die Ausgangshypothese falsch ist (vgl. auch Aufgabe 65b).

Da sich hier die Testgröße V (s. Aufgabe 58) zu

$$V = \frac{(1000 \cdot 0{,}1562 - 168)^2}{156{,}2} + \ldots + \frac{(156{,}2 - 165)^2}{156{,}2} = 4{,}58 \text{ ergibt,}$$

und die Testschranke $\chi^2_{95\%} = 12{,}6$ beträgt, so kann die Nullhypothese, daß die Nettogewichte der von der betreffenden Abfüllmaschine gefüllten Pakete nach der angegebenen Normalverteilung verteilt sind, *nicht* mit einer Sicherheitswahrscheinlichkeit von 95 % abgelehnt werden.

Anmerkung zu Aufgabe 60: Die praktisch viel relevantere Fragestellung lautet natürlich, ob eine vorgelegte Zufallsgröße überhaupt nach *irgendeiner* Normalverteilung mit irgendwelchen unbekannten Werten ihrer Parameter μ und σ verteilt ist. Auch diese Fragestellung läßt sich prinzipiell genauso mit Hilfe des χ^2-Testes als Anpassungstest behandeln wie soeben geschehen mit lediglich folgenden Unterschieden:

1) An Stelle der hier gegebenen Werte der Parameter, nämlich $\mu = 250$ und $\sigma = 5$ benutzt man die aus der Stichprobe zu berechnenden Schätzwerte (= empirischer Mittelwert $\bar{x}$ und empirische Streuung s) für μ und σ.
2) Die Zahl der Freiheitsgrade der χ^2-Verteilung, deren Testschranken man benutzt, muß um die Anzahl der aus der Stichprobe geschätzten Parameter (hier also 2, falls sowohl μ als auch σ unbekannt sind) vermindert werden.

Zu Aufgabe 61: Die Anzahl ξ der Jungen in Familien mit 4 Kindern ist unter den gegebenen Annahmen nach der Binomial-Verteilung Bi (4; 0,514) verteilt, für die man folgende vollständige Wertetabelle erhält:

x	$-\infty < x < 0$	$0 \leq x < 1$	$1 \leq x < 2$	$2 \leq x < 3$	$3 \leq x < 4$	$4 \leq x < +\infty$
$F(x) = W(\xi < x)$	0	0,056	0,292	0,666	0,930	1

Insbesondere ist

W (mindestens 2 Jungen) = 0,71 und W (mindestens 2 Mädchen) = 0,67.

Die Hypothese, daß in einer bestimmten Bevölkerung die Größe ξ tatsächlich nach dieser Binomial-Verteilung verteilt ist, läßt sich wie folgt testen: Man deutet die Wahrscheinlichkeiten $W(\xi = 0) = 0{,}056$, $W(\xi = 1) = 0{,}236$, $W(\xi = 2) = 0{,}374$, $W(\xi = 3) = 0{,}264$, $W(\xi = 4) = 0{,}070$ dieser Binomial-Verteilung Bi (4; 0,514) als hypothetische Werte und testet sie mit Hilfe des Testes für mehrere hypothetische Wahrscheinlichkeiten (s. Aufgabe 58); d.h. man verwendet wieder den einschlägigen χ^2-Test als einen Anpassungstest (vgl. Aufgabe 60). Wenn diese Hypothese aufgrund eines Stichprobenergebnisses verworfen werden könnte, so wären folgende Interpretationen möglich: Entweder ist die Voraussetzung der Unabhängigkeit zwischen den Geburten hinsichtlich des Geschlechtes verletzt (vgl. Aufgabe 68) oder der Eingangswert 0,514 für den Anteil der Jungen ist falsch (vgl. hierzu die Aufgaben 54 und 70).

Zu Aufgabe 62:

a) Repräsentativ für die Gesamtbevölkerung heißt, daß z.B. der Anteil des Berufskreises Arbeiter in der Käuferschicht jenes Produktes genau so groß ist wie in der Gesamtbevölkerung, nämlich 49,8 %. Folglich ist ein Test über mehrere hypothetische Wahrscheinlichkeiten durchzuführen (s. Lösung zu Aufgabe 58). Die Nullhypothese lautet:

   Anteil der „Arbeiter" in der Käuferschicht = 0,498,

   Anteil der „Angestellten und Beamten" in der Käuferschicht = 0,294,

   Anteil der „Selbständigen" in der Käuferschicht = 0,208.

   Testgröße: $$V = \frac{(498 - 470)^2}{498} + \frac{(294 - 288)^2}{294} + \frac{(208 - 242)^2}{208} =$$

   $$= 1{,}57 + 0{,}12 + 5{,}56 = 7{,}25.$$

   Testschranke: $\chi^2_{95\%} = 6{,}0$ für Freiheitsgrad $3 - 1 = 2$.

   Testergebnis: Die Nullhypothese, daß die Käuferschaft jenes Produktes hinsichtlich des Merkmals Berufskreis repräsentativ für die Gesamtbevölkerung ist, kann mit einer Sicherheitswahrscheinlichkeit von 95 % abgelehnt werden.

   Dieses Testergebnis sollte man zum Anlaß nehmen nachzusehen, welcher Berufskreis dieses Ergebnis in erster Linie verursacht. Wie man durch Vergleich der erwarteten und der tatsächlichen Besetzungszahlen oder besser anhand der Beiträge 1,57, 0,12, 5,56 der einzelnen Klassen zur Testgröße V sieht, ist zu *vermuten,* daß hauptsächlich der Berufskreis Selbständige in der Käuferschicht stark überrepräsentiert ist. Diese Aussage kann deshalb nur als Vermutung bezeichnet werden, da diese Aussage natürlich keineswegs direkt auf einer Sicherheitswahrscheinlichkeit basiert. Wollte man diese Vermutung statistisch einwandfrei sichern, so müßte man aufgrund *neuen* Stichprobenmaterials die einseitige Nullhypothese testen, daß der Anteil des Berufskreises Selbständige in der Grundgesamtheit „Käuferschaft des Produktes" nicht größer als 0,208 ist.

b) Zunächst sei bemerkt, daß sich die Frage der Unabhängigkeit zwischen Berufskreis und Bevorzugung einer speziellen Produkt-Variante unabhängig vom Ergebnis von a) prüfen läßt, denn: zwar sind wie in a) gezeigt, vermutlich die Selbständigen in der Käuferschicht stark überrepräsentiert, aber dennoch ist es möglich, daß die erwähnte Unabhängigkeit vorliegt, d.h. es könnte trotzdem sein, daß die 3 Berufskreise bei der Wahl zwischen den drei Produkt-Varianten die gleichen Präferenzen zeigen; mit anderen Worten: die gestellte Frage zielt ausschließlich auf eine Aussage über die eine Grundgesamtheit „Käufer jenes Produktes".
In dieser Grundgesamtheit „Käufer jenes Produktes" sind offensichtlich zwei verschiedene Klasseneinteilungen aller Elemente dieser Grundgesamtheit definiert: eine Klasseneinteilung bzgl. der Zugehörigkeit zu einem der 3 Berufskreise und eine weitere Klasseneinteilung bzgl. der Wahl einer der 3 Produkt-Varianten. Die zu testende Hypothese lautet: *diese beiden Klasseneinteilungen sind statistisch unabhängig.* Diese Nullhypothese soll aufgrund des im Aufgabentext in Form einer sog. Kontingenz-Tafel dargestellten Stichprobenresultats getestet werden.
Allgemein liegt hier folgendes Modell vor (vgl. Modell zu Aufgabe 58):
Bei einem Versuch sind r paarweise sich gegenseitig ausschließende Ereignisse $G_1, \ldots, G_r$ gegeben, deren Vereinigung das sichere Ereignis ist. Man nennt ein solches System von Ereignissen ein *vollständiges Ereignissystem.* (Im vorliegenden Beispiel ist etwa G_1 das Ereignis, daß eine zufällig aus der Grundgesamtheit herausgegriffene Person zum Berufskreis Arbeiter gehört, d.h. das vollständige Ereignissystem $G_1, \ldots, G_r$ entspricht der ersten der beiden Klasseneinteilungen.) Zugleich ist ein anderes vollständiges Ereignissystem $K_1, \ldots, K_s$ gegeben. Über diese beiden vollständigen Ereignissysteme wird folgende Nullhypothese aufgestellt:
die beiden Ereignissysteme sind statistisch unabhängig
oder äquivalent hiermit:
für alle i und j gilt $W(G_i \cap K_j) = W(G_i) \cdot W(K_j)$,
d.h. jedes G_i und jedes K_j sind statistisch unabhängig.

Zur Überprüfung dieser Hypothese zieht man eine Stichprobe vom Umfang n, d.h. man führt n unabhängige Wiederholungen des Versuchs durch und ermittelt für jedes der $r \cdot s$ Ereignisse $G_i \cap K_j$ die Häufigkeit x_{ij} seines Eintretens bei diesen n Versuchen. Zur übersichtlichen Darstellung trägt man die x_{ij} in eine sog. *Kontingenz-Tafel* in folgender Form ein:

	K_1	...	K_j	...	K_s	
G_1	x_{11}	...	x_{1j}	...	x_{1s}	$x_{1.}$
⋮	⋮		⋮		⋮	⋮
G_i	x_{i1}	...	x_{ij}	...	x_{is}	$x_{i.}$
⋮	⋮		⋮		⋮	⋮
G_r	x_{r1}	...	x_{rj}	...	x_{rs}	$x_{r.}$
	$x_{.1}$	...	$x_{.j}$	...	$x_{.s}$	n

Bei der Durchführung des Testes benötigt man für jede Spalte und Zeile dieser Kontingenz-Tafel die Summe ihrer Besetzungszahlen, die sog. Randwerte, die vorstehend bereits mit den bequemen Bezeichnungen $x_{1.}, \ldots$ eingetragen sind.

In anschaulicher Sprechweise kann man dieses Modell ersichtlich auch so beschreiben: In einer Grundgesamtheit von Elementen sind zwei verschiedene Klasseneinteilungen $G_1, \ldots, G_r$ und $K_1, \ldots, K_s$ definiert, usw. (vgl. Modell zu Aufgabe 58).

Als Testgröße berechnet man in Analogie zum Testen hypothetischer Wahrscheinlichkeiten (s. Aufgabe 58) eine gewisse Meßzahl für den Grad der Abweichung der empirischen Besetzungszahlen x_{ij} der einzelnen Zellen der Kontingenz-Tafel von den aufgrund der Nullhypothese zu erwartenden Besetzungszahlen. Da hier allerdings die Besetzungswahrscheinlichkeiten $W(G_i \cap K_j)$ der einzelnen Zellen nicht vorgegeben sind, muß man sie schätzen und mit Hilfe dieser Schätzwerte die erwartete Besetzungszahl der Zelle berechnen. Da bei Richtigkeit der Nullhypothese

$W(G_i \cap K_j) = W(G_i) \cdot W(K_j)$ ist

und man z.B. $W(G_i)$ ersichtlich durch die relative Häufigkeit $\frac{x_{i.}}{n}$ von G_i in der Stichprobe schätzen kann, so erhält man als Schätzwert für

$W(G_i \cap K_j)$ den Wert $\frac{x_{i\cdot}}{n} \cdot \frac{x_{\cdot j}}{n}$ und somit für die erwartete Besetzungszahl den Schätzwert

$$\frac{x_{i\cdot}}{n} \cdot \frac{x_{\cdot j}}{n} \cdot n = \frac{x_{i\cdot} \cdot x_{\cdot j}}{n} .$$

(Merkregel für diesen Schätzwert: Produkt der Randwerte einer Zelle dividiert durch n). Nun berechnet man genau wie beim Testen hypothetischer Wahrscheinlichkeiten für jede Zelle den Ausdruck

$$\frac{(\text{geschätzte erwartete Besetzungszahl} - \text{tatsächliche Besetzungszahl})^2}{\text{geschätzte erwartete Besetzungszahl}} =$$

$$= \frac{\left(\frac{x_{i\cdot} \cdot x_{\cdot j}}{n} - x_{ij}\right)^2}{\frac{x_{i\cdot} \cdot x_{\cdot j}}{n}}$$

und erhält durch Addition dieser $r \cdot s$ Zahlen die Testgröße V; also

$$V = \sum_{i=1}^{r} \sum_{j=1}^{s} \frac{\left(\frac{x_{i\cdot} \cdot x_{\cdot j}}{n} - x_{ij}\right)^2}{\frac{x_{i\cdot} \cdot x_{\cdot j}}{n}} .$$

Insbesondere für den Fall einer sog. *4-Felder-Tafel* ($r = s = 2$) kann es für numerische Rechnungen zweckmäßig sein, folgende Umformung zu verwenden:

$$V = \frac{n \cdot (x_{11} \cdot x_{22} - x_{12} \cdot x_{21})^2}{x_{1\cdot} \cdot x_{2\cdot} \cdot x_{\cdot 1} \cdot x_{\cdot 2}} \qquad (*)$$

Testschranken sind die Schranken der χ^2-Verteilung mit dem Freiheitsgrad $(r-1) \cdot (s-1)$. Die für das Testen hypothetischer Wahrscheinlichkeiten formulierte Faustregel (s. Lösung zu Aufgabe 58) ist entsprechend anzuwenden, wobei natürlich jetzt Klasse durch Zelle und erwartete Besetzungszahl durch geschätzte erwartete Besetzungszahl zu ersetzen sind.
Das geschilderte Testverfahren ist der χ^2-Test auf Unabhängigkeit in einer $r \times s$-Kontingenztafel.
Die Daten der obigen Kontingenztafel lassen sich auch auf folgende außerordentlich anwendungsrelevante Weise deuten:
Es seien r Grundgesamtheiten $G_1, \ldots, G_r$ von Elementen, z.B. Personen, gegeben; in allen diesen Grundgesamtheiten ist die gleiche Klasseneinteilung $K_1, \ldots, K_s$ aller Elemente gegeben. Bezeichnet dann $W_i(K_j)$ die Wahrscheinlichkeit dafür, daß ein aus der Grundgesamtheit G_i herausge-

griffenes Element zur Klasse K_j gehört, so kann die Nullhypothese

$$\begin{aligned} H_0: \quad & W_1(K_1) = W_2(K_1) = \ldots = W_r(K_1), \\ & W_1(K_2) = W_2(K_2) = \ldots = W_r(K_2), \\ & \quad \vdots \qquad\qquad \vdots \qquad\qquad \vdots \\ & W_1(K_s) = W_2(K_s) = \ldots = W_r(K_s) \end{aligned}$$

nach der Testvorschrift des soeben geschilderten χ^2-Testes auf Unabhängigkeit getestet werden (s. z.B. Aufgabe 63). Hierbei handelt es sich also um den *Vergleich mehrerer unbekannter Wahrscheinlichkeiten.* In anschaulicher Sprechweise kann man die vorstehende Nullhypothese so formulieren: Die r Grundgesamtheiten unterscheiden sich nicht hinsichtlich der Aufteilung ihrer Elemente auf die Klassen $K_1, \ldots, K_s$, z.B. verschiedene Bevölkerungsschichten unterscheiden sich nicht hinsichtlich ihrer Präferenzen für die politischen Parteien SPD, CDU-CSU und FDP.

Testergebnis für das Beispiel von Aufgabe 62b:

$$\text{Testgröße: } V = \frac{(479 \cdot 0{,}470 - 234)^2}{479 \cdot 0{,}470} + \ldots + \frac{(271 \cdot 0{,}242 - 76)^2}{271 \cdot 0{,}242} = $$

$$= 3{,}57.$$

Testschranke: $\chi^2_{95\%} = 9{,}5$ für den Freiheitsgrad $(3 - 1) \cdot (3 - 1) = 4$.

Ergebnis: Die Nullhypothese, daß zwischen der Zugehörigkeit der Käufer jenes Produktes zu ihren Berufskreisen und ihrer Bevorzugung einer bestimmten Variante des Produktes *kein* statistischer Zusammenhang besteht, kann also *nicht* mit einer Sicherheitswahrscheinlichkeit von 95 % abgelehnt werden. (Wegen $\chi^2_{90\%} = 7{,}8$ könnte diese Nullhypothese noch nicht einmal mit einer Sicherheitswahrscheinlichkeit von 90 % abgelehnt werden.) Die oben angegebene Faustregel ist erfüllt.

Zu Aufgabe 63: Es handelt sich hier um den Vergleich zweier unbekannter Wahrscheinlichkeiten, der sich mittels des χ^2-Testes durchführen läßt. Die genaue Formulierung der Nullhypothese lautet: Die Wahrscheinlichkeit, daß eine aus der Grundgesamtheit „ländliche Wohnbereiche" zufällig herausgegriffene Person Befürworter des Konzeptes ist, ist gleich der Wahrscheinlichkeit, daß eine zufällig aus der Grundgesamtheit „großstädtische Wohnbereiche" zufällig herausgegriffene Person Befürworter des Konzeptes ist.

Das Stichprobenergebnis, aufgrund dessen diese Nullhypothese zu testen ist, ist in folgender 4-Felder-Tafel zusammengestellt:

	Befürworter	Nicht-Befürworter
„Land“	314	186
„Großstadt“	346	154

Der Test ist rechnerisch genau so durchzuführen wie ein Test auf Unabhängigkeit in dieser 4-Felder-Tafel, s. Lösung zu Aufgabe 62b und insbesondere Formel (*).

Die Testgröße V des χ^2-Testes ergibt sich zu V = 4,56. Die 95 %-Schranke der χ^2-Verteilung mit dem Freiheitsgrad 1 beträgt 3,84. Daher lautet das Testergebnis: Aufgrund des vorgelegten Stichprobenresultates kann die Nullhypothese, daß die Anteile der Befürworter jenes Konzeptes in den beiden Grundgesamtheiten gleich groß sind, mit einer Sicherheitswahrscheinlichkeit von 95 % abgelehnt werden.

Vergleicht man die Anteile der Befürworter in den beiden Stichproben, so wird man zu der *Vermutung* geführt: Der Anteil der Befürworter ist in den großstädtischen Wohnbereichen größer als in den ländlichen Wohnbereichen.

Anmerkungen: Nach meiner Voraussicht und Erfahrung liegen bei der Bearbeitung der Aufgabe 63 folgende zwei interessante Fehlermöglichkeiten nahe:

1. Man führt fälschlich den Test anhand einer 6-Felder-Tafel durch; d.h. man versäumt es, die Nicht-Befürworter (Gegner und Unentschiedene) zusammenzufassen. Man testet dabei eine gegenüber der im Aufgabentext formulierten Nullhypothese speziellere Hypothese, man vergleicht nämlich 3 bzw. 6 unbekannte Wahrscheinlichkeiten. An einem solchen Vorgehen ist in zweifacher Hinsicht Kritik zu üben. Einerseits bedeutete eine eventuelle Ablehnung dieser spezielleren Hypothese keineswegs die Ablehnung der zu testenden Hypothese, da das Falschsein der spezielleren Hypothese keineswegs das Falschsein der zu testenden Hypothese zur Folge haben muß. Andererseits besteht die Gefahr, daß man die speziellere Hypothese gar nicht ablehnen kann, obwohl es das Material gestattet, die zu testende Hypothese abzulehnen. Diese Gefahr demonstriert das vorliegende Beispiel; denn beim Testen als 6-Felder-Tafel erhält man als Testgröße 5,51 und als Testschranke zur Sicherheitswahrscheinlichkeit von 95 % den Wert 5,99; d.h. das Stichprobenergebnis wäre auf dem 95 %-Niveau nicht signifikant.
   Dieses Beispiel ist deshalb wichtig, weil es folgende vielfältig geübte Praxis als unerlaubte Manipulationsmöglichkeit aufdeckt: Es ist sehr oft möglich (wie z.B. im vorliegenden Fall) aus einer größeren Kontingenz-Tafel,

in der sich keine Signifikanz nachweisen läßt, durch manipulatorisches Herausgreifen geeigneter Teil-Tafeln oder durch Zusammenfassen geeigneter Klassen, Signifikanzen zu erzielen. Dies zeigt die Wichtigkeit der Maxime, daß Nullhypothesen vor Einsichtnahme in das Stichprobenmaterial festgelegt werden müssen (s. auch *Basler*: Grundbegriffe der Wahrscheinlichkeitsrechnung und statistischen Methodenlehre, 1974, S. 118).

2. Man läßt fälschlich diejenigen Personen fort, die „unentschieden waren oder keine Ansicht dazu" hatten. Auch für diesen Fall sind die Zahlen des Beispiels so gewählt, daß man auf dem 95 %-Niveau kein signifikantes Ergebnis mehr erhält; denn man erhält dabei als Testgröße den Wert 2,41, der unterhalb der 95 %-Schranke von 3,84 liegt.
   Dieser Fehler bedeutet, daß man gar keine Aussage mehr über die beiden gegebenen Grundgesamtheiten *der* Bewohner der beiden Wohnbereiche macht, sondern über die Grundgesamtheiten derer, die eine entschiedene einschlägige Meinung hatten.

Zu Aufgabe 64:

a) Es handelt sich hier um einen Vergleich von 2 unbekannten Wahrscheinlichkeiten mit Hilfe des χ^2-Testes in der folgenden 4-Felder-Tafel, der rechnerisch genau so durchzuführen ist wie ein Test auf Unabhängigkeit in einer 4-Felder-Tafel (s. Aufgabe 62b):

	Ja-Stimmen	Übrige	
Retzbach	228	934	1162
Zellingen	353	1710	2063
	581	2644	3225

Als Testgröße erhält man den Wert 3,17. Da die Testschranke zur Sicherheitswahrscheinlichkeit von 95 % den Wert 3,84 hat, so kann die Nullhypothese, daß sich die beiden Anteile der Befürworter in den beiden Gemeinden nicht signifikant unterscheiden, *nicht* mit einer Sicherheitswahrscheinlichkeit von 95 % abgelehnt werden.

b) Hinsichtlich ihrer Einstellung zu diesem Volksentscheid lassen sich hier folgende vier Kategorien von Wahlberechtigten unterscheiden: Befürworter (Ja-Stimmen), Gegner (Nein-Stimmen), nicht zur Wahl Gehende (Differenz zwischen abgegebenen Stimmen und Wahlberechtigten) und ungültig Stimmende (Differenz zwischen Summe der Ja- und Nein-Stimmen und Anzahl abgegebener Stimmen). Allerdings beträgt die Anzahl der ungültig Stimmenden in beiden Fällen nur 2, so daß es bei Anwendung des χ^2-Testes (da dieser nur bei hinreichend großen Besetzungszahlen ein ausreichend genaues Testverfahren darstellt) erforderlich wird, diese Klasse mit einer geeigneten anderen Klasse zusammenzufassen. Hier erscheint es inhaltlich gerechtfertigt, ungültig Stimmende und nicht zur Wahl Gehende zusammenzufassen, so daß schließlich ein Test auf Vergleich mehrerer unbekannter Wahrscheinlichkeiten aufgrund der folgenden 6-Felder-Tafel durchzuführen wäre:

	Ja-Stimmen	Nein-Stimmen	Übrige	
Retzbach	228	136	798	1162
Zellingen	353	184	1526	2063
	581	320	2324	3225

Die Nullhypothese lautet hier: Sowohl die Anteile der Ja-Stimmen als auch die Anteile der Nein-Stimmen als auch die Anteile der Übrigen an der jeweiligen Anzahl der Wahlberechtigten unterscheiden sich in den beiden Gemeinden nicht signifikant. Führt man den χ^2-Test durch, so erhält man für die Testgröße (s. Aufgabe 62b) den Wert 11,30; die Testschranke zur Sicherheitswahrscheinlichkeit von 95 % beträgt 5,99; d.h. die Nullhypothese könnte mit einer Sicherheitswahrscheinlichkeit von 95 %, ja sogar mit einer Sicherheitswahrscheinlichkeit von 99 % (Testschranke 9,21) abgelehnt werden (im Unterschied zum Ergebnis von a)).

c) Die Implikation $H_a \Rightarrow H_b$ ist falsch, da aus der Gleichheit der Anteile der Ja-Stimmen in beiden Gemeinden natürlich nichts über die Aufteilung der Nicht-Ja-Stimmen in Nein-Stimmen und Übrige folgt. Die Implikation $H_b \Rightarrow H_a$ ist natürlich richtig.

Zu Aufgabe 65:

a) Hier ist der χ^2-Test auf Unabhängigkeit in einer 2×3-Kontingenztafel anzuwenden (s. Aufgabe 62b). Da man für die Testgröße den Wert 7,44 erhält und die einschlägige Testschranke (= 95 %-Punkt der χ^2-Verteilung mit dem Freiheitsgrad $(2 - 1) \cdot (3 - 1) = 2$) zur Sicherheitswahrscheinlichkeit von 95 % den Wert 5,99 besitzt, lautet das Testergebnis: Die Nullhypothese, daß ξ und η statistisch unabhängig sind, kann mit einer Sicherheitswahrscheinlichkeit von 95 % abgelehnt werden.

b) In a) sollte die Nullhypothese H_0, daß ξ und η unabhängig sind, getestet werden. Tatsächlich konnte jedoch aufgrund des vorgelegten Stichprobenmaterials zunächst nur die Nullhypothese H_0^*, daß die angegebene ξ-Klasseneinteilung und die angegebene η-Klasseneinteilung unabhängig sind, getestet werden. H_0 wurde schließlich genau dann abgelehnt, wenn man H_0^* ablehnen konnte. Dieses Vorgehen war statthaft, da die Implikation $H_0 \Rightarrow H_0^*$ richtig ist und somit die Wahrscheinlichkeit, den Fehler 1. Art zu begehen – d.h. H_0 trotz ihrer Richtigkeit abzulehnen wie verlangt höchstens 5 % beträgt. Ausführlicher: Falls H_0 richtig ist, so ist auch H_0^* richtig; in letzterem Falle wird aber nach Konstruktion des verwendeten Testes H_0^* nur mit einer Wahrscheinlichkeit von 5 % abgelehnt und folglich auch wie verlangt H_0 nur mit einer Wahrscheinlichkeit von 5 % abgelehnt.

Daß die Implikation $H_0 \Rightarrow H_0^*$ richtig ist, liegt natürlich daran, daß aus der Unabhängigkeit von ξ und η folgt, daß jede mögliche ξ-Klasseneinteilung von jeder möglichen η-Klasseneinteilung unabhängig ist. Umgekehrt folgt natürlich aus der Unabhängigkeit der beiden im Aufgabentext definierten speziellen Klasseneinteilungen keineswegs die Unabhängigkeit aller denkbaren übrigen Klasseneinteilungen, d.h. die Implikation $H_0^* \Rightarrow H_0$ ist falsch.

c) Die durch die Klassen I, II, III, I*, II* definierten Ereignisse $\{\omega : -\infty < \xi(\omega) \leq 100\}, \ldots, \{\omega : \eta(\omega) > 0\}$ sollen jetzt naheliegenderweise kurz mit I, II, III, I*, II* bezeichnet werden. Mit diesen Bezeichnungen lautet also die im Aufgabentext formulierte Annahme: die Wahrscheinlichkeiten W (I), W (II), W (III), W (I*), W (II*) seien numerisch gegeben. Die Unabhängigkeit von ξ und η kann man natürlich wieder (vgl. a) und b)) dadurch testen, daß man die Unabhängigkeit der beiden vollständigen Ereignissysteme I, II, III und I*, II* testet. Die Unabhängigkeit dieser beiden Ereignissysteme bedeutet jedoch, daß folgende 6 Gleichungen gelten:

$$W(I \cap I^*) = W(I) \cdot W(I^*)$$

$$\vdots$$

$$W(III \cap II^*) = W(III) \cdot W(II^*).$$

Da die Ausdrücke der jeweiligen rechten Seite vorgegebene Zahlen sind, handelt es sich hier also um das Testen von 6 hypothetischen Wahrscheinlichkeiten, welches wiederum mit Hilfe eines χ^2-Testes durchgeführt werden könnte, s. Aufgabe 58. Als Stichprobenmaterial benötigte man natürlich die absoluten Häufigkeiten der 6 Ereignisse $I \cap I^*, \ldots, III \cap II^*$ in einer Stichprobe; ein solches Stichprobenergebnis könnte man natürlich wieder ähnlich wie oben in einer 6-Felder-Tafel darstellen.

Nimmt man für ein Rechenbeispiel etwa als gegebene Klassenwahrscheinlichkeiten die im Aufgabentext zur Veranschaulichung angeführten Werte W (I) = 0,3, . . . , W (II*) = 0,6 und deutet die in der ursprünglichen 6-Felder-Tafel wiedergegebenen Besetzungszahlen als Stichprobenergebnisse einer einschlägigen Stichprobe, so erhält man als Testgröße 7,49. Die Testschranke zur Sicherheitswahrscheinlichkeit von 95 % beträgt 11,07.

Zu Aufgabe 66:

a) In der Mai-Stichprobe befinden sich 38 %, also 760 SPD-Anhänger und 160 FDP-Anhänger. Mit Hilfe dieser beiden Daten und der angegebenen Tabelle kann man die für die gestellte Frage relevanten Stichprobendaten in folgender 4-Felder-Kontingenztafel wiedergeben:

	Urteil über die allgemeine Lage		
	sehr gut / gut	weniger gut / schlecht	
SPD-Anhänger	456	304	760
FDP-Anhänger	75	85	160
	531	389	920

Zu testende Nullhypothese: Es besteht kein statistischer Zusammenhang zwischen der Beurteilung der allgemeinen wirtschaftlichen Lage und der Anhängerschaft zu den Parteien SPD und FDP. Oder: die beiden angegebenen Klasseneinteilungen sind statistisch unabhängig.

Testverfahren: χ^2-Test auf Unabhängigkeit in einer 4-Felder-Kontingenztafel (s. Aufgabe 62b)

Testgröße (s. Aufgabe 62b): $V = \dfrac{920\,(456 \cdot 85 - 75 \cdot 304)^2}{531 \cdot 389 \cdot 160 \cdot 760} = 9{,}33$

Testschranke: $\chi^2_{95\%} = 3{,}84$

Testergebnis: Die formulierte Nullhypothese kann aufgrund des vorgelegten Stichprobenresultats mit einer Sicherheitswahrscheinlichkeit von 95 % abgelehnt werden. (Wegen $\chi^2_{99\%} = 6{,}63$ könnte die Nullhypothese sogar mit einer Sicherheitswahrscheinlichkeit von 99 % abgelehnt werden.)

Es ist zu *vermuten* (vgl. Lösung zu Aufgabe 62a): SPD-Anhänger beurteilen die allgemeine Lage günstiger als FDP-Anhänger.

b) Wie man an der Formel (*) in der Lösung zu Aufgabe 62b erkennt, multipliziert sich der Wert def Testgröße V mit einer Konstanten c, wenn alle Besetzungszahlen mit c multipliziert werden. Dies gilt natürlich nur dann exakt, wenn nach der Multiplikation aller Besetzungszahlen mit c stets wieder ganze Zahlen als Besetzungszahlen entstehen, was im vorliegenden Falle wegen $c = \frac{1}{2}$ nicht in allen Zellen der Fall ist. Bei Berücksichtigung der Ganzzahligkeitsbedingung erhält man V = 4,23.

c1) Dieser Test ist aufgrund des vorgelegten Materials als ein Vergleich mehrerer unbekannter Wahrscheinlichkeiten in der folgenden 4-Felder-Tafel möglich:

	Urteil über die allgemeine Lage		
	sehr gut / gut	weniger gut / schlecht	
April	600	1400	2000
Mai	820	1180	2000
	1420	2580	4000

Die Testgröße V hat den Wert 52,8.

c2) Diese Frage läßt sich anhand des vorgelegten Stichprobenmaterials *nicht* untersuchen, denn: für die 4-Felder-Tafel (für Mai)

		Urteil über die allgemeine Lage		
		sehr gut/gut	weniger gut/schlecht	
Urteil über eigene Lage	sehr gut/gut	?	?	1380
	weniger gut/ schlecht	?	?	620
		820	1180	2000

sind nur die eingetragenen Randwerte gegeben; man benötigte aber z.B. die Anzahl derer, die sowohl die eigene als auch die allgemeine Lage als gut bis sehr gut beurteilen.

Zu Aufgabe 67: Im Unterschied zu den bisherigen Unabhängigkeitstests (s. insbesondere Aufgabe 62b) wird hier für jedes Versuchsergebnis nicht nur seine Zugehörigkeit zu einer bestimmten Klasse ermittelt, sondern es wird durch eine reelle Zahl als Meßwert beschrieben. (Faßte man z.B. bei beiden Eignungstests die Meßwerte $\leqslant 130$ und die Meßwerte > 130 zu je einer Klasse zusammen, so wäre die verlangte Unabhängigkeitsprüfung – abgesehen von den zu kleinen Besetzungszahlen – wieder mit Hilfe des χ^2-Testes auf Unabhängigkeit in einer 4-Felder-Tafel möglich. Natürlich ist sofort klar, daß dieses Verfahren eine grobe Informationsverschwendung hinsichtlich des Untersuchungszieles bedeutete.)

Der Korrelations-Koeffizient von *Bravais* (= empirischer Korrelations-Koeffizient) ist definiert als

$$r = \frac{\sum\limits_{i=1}^{n} (x_i - \bar{x}) \cdot (y_i - \bar{y})}{\sqrt{\sum\limits_{i=1}^{n} (x_i - \bar{x})^2 \cdot \sum\limits_{i=1}^{n} (y_i - \bar{y})^2}},$$

wobei x_i und y_i das Paar von Meßwerten bedeuten, das an der Versuchsperson Nr. i gemessen wurde.

Für die numerische Rechnung benutzt man zweckmäßig, daß für beliebige reelle Zahlen c_1 und c_2 gilt:

$$(1)\quad \Sigma (x_i - \bar{x}) (y_i - \bar{y}) = \Sigma (x_i - c_1) \cdot (y_i - c_2) - \frac{1}{n} \Sigma (x_i - c_1) \cdot \Sigma (y_i - c_2),$$

$$(2)\quad \Sigma (x_i - \bar{x})^2 = \Sigma (x_i - c_1)^2 - \frac{1}{n} (\Sigma (x_i - c_1))^2,$$

$$(3)\quad \Sigma (y_i - \bar{y})^2 = \Sigma (y_i - c_2)^2 - \frac{1}{n} (\Sigma (y_i - c_2))^2.$$

Damit diese Formeln eine Rechenerleichterung bringen, muß man c_1 und c_2 als „runde Zahlen" in der Nähe des vermutlichen arithmetischen Mittels $\bar{x}$ bzw. $\bar{y}$ wählen; für das vorliegende Beispiel wurde in dem folgenden Rechenschema $c_1 = 120$ und $c_2 = 140$ gewählt:

i	x_i	y_i	x_i-120	y_i-140	$(x_i-120)^2$	$(y_i-140)^2$	$(x_i-120)(y_i-140)$
1	117	158	−3	+15	9	324	−54
2	142	154	+22	+14	484	196	+308
⋮	⋮	⋮	⋮	⋮	⋮	⋮	⋮
13	134	145	+14	+ 5	196	25	+ 70
Summe:			+ 2	+71	5284	7409	+ 4477

Mit (1), (2) und (3) erhält man:

$$r = \frac{+4477 - \frac{1}{13} \cdot (+2) \cdot (+71)}{\sqrt{(5284 - \frac{1}{13}(+2)^2) \cdot (7409 - \frac{1}{13} \cdot (+71)^2)}} = +0{,}733.$$

Die Testvorschrift des durchzuführenden Testes über den Wert des *Korrelations-Koeffizienten ρ der Grundgesamtheit* lautet:

Die Nullhypothese

$$H_0 : \rho \leqslant 0$$

kann genau dann mit einer Sicherheitswahrscheinlichkeit von 99 % abgelehnt werden, wenn

$$t = \frac{r}{\sqrt{1 - r^2}} \sqrt{n-2} > + t^*_{99\%} \qquad \text{ausfällt,}$$

wobei $t^*_{99\%}$ die einseitige 99 %-Schranke der t-Verteilung für den Freiheitsgrad n − 2 darstellt.

Wegen t = + 3,57 und $t^*_{99\%} = 2{,}72$ kann die Nullhypothese, daß die Meßwerte der beiden Eignungstests unabhängig oder negativ korreliert sind, mit einer Sicherheitswahrscheinlichkeit von 99 % abgelehnt werden.

Für den Rang-Korrelations-Koeffizienten von *Spearman* erhält man den Wert + 0,70. Da die einseitige Testschranke zur Sicherheitswahrscheinlichkeit von 99 % den Wert 0,67 hat, so kann die obige Nullhypothese auch mit Hilfe des Rang-Korrelationskoeffizienten von *Spearman* als Testgröße mit einer Sicherheitswahrscheinlichkeit von 99 % abgelehnt werden. Das gleiche Testergebnis erhält man bei Verwendung des Rang-Korrelationskoeffizienten von *Kendall.* (Natürlich gilt auch hier wieder die Bemerkung am Schluß des Textes der Aufgabe 46.)

Zu Aufgabe 68:

a) Bezeichnet ξ die Anzahl der Jungen in einer Zwillingsgeburt, so ist unter den angegebenen Annahmen ξ nach der Binomial-Verteilung Bi(2; 0,5100) verteilt. Die gesuchten Wahrscheinlichkeiten betragen:

   1) W (ξ = 2) = 0,2601, 2) W (ξ = 0) = 0,2401, 3) W (ξ = 1) = 0,4998.

b) Das zu verwendende Testverfahren wäre der χ^2-Test für mehrere hypothetische Wahrscheinlichkeiten (s. Aufgabe 58).
   Bezeichnet x die Anzahl gleichgeschlechtlicher, zweieiiger Zwillingsgeburten, die auf 7992 Pärchen zu erwarten sind, so muß folgendes Verhältnis gelten:

   $$x : 7992 = (0{,}2601 + 0{,}2401) : 0{,}4998,$$

also ist x = 7998, d.h. die gesamte Stichprobe müßte dem Erwartungswert nach einen Umfang von n = 7992 + 7998 = 15 990 haben, falls es ausschließlich zweieiige Zwillinge gäbe (Kontrolle: die Anzahl gleichgeschlechtlicher Zwillingsgeburten unter 15 990 zweieiigen Zwillingsgeburten ist unter der Unabhängigkeitsvoraussetzung und p = 0,5100 nach der Binomial-Verteilung Bi (15 990; 0,2601 + 0,2401) verteilt mit dem Erwartungswert 15 990 (0,2601 + 0,2401) = 7998.) Der gesuchte Schätzwert für den Anteil der eineiigen Zwillingsgeburten an allen Zwillingsgeburten beträgt folglich

$$\frac{24\,130 - 15\,990}{24\,130} = 0{,}3371.$$

Das vorstehend benutzte, anschaulich plausible Schätzverfahren für den unbekannten Anteil p_x eineiiger Zwillinge stellt eine Anwendung der sog. *Momenten-Methode* dar: sie besteht darin, daß man den zu schätzenden Parameter so bestimmt, daß der Erwartungswert (also ein spezielles Moment) einer Zufallsgröße ξ (hier Anzahl der Pärchen unter n = 24130 Zwillingsgeburten) mit der im Versuch erhaltenen Realisation x von ξ (hier x = 7992) übereinstimmt. Die systematische Anwendung geht hier so: wegen $E[\xi] = n \cdot W$ (Zwillinge sind zweieiig und Pärchen) $= n \cdot (1 - p_x) \cdot 2p(1 - p)$ lautet die Bestimmungsgleichung für den Schätzwert $\hat{p}_x$ von p_x

$$n \cdot (1 - \hat{p}_x) \cdot 2p(1 - p) = x.$$

Also hat man

$$\hat{p}_x = 1 - \frac{x}{n2p(1-p)} = 1 - \frac{7992}{24130 \cdot 2 \cdot 0{,}51 \cdot 0{,}49} = 0{,}3371.$$

Die gleiche Lösung erhält man auch, falls man die *Maximum-Likelihood-Schätzmethode* in folgender Weise anwendet: Man bestimmt p_x so, daß die Wahrscheinlichkeit

$$W(\xi = 7992)$$

– also die Wahrscheinlichkeit, daß bei einem Versuch gerade das Ergebnis erscheint, das in der vorgelegten Stichprobe aufgetreten ist – maximal ausfällt. Man hat also

$$W(\xi = 7992) = \binom{n}{7992} \cdot p_3^{7992} \cdot (1 - p_3)^{n-7992},$$

wobei $p_3 = (1 - p_x) \cdot 2p(1 - p)$ die Wahrscheinlichkeit für das Auftreten eines Pärchens bezeichnet, in Abhängigkeit von p_x zu maximieren. Dies geschieht am bequemsten, indem man diese Wahrscheinlichkeit zunächst logarithmiert und durch Nullsetzen der Ableitung dieses Logarithmus die Maximalstelle $\hat{p}_x$ bestimmt.

Einen etwas anderen Schätzwert erhält man, wenn man die Maximum-Likelihood-Methode uneingeschränkt anwendet, d.h. wenn man die Wahrscheinlichkeit

$$W(\xi_1 = 8308, \xi_2 = 7830, \xi_3 = 7992),$$

wobei die ξ_i (i = 1, 2, 3) die Besetzungszahlen der drei Zwillingsklassen bezeichnen, als Funktion von p_x maximiert. Der numerische Schätzwert ergibt sich nach nicht ganz trivialer Rechnung zu 0,3373.

Zu Aufgabe 69:

a) χ^2-Test zum Vergleich mehrerer unbekannter Wahrscheinlichkeiten.

b) Das Stichprobenergebnis kann wie folgt in einer 4-Felder-Tafel dargestellt werden:

	extrem autoritätsgehorsam	Experiment abgebrochen	
BRD	0,85 x	0,15 x	x
USA	0,65 x	0,35 x	x
	1,50 x	0,50 x	2 x

Die Testgröße des in a) angegebenen χ^2-Testes lautet (s. Lösung zu Aufgabe 62b, Formel (*)):

$$V = \frac{2\,x\,(0{,}85x \cdot 0{,}35x - 0{,}65x \cdot 0{,}15x)^2}{1{,}50x \cdot 0{,}50x \cdot x \cdot x} =$$

$$= \frac{2\,(0{,}85 \cdot 0{,}35 - 0{,}65 \cdot 0{,}15)^2}{1{,}50 \cdot 0{,}50}\, x = 0{,}107\,x.$$

Da die Testschranke $\chi^2_{95\%} = 3{,}84$ beträgt und die Testvorschrift besagt, daß genau dann mit einer Sicherheitswahrscheinlichkeit von 95 % abgelehnt werden kann, wenn

$V > 3{,}84$ ausfällt,

so kann man die gesuchte Höchstzahl x_0 näherungsweise (s. die nachstehenden Anmerkungen) als die größte ganze Zahl mit

$0{,}107\,x_0 \leqslant 3{,}84$

bestimmen.

Wegen $\frac{3{,}84}{0{,}107} = 35{,}9$ ist $x_0 = 35$ der so erhaltene Wert für die gesuchte Höchstzahl.

Anmerkungen zu der vorstehenden Lösung: Das erhaltene Resultat stellt aus mehreren Gründen eine recht grobe Näherungslösung dar:

1) Selbst für den Fall, daß der Test, dessen Ergebnis in der Fernsehsendung als nicht signifikant bezeichnet wurde, mit Hilfe der hier verwendeten Testgröße V durchgeführt worden sein sollte – was wegen der für Stichprobenumfänge in der Nähe von x = 35 relativ kleinen Besetzungszahlen nicht ganz unproblematisch wäre – so ist das erhaltene Ergebnis nicht notwendig exakt, da bei der Herleitung z.B. mit der Besetzungszahl 0,85 x gerechnet wurde, die aber im allgemeinen keine ganze Zahl ist, also gar keine tatsächliche Besetzungszahl sein kann. Die etwas mühsame, exakte Berechnung der gesuchten Höchstzahl kann, ausgehend von der Näherungslösung $x_0 = 35$, so erfolgen: man rechnet zunächst etwa für x = 35, 36, . . . , 50 nach, welche ganzzahlige Besetzungszahlen resultieren und berechnet für die jeweilige 4-Felder-Tafel den Wert der Testgröße V. Dabei stellt man allerdings fest, daß von den genannten x-Werten nur die Werte 40, 46 und 48 zulässig sind, weil nur für diese Werte ganzzahlige Besetzungszahlen existieren, die zu den im Aufgabentext angegebenen Anteilen von 85 % und 65 % führen. (Hieraus wird ersichtlich wie einschneidend die im Aufgabentext gemachte Annahme der Gleichheit der beiden Stichprobenumfänge ist. Hiernach kann es deshalb durchaus sinnvoll erscheinen, die Gleichheitsannahme im Sinne von ungefähr gleich zu entschärfen, was natürlich zur Konsequenz hat, daß eine exakte Bestimmung der gesuchten Höchstzahl nicht mehr möglich ist und die vorstehende Näherungslösung aus dieser Sicht eine zusätzliche Rechtfertigung erfährt.) Da für die zu den zulässigen x-Werten 40, 46 und 48 gehörenden 4-Felder-Tafeln die Testgröße V die Werte 4,27, 4,70, 5,56 hat, so gilt also für die gesuchte Höchstzahl $x_0 < 35$, falls man zunächst einmal davon absieht, daß noch die x-Werte oberhalb von 50 ausgeschlossen werden müssen. Da x = 34 zulässig ist und zu $V = 3{,}84 \not> \chi^2_{95\%} = 3{,}84$ führt, so beträgt also die gesuchte Höchstzahl $x_0 = 34$. (Hierbei wurde davon ausgegangen, daß bei V = 3,84 die Nullhypothese nicht abgelehnt wird, obgleich eine Berechnung auf drei Stellen nach dem Komma zu V = 3,843 und $\chi^2_{95\%} = 3{,}841$ und also zur Ablehnung führte.) Wie bereits angemerkt, muß man streng genommen noch zeigen, daß für $x > 50$ kein Wert V mit $V \leqslant 3{,}84$ mehr auftreten kann. Dies kann etwa mit Hilfe der für $x > 50$ ersichtlich richtigen Abschätzung

$$V \geqslant \frac{2x\,((0{,}85x - 0{,}5)\cdot(0{,}35x - 0{,}5) - (0{,}65x + 0{,}5)\cdot(0{,}15x + 0{,}5))^2}{(1{,}5x + 1)\,(0{,}5x + 1)\cdot x\cdot x}$$

geschehen. Der Ausdruck der rechten Seite hat für x = 50 bereits den Wert 4,10 und wächst monoton mit x.

2) Bei den hier vorliegenden kleinen Besetzungszahlen sollte man an sich bei der Auswertung eines solchen Versuches entweder den sog. *exakten Test von R.A. Fisher* verwenden oder die Testgröße V in der nach *Yates* korrigierten Form (vgl. Formel (*) in 62b)

$$V_{Yates} = \frac{n\,(|x_{11} \cdot x_{22} - x_{12} \cdot x_{21}| - \frac{n}{2})^2}{x_{1.} \cdot x_{2.} \cdot x_{.1} \cdot x_{.2}}$$

verwenden. Da man bei Verwendung dieser korrigierten Testgröße in der Regel auf der „sicheren Seite" bleibt, also mit der Wahrscheinlichkeit für den Fehler 1. Art meistens unterhalb der vorgegebenen Irrtumswahrscheinlichkeit bleibt, würde in diesem Falle die zu berechnende Höchstzahl höher liegen als unter 1). Analoge Rechnungen wie unter 1) zeigen, daß man selbst bei Verwendung der nach *Yates* korrigierten Testgröße die Nullhypothese hätte ablehnen können, falls die Stichprobenumfänge in den USA und der BRD größer als 50 gewesen wären.

Zu Aufgabe 70: Es ist ein Vergleich von mehreren unbekannten Wahrscheinlichkeiten in der folgenden 4-Felder-Tafel mit Hilfe des χ^2-Testes durchzuführen:

	männlich	weiblich	
Lebendgeborene 1946 bis 1949	1 635 199	1 518 097	3 153 296
Lebendgeborene 1960 bis 1963	2 084 385	1 969 606	4 053 991
	3 719 584	3 487 703	7 207 287

Nullhypothese:
W (ein im Zeitraum 46 bis 49 Lebendgeborenes ist männlich) =
W (ein im Zeitraum 60 bis 63 Lebendgeborenes ist männlich)

Testgröße (s. Lösung zu Aufgabe 62b, Formel (*)):

$$V = \frac{7{,}207287 \cdot 10^6\,(1{,}635199 \cdot 1{,}969606 \cdot 10^{12} - 1{,}518097 \cdot 2{,}084385 \cdot 10^{12})^2}{3{,}719584 \cdot 3{,}487703 \cdot 4{,}053991 \cdot 3{,}153296 \cdot 10^{24}} =$$

$$= 138.$$

Testschranke zur Sicherheitswahrscheinlichkeit 99,9 % : $\chi^2_{99,9\%} = 10{,}8$.

Testergebnis: Die Nullhypothese, daß in der BRD die Wahrscheinlichkeit, daß ein lebendgeborenes Kind ein Junge ist, in den beiden Zeiträumen 1946 bis 1949 und 1960 bis 1963 den gleichen Wert hatte, kann mit einer Sicherheitswahrscheinlichkeit von 99,9 % abgelehnt werden. Mit anderen Worten: Die Sexualproportion der Lebendgeborenen war in den beiden angegebenen Zeiträumen auf dem 99,9 % Niveau *signifikant* verschieden.

Wegen des hochsignifikanten Ergebnisses ist es sinnvoll, die Anteile der Jungen für die beiden Zeiträume anzugeben: im Zeitraum 1946 bis 1949 betrug der Anteil der Jungen 51,86 %, im Zeitraum 1960 bis 1963 betrug der Anteil der Jungen 51,42 %.

Welches waren die beiden Grundgesamtheiten über die die vorstehende Aussage gemacht wurde?

Auf den ersten Blick könnte man meinen, daß für die beiden Zeiträume eine sog. Totalerhebung vorliegt und somit die Anteile der Jungen in den beiden Grundgesamtheiten „Lebendgeborene im Zeitraum 1946 bis 1949" und „Lebendgeborene im Zeitraum 1960 bis 1963" exakt gegeben seien und also die obige Nullhypothese sinnlos wäre, da doch trivial nachzurechnen wäre, daß diese beiden Wahrscheinlichkeiten nicht gleich sind. Daß sich jedoch die eben berechneten Anteile der Jungen von 51,86 % und 51,42 % keinesfalls auf Grundgesamtheiten beziehen, sieht man auch daran, daß man zweifellos bereit wäre kleine Unterschiede zwischen den beiden Anteilen als *zufällig* anzusehen, woraus deutlich wird, daß man sie als Anteile in Stichproben und nicht als Anteile von Grundgesamtheiten zu deuten hat. Wenn man also hier die Sprechweise vom Ziehen einer Stichprobe aus einer Grundgesamtheit aufrechterhalten will, so benötigt man *fiktive Grundgesamtheiten*, die man hier etwa so beschreiben kann: die 3 153 296 in der BRD im Zeitraum 1946 bis 1949 Lebendgeborenen stellen eine Zufallsstichprobe aus der fiktiven *Menge derjenigen Geburten dar, die unter den für Geburten relevanten Bedingungen des Zeitraumes 1946 bis 1949 hätten realisiert werden können.* Genau genommen benötigt man solche fiktiven Grundgesamtheiten in sehr vielen Fällen, s. z.B. Aufgabe 64.

Für den vorliegenden Fall könnte man sich die fiktiven Grundgesamtheiten und das Testergebnis auch in folgendem laxen Bild veranschaulichen: die germanischen Nornen, die bekanntlich bei der Geburt das Schicksal festlegen, arbeiten beim Festlegen des Geschlechts mit einer Urne, die in einem bestimmten Verhältnis Männlichkeit und Weiblichkeit repräsentierende Kugeln enthält. Sie determinieren das Geschlecht der zur Geburt Anstehenden durch Ziehen *mit Zurücklegen* aus dieser Urne. Unser Testergebnis lautet nun: die Nornen wechseln von Zeit zu Zeit ihre Urne bzw. ihren Inhalt. In einem anderen vertrauten Bild: der Storch wechselt den Teich.

Bemerkungen zur kausalen Erklärung des vorstehenden Testergebnisses:
Die Sexualproportion SP (= Verhältnis der Anzahl geborener Jungen zur Anzahl der geborenen Mädchen) weist nicht nur wie hier gezeigt signifikante Schwankungen im zeitlichen Verlauf auf. Die SP reagiert vielmehr signifikant auf eine große Zahl verschiedener Faktoren wie z.B. Vitalität der Geborenen (bei Totgeborenen liegt die SP sehr erheblich höher als bei Lebendgeborenen), Ehelichkeit der Geburt (bei außerehelich Geborenen ist die SP niedriger als bei ehelich Geborenen), Ordnungszahl der Geburt (bei Erstgeborenen ist die SP höher als bei den Übrigen), Bedingungen der Konzeption (bei mittels sog. künstlicher Befruchtung erzeugter Geborener liegt die SP z.T. frappant höher als normal). Die letztgenannte Tatsache wird damit erklärt, daß bei künstlicher Befruchtung der Zeitpunkt der Insemination naheliegenderweise in der Regel näher am Zeitpunkt der Eireife liegt als unter natürlichen Bedingungen und dadurch die Aussichten dafür, daß eines der nach neueren Erkenntnissen schnelleren, aber kurzlebigeren, Männlichkeit bestimmenden Y-Spermien die Befruchtung vornehmen kann, größer werden relativ zu den Aussichten für ein langsameres, Weiblichkeit bestimmendes X-Spermium rechtzeitig zum Ei vorzudringen. Die eben genannte Hypothese stellt sowohl die Basis für neuere Versuche dar, Methoden der Geschlechtsbestimmung zu finden (s. z.B. *Hatzold:* Wunschkind Sohn oder Tochter, J. F. Lehmanns Verlag, München 1970) als auch den Ausgangspunkt für viele mehr oder weniger befriedigende Erklärungen der bereits erwähnten vielfältigen Differenzierungen der SP (s. *Hatzold:* Die Sexualproportion der Geborenen und ihre Schwankungen als präkonzeptionelles Wahrscheinlichkeitsproblem, Deutsche Akademie für Bevölkerungswissenschaft, Hamburg 1966; s. auch den in Aufgabe 68 gegebenen Literaturhinweis). Früher wurden Schwankungen der SP in erster Linie auf die Tatsache der erheblich überhöhten SP der Totgeborenen und die Schwankungen der Totgeburten- und Fehlgeburtenrate zurückzuführen versucht. Der im Aufgabentext angedeutete und häufig beobachtete Anstieg der SP nach Kriegen kann wohl heute noch nicht als völlig befriedigend erklärt gelten. Einen wesentlichen Faktor hierbei stellt jedoch sicherlich der nach Kriegen überdurchschnittlich hohe Erstgeburtenanteil mit seiner bereits erwähnten überhöhten SP dar.

Zu Aufgabe 71:

a) Die Anzahl ξ richtiger Antworten eines reinen Raters läßt sich deuten als Anzahl ausgezeichneter Kugeln, die man beim zehnfachen Ziehen mit Zurücklegen aus einer Urne erhält, die unter 4 Kugeln genau eine ausgezeichnete Kugel enthält. Folglich ist die zufällige Variable ξ verteilt nach der Binomialverteilung Bi(n;p) mit n = 10 und p = 0,25; d.h. man erhält die Wahrscheinlichkeiten W (ξ = m) nach der Formel

$$W(\xi = m) = \binom{n}{m} p^m (1-p)^{n-m} \quad \text{für } m = 0, \ldots, n.$$

Hiermit erhält man folgende vollständige Wertetabelle der durch $F(x) = W(\xi \leqslant x)$ definierten Verteilungsfunktion F von ξ:

x	F (x)
$-\infty \leqslant x < 0$	0
$0 \leqslant x < 1$	0,056
$1 \leqslant x < 2$	0,244
$2 \leqslant x < 3$	0,526
$3 \leqslant x < 4$	0,776
$4 \leqslant x < 5$	0,922
$5 \leqslant x < 6$	0,980
$6 \leqslant x < 7$	0,996
$7 \leqslant x < 8$	1,000
$8 \leqslant x < 9$	1,000
$9 \leqslant x < 10$	1,000
$10 \leqslant x < +\infty$	1,000

b) Aus der Wertetabelle in a) ergibt sich:

$$W(\xi \geqslant 6) = 1 - W(\xi \leqslant 5) = 1 - F(5) = 0{,}020$$

und

$$W(\xi \geqslant 7) = 1 - W(\xi \leqslant 6) = 1 - F(6) = 0{,}004$$

Hieraus folgt: die für das Bestehen erforderliche Mindestanzahl richtiger Antworten beträgt $c_{99\%} = 7$.

c) Wertebereich von ξ_A: 5, 6, 7, 8, 9, 10.
Wertebereich von ξ_B: 0, 1, 2, . . . , 10.
Bereits aus den angegebenen möglichen Werten von ξ_A sieht man, daß ξ_A nicht nach irgendeiner Binomialverteiltung verteilt ist. Allerdings ist ersichtlich

$$\xi_A = 5 + \xi_A^*,$$

wobei ξ_A^* nach der Binomial-Verteilung Bi(5; 0,25) verteilt ist. ξ_B ist verteilt nach der Binomial-Verteilung Bi(10; 0,5).

Die gesuchten Erwartungswerte und Varianzen von ξ_A und ξ_B erhält man so:

$$E[\xi_A] = E[5 + \xi_A^*] = 5 + 5 \cdot 0{,}25 = 6{,}25$$

$$E[\xi_B] = 10 \cdot 0{,}5 = 5$$

$$\sigma^2_{\xi_A} = \sigma^2_{\xi_A^*} = 5 \cdot 0{,}25 \cdot 0{,}75 = 0{,}9375$$

$$\sigma^2_{\xi_B} = 10 \cdot 0{,}5 \cdot 0{,}5 = 2{,}5.$$

Die inhaltlich interessanteste Frage ist natürlich die nach den Bestehens-Wahrscheinlichkeiten der Kandidaten A und B. Diese Wahrscheinlichkeiten ergeben sich zu

$$W(\xi_A \geqslant 7) = W(\xi_A^* \geqslant 2) = \binom{5}{2} \cdot 0{,}25^2 \cdot 0{,}75^3 +$$

$$+ \binom{5}{3} \cdot 0{,}25^3 \cdot 0{,}75^2 + \binom{5}{4} \cdot 0{,}25^4 \cdot 0{,}75 +$$

$$+ \binom{5}{5} 0{,}25^5 = 0{,}367$$

und

$$W(\xi_B \geqslant 7) = \binom{10}{7} \cdot 0{,}5^7 \cdot 0{,}5^3 + \ldots + \binom{10}{10} \cdot 0{,}5^{10}$$

$$= 0{,}172.$$

Ein Klausurteilnehmer hat in seiner Klausur diese Ergebnisse in etwa so beschrieben: „Moral von der Geschicht: besser man weiß die Hälfte genau, als Alles halb."

d) Ein Strich ist gerechterweise mit 0,25 Punkten zu bewerten, da der reine Rater durchschnittlich 0,25 Punkte pro Frage erzielt. Bezeichnet ξ_1 die Punktezahl des beschriebenen Kandidaten, so ist

$$\xi_1 = 5 + 1 + \eta_1,$$

wobei η_1 die Anzahl Punkte auf die einzige noch partiell geratene Antwort ist; η_1 ist nach der Binomial-Verteilung Bi(1; 0,5) verteilt. Die gesuchte Bestehens-Wahrscheinlichkeit des Kandidaten beträgt also

$$W(\xi_1 \geqslant 7) = W(\eta_1 = 1) = 0{,}5.$$

Ersetzt der Kandidat seine 4 Striche durch viermaliges Raten, so gilt für seine Punktzahl ξ_2 ersichtlich

$$\xi_2 = 5 + \eta_2 + \eta_1,$$

wobei η_2 nach Bi(4; 0,25) verteilt ist und η_1 und η_2 statistisch unabhängig sind. Die gesuchte Bestehens-Wahrscheinlichkeit erhält man jetzt beispielsweise so:

$W(\xi_2 \geqslant 7) =$
$= 1 - W(\xi_2 \leqslant 6) = 1 - W(\eta_1 + \eta_2 \leqslant 1) =$
$= 1 - W(\eta_1 + \eta_2 = 0) - W(\eta_1 + \eta_2 = 1) =$
$= 1 - W(\eta_1 = 0) \cdot W(\eta_2 = 0) - W(\eta_1 = 0) \cdot W(\eta_2 = 1)$
$\quad - W(\eta_1 = 1) \cdot W(\eta_2 = 0) =$
$= 1 - 0{,}5 \cdot 0{,}75^4 - 0{,}5 \cdot \binom{4}{1} \cdot 0{,}25 \cdot 0{,}75^3 - 0{,}5 \cdot 0{,}75^4$
$= 0{,}473.$

Zu Aufgabe 72:

a) Die Anzahl ξ richtiger Antworten eines reinen Raters ist nach der Binomial-Verteilung Bi(50; 0,25) verteilt. Gesucht ist eine **minimale** Punktzahl $c_{99\%}$ als Bestehensgrenze derart, daß gilt

$$W(\xi \geqslant c_{99\%}) \leqslant 0{,}01$$

was äquivalent ist mit

$$W(\xi \leqslant c_{99\%} - 1) \geqslant 0{,}99.$$

(1) Approximative Bestimmung von $c_{99\%}$:
Approximiert man die Verteilungsfunktion einer nach der Binomial-Verteilung Bi(n; p) verteilten zufälligen Variablen ξ mittels der Normalverteilung, so ist für ganze Zahlen m

$$W(\xi \leqslant m) \approx \Phi\left(\frac{m+0{,}5-np}{\sqrt{np(1-p)}}\right),$$

falls die ausreichende Approximationsgenauigkeit sicherstellende Faustregel $np(1-p) \geqslant 9$ erfüllt ist. Dabei ist Φ die Verteilungsfunktion der normierten Normalverteilung.
Hiermit läßt sich eine Bestimmungsgleichung für $c_{99\%}$ zunächst so formulieren:

$$W(\xi \leqslant c_{99\%} - 1) \approx \Phi\left(\frac{c_{99\%} - 1 + 0{,}5 - 50 \cdot 0{,}25}{\sqrt{50 \cdot 0{,}25 \cdot 0{,}75}}\right) \stackrel{!}{=} 0{,}99.$$

Hieraus folgt

$$\frac{c_{99\%} - 1 + 0{,}5 - 50 \cdot 0{,}25}{\sqrt{50 \cdot 0{,}25 \cdot 0{,}75}} = 2{,}326$$

und also zunächst

$$c_{99\%} = 20{,}12.$$

Die Frage, ob $c_{99\%} = 20$ oder $c_{99\%} = 21$ die gesuchte Anzahl ist, sollte man durch Probieren entscheiden. Dazu berechnet man mit Hilfe der obigen Approximationsformel

$$W(\xi \geqslant 20) \approx 1 - \Phi(2{,}29) = 0{,}011$$

sowie

$$W(\xi \geqslant 21) \approx 1 - \Phi(2{,}61) = 0{,}005.$$

Hieraus folgt, daß man auf der Grundlage der benutzten Approximation gesuchte Mindestanzahl zu $c_{99\%} = 21$ zu wählen hat.

(2) Exakte Bestimmung von $c_{99\%}$:
In Vertafelungen der Binomial-Verteilung findet man:

$$W(\xi \geqslant 20) = 0{,}0139 \text{ und } W(\xi \geqslant 21) = 0{,}0063.$$

Damit ist $c_{99\%} = 21$.

b) Die Punktzahl ξ^* des Kandiaten mit dem angegebenen vagen Wissen ist nach der Binomial-Verteilung Bi(50; 0,5) verteilt, d.h. die gesuchte Bestehens-Wahrscheinlichkeit ergibt sich approximativ (und exakt) zu

$$W(\xi^* \geqslant 21) = 1 - W(\xi^* \leqslant 20) \approx 1 - \Phi(-1{,}27)$$
$$= \Phi(1{,}27) = 0{,}90.$$

Dies bedeutet: Die Bestehens-Wahrscheinlichkeit des Kandidaten mit dem angegebenen vagen Wissen beträgt 90%. Angesichts der Tatsache, daß die Bestehensgrenze $c_{99\%}$ so eingerichtet wurde, daß ein reiner Rater höchstens mit 1% Wahrscheinlichkeit besteht – tatsächlich besteht er sogar nur mit 0,63% –, ist diese Bestehens-Wahrscheinlichkeit bemerkenswert groß.

Zu Aufgabe 73:

a) 1) Die präzise Formulierung der Nullhypothese im mathematischen Modell zu 1) lautet:

H_0: W (Institut 1 erhält A-Wähler) = W (Institut 2 erhält A–Wähler)
W (Institut 1 erhält B-Wähler) = W (Institut 2 erhält B-Wähler)
W (Institut 1 erhält C-Wähler) = W (Institut 2 erhält C-Wähler)
W (Institut 1 erhält „Übrigen") = W (Institut 2 erhält „Übrigen").

Nach Übergang zu den absoluten Besetzungszahlen der gegebenen 8-Felder-Tafel berechnet man die Testgröße des χ^2-Tests zum **Vergleich mehrerer unbekannter Wahrscheinlichkeiten** (vgl. Lösung zu Aufgabe 62) zu

$$V = 5{,}45.$$

Da die erforderliche χ^2-Schranke zum Freiheitsgrad $(4-1) \cdot (2-1) = 3$ lautet $\chi^2_{95\%} = 7{,}81$ und die ausreichende Approximationsgenauigkeit sicherstellende Faustregel („Alle geschätzten erwarteten Besetzungszahlen größer als 5.") erfüllt ist, so lautet das Testergebnis zu 1):
Die obige Nullhypothese kann bei Zugrundelegung einer Sicherheitswahrscheinlichkeit von 95% nicht abgelehnt werden.

2) Zum Testen der Nullhypothese 2) hat man zunächst die angegebene 8-Felder-Tafel zu folgender 4-Felder-Tafel zu reduzieren:

	Institut 1	Institut 2	
Partei A	357	714	1071
Partei B oder C	428	786	1214
	785	1500	2285

Dies bedeutet: Als Grundgesamtheit werden jetzt nur diejenigen Wähler betrachtet, die sich für eine der Parteien A, B oder C entscheiden, kurz: die „Entschiedenen". Die präzise Formulierung der Nullhypothese 2) lautet damit:

H_0: W (Institut 1 erhält beim Herausgreifen eines „Entschiedenen" einen A-Wähler) =
W (Institut 2 erhält beim Herausgreifen eines „Entschiedenen" einen A-Wähler).

Die Gleichheit der analogen Wahrscheinlichkeiten für Nicht-A-Wähler braucht nicht gesondert in der Nullhypothese ausgedrückt zu werden, da sie aus der vorstehenden Gleichheit trivial folgt.
Als Testgröße für den Vergleich dieser unbekannten Wahrscheinlichkeiten mit Hilfe des χ^2-Tests erhält man (z.B. mit Hilfe der Spezialformel für den χ^2-Test in einer 4-Felder-Tafel; s. Formel (*) in der Lösung zu Aufgabe 62)

$$V = 0{,}93.$$

Der Vergleich mit der einschlägigen χ^2-Schranke $\chi^2_{95\%} = 3{,}84$ zeigt:
Die vorstehende Nullhypothese, daß sich die Institute 1 und 2 hinsichtlich des Erreichens von A-Wähler unter den „Entschiedenen" nicht unterscheiden, kann bei Zugrundelegung einer Sicherheitswahrscheinlichkeit von 95% nicht abgelehnt werden.

Zur Beurteilung der 3 angegebenen (hypothetischen) Aussagen:
Die Aussage i) ist korrekt; denn: hätten beide Institute Zufallsstichproben gezogen, so hätten beide mit gleichen Wahrscheinlichkeiten z.B. A-Wähler erhalten müssen, nämlich mit der Wahrscheinlichkeit, die dem Anteil der A-Wähler in der Grundgesamtheit der Wähler entspricht (s. „Stichprobenbedingung" in Aufgabe 5). D.h., ist die Nullhypothese 1) falsch, so hat mindestens eines der beiden Institute keine Zufallsstichprobe gezogen. Die Aussagen ii) und iii) sind zunächst einmal keine Formulierungen der Ergebnisse eines mathematischen Testverfahren, da sie keine Aussage über die zugrunde gelegte Sicherheitswahrscheinlichkeit enthalten. Sie sind also lediglich **Interpretationen**, die nicht nach richtig-falsch, sondern nach mehr oder weniger sinnvoll zu kategorisieren sind. Offensichtlich handelt es sich hier um völlig unsinnige Interpretationen.

b) Mit der in a) benutzten Bezeichnung „Entschiedene" lautet die hier zu testende Nullhypothese

H_0: W („Entschiedener" ist A-Wähler) = 0,5
W („Entschiedener" ist Nicht-A-Wähler) = 0,5.

Anwendbar ist der χ^2-Test in der Variante „Testen hypothetischer Wahrscheinlichkeiten" (s. Lösung zu Aufgabe 58) oder auch der im vorliegenden Spezialfall damit äquivalente Zeichentest.
Als Stichprobenergebnis hat man: unter n = 1071 + 1214 = 2285 befragten „Entschiedenen" befinden sich x = 357 + 714 = 1071 A-Wähler. Als Testgröße des χ^2-Tests erhält man V = 8,95.
Wegen $\chi^2_{95\%} = 3{,}84$, $\chi^2_{99\%} = 6{,}63$ kann die Nullhypothese sogar bei Zugrundelegung einer Sicherheitswahrscheinlichkeit von 99% abgelehnt werden.

Vermutung: A-Wähler sind unter den „Entschiedenen" in der Minderheit. Die vorstehende Aussage kann nur als Vermutung ausgesagt werden, da sie nicht Testergebnis ist. Hätte man das Untersuchungsziel gehabt, diese Aussage als ein mathematisch abgesichertes Testergebnis bei Zugrundelegung einer bestimmten Sicherheitswahrscheinlichkeit zu erhalten, so hätte man die einseitige Fragestellung

H_0^*: W („Entschiedener" ist A-Wähler) $\geqslant$ 0,5

zu testen gehabt. Eine nachträgliche Formulierung einer solchen „geeigneten" Nullhypothese ist natürlich nicht gestattet, da Nullhypothesen vor Einsichtnahme in das Stichprobenmaterial formuliert werden müssen (vgl. das Beispiel „Glückspilze" in „Grundbegriffe" S. 118).

c) Aufgrund des bereits in b) benutzten Stichprobenergebnisses der Stichprobe vom Umfang n = 2285 aus der Grundgesamtheit der „Entschiedenen“ erhält man:
Das Intervall (44,8%; 48,9%) ist ein ausreichend genaues Konfidenzintervall zur Vertrauenswahrscheinlichkeit von 95% für den unbekannten Anteil der A-Wähler unter den „Entschiedenen“.
Zusammenhang mit dem Testergebnis aus b): Der in b) getestete hypothetische Wert 0,5 für diese unbekannte Wahrscheinlichkeit liegt nicht im Konfidenzintervall zur Vertrauenswahrscheinlichkeit von 95%; folglich konnte dieser hypothetische Wert in b) bei Zugrundelegung einer Sicherheitswahrscheinlichkeit von 95% verworfen werden.

Zu Aufgabe 74:

a) Die präzise Formulierung der Nullhypothese im mathematischen Modell lautet:

H_0: Die beiden Klasseneinteilungen der Kandidaten
bzgl. des Ergebnisses zur Statistik I

{mindestens ausreichend in I, nicht-ausreichend in I} und

bzgl. des Ergebnisses zur Statistik II

{mindestens ausreichend in II, nicht ausreichend in II}

sind statistisch unabhängig.

Unter noch deutlicherer Hervorhebung der Begriffsbildung der Wahrscheinlichkeitsrechnung: die beiden genannten vollständigen Systeme von Ereignissen sind statistisch unabhängig.
Als zweckmäßige Vorbereitung für die Durchführung des einschlägigen χ^2**-Tests auf Unabhängigkeit** (vgl. Aufgabe 62) stellt man das angegebene Stichprobenergebnis in folgender 4-Felder-Kontingenztafel dar:

		Klassen bzgl. Stat. I		
		mind. ausreichend	nicht ausreichend	
Klassen bzgl. Stat. II	mind. ausreichend	183		198
	nicht ausreichend			
		200		249

Ergänzt man die Besetzungszahlen der übrigen Felder durch Differenzbildung, so läßt sich die Testgröße des χ^2-Tests (z.B. mittels Formel (*) aus der Lösung zu Aufgabe 62) berechnen. Man erhält den exorbitant großen Wert

$$V = 89{,}6.$$

Wegen $\chi^2_{99\%} = 6{,}63$ und $\chi^2_{99{,}9\%} = 10{,}83$ kann also die Nullhypothese der Unabhängigkeit sogar bei Zugrundelegung einer Sicherheitswahrscheinlichkeit von 99,9% abgelehnt werden, d.h. damit ist statistisch nachgewiesen (bei Zugrundelegung jeder praktisch in Betracht kommenden Sicherheitswahrscheinlichkeit), daß die Ergebnisse zur Statistik I und zur Statistik II nicht statistisch unabhängig sind.
Die kausale Interpretation dieses Zusammenhangs ist für den Prüfer erfreulich und beruhigend; denn den so deutlichen Zusammenhang stiftet doch offenbar das erworbene Wissen im Fach Statistik und die gelegentlich auftauchende boshafte Interpretation von Statistik-Klausuren als Lotterie-Spielen ist widerlegt.
Die unter den angegebenen Bedingungen maximal mögliche Durchfallquote beträgt 50% und die minimal mögliche 30%. Hieraus folgt, daß man aus unterschiedlichen Durchfallquoten in 2 Terminen nicht schließen kann, daß die Anteile nicht-ausreichender Noten verschieden waren und unterschiedlich scharf bewertet wurde.

Zu Aufgabe 75:

a) ξ_1 ist verteilt nach Bi(100; 0,2) und ξ_2 nach Bi(20; 0,2)

b) $E[\xi_1] = 100 \cdot 0{,}2 = 20$, $E[\xi_2] = 20 \cdot 0{,}2 = 4$

Varianz von $\xi_1 = \sigma^2_{\xi_1} = 100 \;\; 0{,}2\,(1-0{,}2) = 16$,

Varianz von $\xi_2 = \sigma^2_{\xi_2} = 20 \cdot 0{,}2\,(1-0{,}2) = 3{,}2$.

c) $\xi = 100\xi_1 + 500\xi_2$ stellt die Gewinnsumme dar, die insgesamt auf die unverkauften Lose fällt; es ist:

$$E[\xi] = 100\,E[\xi_1] + 500\,E[\xi_2] = 100 \cdot 20 + 500 \cdot 4 = 4000 \text{ DM}.$$

Wegen der statistischen Unabhängigkeit von ξ_1 und ξ_2 (Ziehen der Gewinnlose **mit** Zurücklegen!) gilt:

$$\text{Varianz von } \xi = \sigma^2_\xi = \sigma^2_{100\xi_1+500\xi_2} = \sigma^2_{100\xi_1} + \sigma^2_{500\xi_2} =$$
$$= 100^2 \cdot \sigma^2_{\xi_1} + 500^2 \cdot \sigma^2_{\xi_2} = 100^2 \cdot 16 + 500^2 \cdot 3{,}2 = 960\,000$$

d) Nach dem zentralen Grenzwertsatz ist ξ approximativ normalverteilt; d.h. es ist:

$$W(\xi \leqslant 5000) \approx \Phi\left(\frac{5000-4000}{\sqrt{960\,000}}\right) = \Phi(1{,}02) = 0{,}846.$$

Diese Rechnung eröffnet offensichtlich die Möglichkeit, die Nullhypothese zu testen, daß bei einer solchen Lotterie „Alles mit rechten Dingen zugeht“. Dazu braucht man sich nur z.B. eine 95%-Schranke $c_{95\%}$ für ξ so zu bestimmen, daß im Falle der Richtigkeit dieser Nullhypothese gilt:

$$W(\xi > c_{95\%}) = 0{,}05.$$

(Mit den obigen numerischen Werten erhält man

$$c_{95\%} = 4000 + 1{,}645 \cdot \sqrt{960\,000} = 5612{,}25).$$

Fällt bei einer Ausspielung dieser Lotterie die Realisation von ξ größer als $c_{95\%}$ aus, so kann man die genannte Nullhypothese bei Zugrundelegung einer Sicherheitswahrscheinlichkeit von 95% verwerfen.

e) Falls die Gewinn-Lose durch Ziehen **ohne** Zurücklegen determiniert werden, so ist ξ_1 nach der hypergeometrischen Verteilung

$$H\left(10\,000;\, 100;\, \frac{2000}{10000}\right)$$

oder nach der hypergeometrischen Verteilung

$$H\left(10\,000;\, 200;\, \frac{100}{10\,000}\right)$$

verteilt. Die Verteilungsfunktionen dieser beiden hypergeometrischen Verteilungen sind identisch. Man gelangt zur erstgenannten Verteilung, falls man die Anzahl ξ_1 so deutet: Man zieht aus einer Urne mit $N = 10\,000$ Losen, unter denen sich $M = 2000$ unverkäufliche befinden, ohne Zurücklegen 100 Lose als Gewinnlose für die 100 DM-Gewinne und zählt die Anzahl ξ_1 unverkäuflicher unter diesen Gewinnlosen. Zur zweiten Verteilung gelangt man, wenn man ξ_1 so deutet: Eine Urne enthält unter $N = 10\,000$ Losen $M = 100$ Gewinnlose für je 100 DM. Aus dieser Urne werden zufällig und ohne Zurücklegen $n = 2000$ Lose als unverkäufliche herausgegriffen und darunter die Anzahl ξ_1 der 100-DM-Gewinne gezählt.

Analog erhält man:

ξ_2 ist verteilt nach $H(10\,000;\, 20;\, 0{,}2)$ oder $H(10\,000;\, 2000;\, 0{,}002)$.

Für die Erwartungswerte von ξ_1 und ξ_2 erhält man die gleichen Werte wie in b). Die Varianzen betragen

$$\sigma^2_{\xi_1} = 15{,}84 \text{ und } \sigma^2_{\xi_2} = 3{,}19.$$

Da jetzt ξ_1 und ξ_2 nicht mehr exakt unabhängig sind, so läßt sich die Varianz von ξ nicht mehr wie in b) berechnen. Aber natürlich stellt das eingangs behandelte Modell Ziehen **mit** Zurücklegen eine gute Approximation auch für den Fall dar, daß bei einer realen Lotterie die Gewinnlose durch Ziehen **ohne** Zurücklegen determiniert werden.

Zu Aufgabe 76:

a) Geeignete Testverfahren für diese Fragestellung sind:

1. der Zwei-Stichprobentest von Wilcoxon, für dessen Anwendung keine besonderen Voraussetzungen als erfüllt angesehen werden müssen. Die Testgröße lautet

$$R = \sum_{i=1}^{n_1} r_i - \frac{n_1 (n_1 + n_2 + 1)}{2},$$

wobei n_1 und n_2 die beiden Stichprobenumfänge und die r_i die Rangzahlen bedeuten, die zu den n_1 Meßwerten der 1. Stichprobe gehören. Man erhält:

$$R = 39{,}5 - 68 = -28{,}5.$$

Die erforderliche Testschranke liest man in einer geeigneten Tabelle ab zu $c_{99\%} = 25$.
Wegen $|R| = 28{,}5 \geqslant c_{99\%} = 25$ ist also bei Zugrundelegung einer Sicherheitswahrscheinlichkeit von 99% statistisch nachgewiesen, daß Kuckuckseier in Zaunkönigsnestern und in Rotkehlchennestern verschiedene Längen haben..
Nach nochmaliger Einsichtnahme in die Stichprobenergebnisse läßt sich die **Vermutung** äußern (vgl. Lösung zu Aufgabe 73b)), daß sich in Zaunkönigsnestern die kleineren Kuckuckseier befinden.
Die kausale Erklärung für dieses zunächst wohl rätselhafte zoologische Phänomen lautet: Kuckucksweibchen, die selbst beispielsweise in Zaunkönigsnestern aufgezogen wurden, werden wohl einerseits etwas kleiner sein und kleinere Eier legen und andererseits selbst wieder zu solch vertrauten Nestern tendieren.

2. der t-Test für 2 unabhängige Stichproben, für dessen Anwendung Normalverteilungsvoraussetzungen und Varianzgleichheit für die beiden Grundgesamtheiten als ausreichend genau erfüllt angesehen werden müssen. Die Testgröße lautet

$$t = (\bar{x} - \bar{y}) \cdot \sqrt{\frac{n_1 \cdot n_2 \cdot (n_1 + n_2 - 2)}{(n_1 + n_2)((n_1 - 1) \cdot s_1^2 + (n_2 - 1) s_2^2)}} = -4{,}35.$$

Da die erforderliche 99%-Schranke der t-Verteilung zum Freiheitsgrad $n_1 + n_2 - 2 = 14$ den Wert $t_{99\%} = 2{,}98$ besitzt, so kann wegen

$|t| > t_{99\%}$

die genannte Nullhypothese bei Zugrundelegung einer Sicherheitswahrscheinlichkeit von 99% abgelehnt werden.

b) Bezüglich der Ablehnvorschrift der Nullhypothese H_0^* besitzen die Testgrößen beider Tests das „falsche“ Vorzeichen, d.h. auch ohne irgendeinen Schrankenwert überhaupt nachzuschlagen, sieht man, daß H_0^* aufgrund des angegebenen Stichprobenresultats trivialerweise nicht abgelehnt werden kann. (Dies sieht natürlich auch jeder Laie ohne Statistik-Kenntnisse.) Hingegen kann H_0^{**} mit Hilfe beider in a) angewandter Tests bei Zugrundelegung einer Sicherheitswahrscheinlichkeit von 99% abgelehnt werden. Dazu braucht man bei den vorliegenden Stichprobenwerten keine einseitigen Testschranken nachzuschlagen, da ja die in a) berechneten Testgrößen sogar die 2-seitigen 99%-Schranken überschritten haben. Es sei noch angemerkt, daß man im konkreten Anwendungsfall weder H_0^* und H_0^{**} gleichzeitig nebeneinander testen darf, noch die gerade passende der beiden Hypothesen nachträglich auswählen darf. Zu testende Hypothesen müssen vor Einsichtnahme in das Stichprobenmaterial festgelegt werden.

Zu Aufgabe 77:

a) Für die zufällige Variable ξ (= Geburtenanzahl in einer Familie) erhält man

$$W(\xi = 1) = \frac{1}{2},\ W(\xi = 2) = \frac{1}{4},\ W(\xi = 3) = \frac{1}{4}$$

und damit

$$E[\xi] = 1{,}75.$$

b) Für die zufällige Variable η (= Anzahl Jungengeburten) erhält man

$$W(\eta = 0) = \frac{1}{8},\ W(\eta = 1) = \frac{7}{8}$$

und damit

$$E[\eta] = 0{,}875.$$

c) Für die zufällige Variable $\frac{\eta}{\xi}$ (= Anteil der Jungengeburten) erhält man

$$W\left(\frac{\eta}{\xi} = 0\right) = W(\text{„3 Mädchen“}) = \frac{1}{8},\ W\left(\frac{\eta}{\xi} = 1\right) = W(\text{„1 Junge“}) = \frac{1}{2},$$

$$W\left(\frac{\eta}{\xi} = \frac{1}{2}\right) = W(\text{„1 Mädchen + 1 Junge“}) = \frac{1}{4},$$

$$W\left(\frac{\eta}{\xi} = \frac{1}{3}\right) = W(\text{„2 Mädchen + 1 Junge“}) = \frac{1}{8}$$

und damit

$$E\left[\frac{\eta}{\xi}\right] = \frac{2}{3}.$$

Da also der durchschnittliche Jungenanteil in einer Familie 2/3 beträgt, so kann dies wohl zu der Vermutung führen, daß das Befolgen solcher Stoppregeln die empirisch stets beobachteten Jungen-Anteile von mehr als 50% unter Neugeborenen erklärt. Daß diese Vermutung falsch ist, ergibt die nachfolgende Berechnung der Wahrscheinlichkeit für eine Jungengeburt in einer gemäß der genannten Stoppregel erzeugten Menge von Geburten; denn diese Wahrscheinlichkeit hat den Wert 1/2. (Einen Hinweis auf dieses Ergebnis ergibt bereits der Vergleich mit a) und b):

$$\left.\frac{E[\eta]}{E[\xi]} = \frac{1}{2} \neq E\left[\frac{\eta}{\xi}\right] = \frac{2}{3}.\right)$$

Will man die 4 genannten Familientypen durch Kugeln in einem Urnenmodell so repräsentieren, daß diese Familientypen beim Ziehen einer Kugel aus dieser Urne mit den vorstehend angegebenen Wahrscheinlichkeiten auftreten, so kann man offensichtlich eine Urne mit 8 Kugeln benutzen von denen repräsentieren

1 Kugel den Familientyp „3 Mädchen“
4 Kugeln den Familientyp „1 Junge“,
2 Kugeln den Familientyp „1 Mädchen + 1 Junge“,
1 Kugel den Familientyp „2 Mädchen + 1 Junge“.

Will man dieses Urnenmodell für Familientypen zu einem Urnenmodell für „Kinder“ (genauer: Geburten) verfeinern, damit man die gesuchte Jungen-Wahrscheinlichkeit berechnen kann, so muß man jede der 8 einen Familientyp repräsentierenden Kugeln ersetzen durch die jeweilige Zahl von „Jungen-Kugeln“ (J) und „Mädchen-Kugeln“ (M) des betreffenden Familientyps. Dabei erhält man gemäß der vorangehend benutzten Reihenfolge:

1 mal 3 M,
4 mal 1 J,
2 mal je 1 M und 1 J und
1 mal 2 M und 1 J.

Hiernach enthält also das Urnenmodell für „Kinder“ 7 „Jungen-Kugeln“ und 7 „Mädchen-Kugeln“, d.h. die gesuchte Wahrscheinlichkeit für eine Jungengeburt ist nach der Befolgung der Stoppregel genau so groß wie zuvor angenommen, nämlich 1/2. (Diese Wahrscheinlichkeit läßt sich natürlich auch ohne diese elementare Konstruktion eines geeigneten Urnenmodells unter Benutzung bedingter Wahrscheinlichkeiten berechnen.)

Zu Aufgabe 78:

a)

	Variante 1 ($i = 1$)	Variante 2 ($i = 2$)	Variante 3 ($i = 3$)
$W(A_i) =$	0,050	0,050	0,050
$W(B_i) =$	0,080	0,080	0,080
$W(A_i \cap B_i) =$	0	0,010	0,004
$W(A_i \cap \complement B_i) =$	0,050	0,040	0,046
$W(A_i \cup B_i) =$	0,130	0,120	0,126

Aus diesen Ergebnissen liest man ab: nur für Variante 3 ($i = 3$) sind die beiden Ereignisse A_i und B_i statistisch unabhängig.

b) 1) $N = 10\,000$, $M_1 = 800$, $M_2 = 600$, $M_3 = 48$

2) Ein zufällig aus dem Produktionsprozeß herausgegriffenes Exemplar des Produktes ist unter der angegebenen Unabhängigkeitsannahme mit der Wahrscheinlichkeit $p = 0{,}92 \cdot 0{,}94 = 0{,}8648$ fehlerfrei. Folglich ist ξ nach der Binomial-Verteilung Bi (1000; 0,8648) verteilt und man erhält den Erwartungswert von ξ zu 864,8 und die Varianz von ξ zu 116,9. Der Definitionsbereich von ξ ist die Menge der Elementarereignisse Ω; die Anzahl der Elemente dieser Menge beträgt bei der hier üblichen Festlegung der Elementarereignisse als 1000-Tupel (vgl. z.B. Aufgabe 2) $10\,000^{1\,000}$.

3) Aus den Modell-Annahmen ergibt sich für die Wahrscheinlichkeit, daß ein Exemplar fehlerfrei ist, der hypothetische Wert $p = 0{,}92 \cdot 0{,}94 =$ $= 0{,}8648$. Aufgrund des angegebenen Stichprobenmaterials läßt sich prüfen, ob dieser hypothetische Wert zutrifft. Dies ist mit Hilfe des einschlägigen χ^2-Tests möglich.

Testgröße (vgl. Aufgabe 58): $\dfrac{(845 - 864{,}8)^2}{864{,}8} + \dfrac{(155 - 135{,}2)^2}{135{,}2} = 3{,}35.$

Da die hier benötigte χ^2-Schranke zur Sicherheitswahrscheinlichkeit von 95% den Wert 3,84 besitzt, so kann die Nullhypothese, daß die Wahrscheinlichkeit für fehlerfrei den Wert besitzt, der sich aus den Modell-Annahmen ergibt, bei Zugrundelegung einer Sicherheitswahrscheinlichkeit von 95% nicht abgelehnt werden.

Zu Aufgabe 79:

a) Wegen der Unabhängigkeit des Auftretens der 3 Fehler, ergeben sich die Wahrscheinlichkeiten für die 8 Klassen wie folgt:

$0{,}94 \cdot 0{,}94 \cdot 0{,}92 = 0{,}812\,912,$
$0{,}06 \cdot 0{,}94 \cdot 0{,}92 = 0{,}051\,888,$
$0{,}94 \cdot 0{,}06 \cdot 0{,}92 = 0{,}051\,888,$
$0{,}070\,688,\ \ 0{,}003\,312,\ \ 0{,}004\,512,\ \ 0{,}004\,512,\ \ 0{,}000\,288.$

b) Wegen $W(\xi = 0) = W(K_1)$, $W(\xi = 1) = W(K_2 \cup K_3 \cup K_4)$ etc., ergibt sich die vollständige Wertetabelle der durch $F(x) = W(\xi \leqslant x)$ definierten Verteilungsfunktion von ξ zu:

x	$-\infty < x < 0$	$0 \leqslant x < 1$	$1 \leqslant x < 2$	$2 \leqslant x < 3$	$3 \leqslant x < +\infty$
F (x)	0	0,812 912	0,987 376	0,999 712	1

c) Erwartungswert und Streuung von η:

$$E[\eta] = 2{,}020\,160, \qquad \sigma_\eta = 4{,}602\,147.$$

Da η^* sich darstellen läßt als **Summe** aus 10 000 **unabhängigen** zufälligen Variablen, von denen jede die gleiche Verteilungsfunktion besitzt wie η, so erhält man:

$$E[\eta^*] = 10\,000 \cdot E[\eta], \quad \sigma_{\eta^*} = \sqrt{10\,000} \cdot \sigma_\eta = 460{,}21$$

d) Schätzwert für p_1: $\dfrac{572 + 32 + 48 + 8}{10\,000} = 0{,}0660$

Schätzwert für p_2: $\dfrac{499 + 32 + 50 + 8}{10\,000} = 0{,}0589$

Schätzwert für p_3: $\dfrac{666 + 48 + 50 + 8}{10\,000} = 0{,}0772.$

d1) Es ist der χ^2-Test für hypothetische Wahrscheinlichkeiten anzuwenden (vgl. Aufgabe 58). Die Nullhypothese lautet:

$W(\xi = 0) = 0{,}812\,912$
$W(\xi = 1) = 0{,}174\,464$
$W(\xi = 2) = 0{,}012\,336$
$W(\xi = 3) = 0{,}000\,288.$

Die tatsächlichen Besetzungszahlen x_1, x_2, x_3, x_4 für diese 4 „Klassen" betragen in der angegebenen Zufallsstichprobe vom Umfang 10 000:

$x_1 = 8125,$
$x_2 = 572 + 499 + 666 = 1737,$
$x_3 = 32 + 48 + 50 = 130,$
$x_4 = 8.$

Damit ergibt sich die Testgröße zu V = 9,50.
Da die erforderliche χ^2-Schranke zum Freiheitsgrad 3 den Wert 7,8 besitzt, so kann die Nullhypothese, daß ξ die aufgrund der angegebenen Modell-Annahmen berechnete Verteilungsfunktion besitzt, bei Zugrundelegung einer Sicherheitswahrscheinlichkeit von 95% abgelehnt werden. Dies bedeutet: Bei Zugrundelegung einer Sicherheitswahrscheinlichkeit von 95% ist statistisch nachgewiesen, daß mindestens eine der angegebenen Modell-Annahmen (die 3 numerischen Werte für p_1, p_2, p_3 oder die Unabhängigkeit des Auftretens der Fehler) nicht zutrifft.

d2) Es ist der χ^2-Test als Test auf Unabhängigkeit in folgender 4-Felder-Tafel anzuwenden:

		1. Arbeitsgang		
		Fehler	kein Fehler	
2. Arbeits-gang	Fehler	40	549	589
	kein Fehler	620	8791	9 411
		660	9340	10 000

Der Wert der Testgröße beträgt (vgl. Aufgabe 62b)) V = 0,04. Da die erforderliche χ^2-Schranke den Wert 3,84 besitzt, so kann die Nullhypothese 2) bei Zugrundelegung einer Sicherheitswahrscheinlichkeit von 95% nicht abgelehnt werden.

e) Die gesuchte Realisation von η^* lautet:

$$\eta^*(\omega) = 10 \cdot (572 + 499 + 666) + 20\,(32 + 48 + 50) + + 100 \cdot 8 = 20\,770 \text{ DM}.$$

Aufgrund des zentralen Grenzwertsatzes ist es berechtigt, die Verteilungsfunktion von η^* mittels der Normalverteilung zu approximieren; damit erhält man:

$$W(\eta^* > 20\,770) \approx 1 - \Phi\left(\frac{20\,770 - 20\,201{,}6}{460{,}21}\right) = 0{,}108.$$

Zu Aufgabe 80:

a) $\bar{x}$ ist normalverteilt mit Mittelwert 34,0 und Streuung $\dfrac{10}{\sqrt{10}} = \sqrt{10}$,

$\bar{y}$ ist normalverteilt mit Mittelwert 34,0 und Streuung $\dfrac{10}{\sqrt{20}}$.

Damit erhält man

1) W (Inspektion bereits nach 1. Stufe) =

$$= W(\bar{x} < 30) = \Phi\left(\frac{30{,}0 - 34{,}0}{\sqrt{10}}\right) = \Phi(-1{,}265) = 0{,}1029$$

2) W (2. Stufe erforderlich) =

$$= W(30{,}0 \leqslant \bar{x} \leqslant 38{,}0) = 2\,\Phi(1{,}265) - 1 = 0{,}7941$$

3) $$W(\bar{y} < 30{,}0) = \Phi\left(\frac{30{,}0 - 34{,}0}{10}\sqrt{20}\right) = \Phi(-1{,}789) = 0{,}0368$$

4) W („Stopp") = 0,1029 + 0,7941 · 0,0368 = 0,1321

b) Den Wert für c_1 erhält man aus der Bestimmungsgleichung

$$W(\bar{x} < c_1) = \Phi\left(\frac{c_1 - 34{,}0}{10}\sqrt{10}\right) \stackrel{!}{=} 0{,}10$$

zu

$$c_1 = -1{,}282 \cdot \frac{10}{\sqrt{10}} + 34{,}0 = 29{,}95.$$

Mit diesem Wert erhält man c_2 aus der Bestimmungsgleichung

$$W(29{,}95 \leqslant \bar{x} < c_2) = \Phi\left(\frac{c_2 - 34{,}0}{10}\sqrt{10}\right) - 0{,}10 \stackrel{!}{=} 0{,}50$$

zu

$$c_2 = 0{,}253 \cdot \frac{10}{\sqrt{10}} + 34{,}0 = 34{,}80.$$

Den Wert für c_3 erhält man aus der Bestimmungsgleichung

$$W(\bar{y} < c_3) = \Phi\left(\frac{c_3 - 34{,}0}{10}\sqrt{20}\right) \stackrel{!}{=} 0{,}05$$

zu

$$c_3 = -1{,}645 \cdot \frac{10}{\sqrt{20}} + 34{,}0 = 30{,}32.$$

Schließlich erhält man für diesen Fall

W („Stopp") = 0,10 + 0,50 · 0,05 = 0,125.

c) Erwartungswert der Anzahl zu messender Stücke:

$$= 10 \cdot (1 - 0{,}7941) + 30 \cdot 0{,}7941 = 25{,}88$$

Varianz der Anzahl zu messender Stücke:

$$= (10 - 25{,}88)^2 \cdot (1 - 0{,}7941) + (30 - 25{,}88)^2 \cdot 0{,}7941 = 65{,}40.$$

Zu Aufgabe 81:

a) Durch Approximation der Binomial-Verteilung mittels der Normalverteilung (s. Lösung zu Aufgabe 38b)) erhält man:

$$W(0{,}380 < r_{1000} < 0{,}420) = W(380 < h_{1000} < 420) =$$
$$= W(h_{1000} \leqslant 419) - W(h_{1000} \leqslant 380) \approx 2\,\Phi\left(\frac{19{,}5}{\sqrt{240}}\right) - 1 =$$
$$= 2\,\Phi(1{,}259) - 1 = 0{,}7920.$$

b) Mit analoger Rechnung wie in a) erhält man die Bestimmungsgleichung (*) in der Form

$$2\,\Phi\left(\frac{x_{95\%} - 0{,}5}{\sqrt{240}}\right) - 1 \approx 0{,}95$$

und hieraus

$$x_{95\%} = 1{,}960\sqrt{240} + 0{,}5 = 30{,}86.$$

Setzt man die beiden in Frage kommenden ganzen Zahlen 30 und 31 in der linken Seite von (*) für $x_{95\%}$ ein, so erhält man:

$$W(370 < h_{1000} < 430) \approx 2\,\Phi\left(\frac{29{,}5}{\sqrt{240}}\right) - 1 = 2\,\Phi(1{,}904) - 1 = 0{,}9431$$

$$W(369 < h_{1000} < 431) \approx 2\,\Phi\left(\frac{30{,}5}{\sqrt{240}}\right) - 1 = 2\,\Phi(1{,}969) - 1 = 0{,}9510.$$

Man sieht: $x_{95\%} = 31$ erfüllt (*) am besten.

c) Nach Definition der Gütefunktion ist:

$$g(p) = W(|h_{1000} - 400| \geqslant 31) = 1 - W(369 < h_{1000} < 431) =$$
$$= 1 - W(h_{1000} \leqslant 430) + W(h_{1000} \leqslant 369) \approx$$
$$\approx 1 - \Phi\left(\frac{430 - 1000 \cdot p + 0{,}5}{\sqrt{1000\,p\,(1-p)}}\right) + \Phi\left(\frac{369 - 1000\,p + 0{,}5}{\sqrt{1000\,p\,(1-p)}}\right)$$

Die verlangten Werte betragen:

$$g(0{,}400) = 1 - \Phi(1{,}969) + \Phi(-1{,}969) = 2 - 2\,\Phi(1{,}969) = 0{,}0490$$
$$g(0{,}410) = 1 - \Phi(1{,}318) + \Phi(-2{,}604) = 0{,}0984$$
$$g(0{,}450) = 1 - \Phi(-1{,}240) + \Phi(-5{,}117) = 0{,}8925.$$

d) Die Werte der Testgröße V des durchzuführenden χ^2-Tests für hypothetische Wahrscheinlichkeiten (s. Aufgabe 58) erhält man für die beiden angegebenen Stichprobenergebnisse zu:

$$h_{1000} = 431 \implies V = \frac{(431-400)^2}{400} + \frac{(569-600)^2}{600} = 4{,}00$$

und

$$h_{1000} = 430 \implies V = \frac{(430-400)^2}{400} + \frac{(570-600)^2}{600} = 3{,}75.$$

Da die erforderliche χ^2-Schranke zur Sicherheitswahrscheinlichkeit von 95% den Wert 3,84 besitzt, so kann die Nullhypothese $H_0: p = 0{,}4$ mit Hilfe des χ^2-Tests im ersten Falle abgelehnt werden und im zweiten Falle nicht.

Dies bedeutet: Im vorliegenden Fall haben sich das sehr anschauliche Testverfahren aus c) und der einschlägige χ^2-Test als äquivalent erwiesen.

e) Für die bereits in d) benutzten Stichprobenergebnisse lauten die Konfidenz-Intervalle für p zur Vertrauenswahrscheinlichkeit von 95%:

für $h_{1000} = 431$:

$$\left(0{,}431 - 1{,}96\sqrt{\frac{0{,}431 \cdot 0{,}569}{1000}}\,;\ 0{,}431 + 1{,}96 \cdot \sqrt{\frac{0{,}431 \cdot 0{,}569}{1000}}\right)$$

$$= (0{,}4003; 0{,}4617)$$

und

für $h_{1000} = 430$:

$$(0{,}430 - 0{,}0307; 0{,}430 + 0{,}0307) = (0{,}3993; 0{,}4607).$$

Man sieht: im Falle $h_{1000} = 431$ („Gerade-Eben-Ablehnfall" der Tests aus c) und d)) liegt der hypothetische Wert 0,4 der Wahrscheinlichkeit p nicht mehr im Konfidenz-Intervall für p; im Falle $h_{1000} = 430$ („Gerade-Eben-Nicht-Ablehnfall" der Tests aus c) und d)) liegt dieser hypothetische Wert 0,4 noch im Konfidenz-Intervall für p. Dies bedeutet:
Diese Konfidenz-Schätzung liefert über die Nullhypothese $H_0: p = 0{,}4$ die gleichen Aussagen wie die beiden Testverfahren aus c) und d).

Anhang (4. Teil): Empirische Untersuchung über das Spielverhalten der Lotto-Teilnehmer einschließlich möglicher Konsequenzen für rationale Tipp-Strategien

Die Gewinn-Ergebnisse des Glücksspiels Zahlen-Lotto sind in zweifacher Hinsicht zufallsabhängig. Zum einen ist der technische Ziehungsvorgang der Gewinnzahlen ein Zufallsexperiment, dessen Ergebnisse von den Spielern nicht beeinflußt werden können. Zum anderen hängen die Ergebnisse im Hinblick auf die Gewinn-Verteilung (Quoten) auch vom Tippverhalten des Spieler-Kollektivs ab, das als zufallsabhängig zu betrachten ist. (Selbst wenn einzelne Spieler oder gar alle Spieler jeweils ihre Tippreihen nach irgendeinem deterministischen Verfahren festlegten, wäre allein wegen fehlender Information über diese eventuell deterministischen Auswahlverfahren der einzelnen Spieler das Tippverhalten des Spieler-Kollektivs nur als Zufallsexperiment beschreibbar.) Die Eigenschaft, daß der technische Ziehungsvorgang für die Gewinnzahlen (= Richtige) „korrekt" abläuft, läßt sich für das Lotto „6 aus 49" mathematisch mit Hilfe des Urnenmodells Ziehen *ohne* Zurücklegen durch die Eigenschaft beschreiben, daß alle $\binom{49}{6} = 13983816$ möglichen Gewinnzahlen-Kombinationen gleichwahrscheinlich sind, d. h. man deutet das Ziehen der Gewinnzahlen als ein Laplace-Experiment. Damit läßt sich bei „korrekten" Ziehungs-Bedingungen die Wahrscheinlichkeit, mit einer *beliebigen* Tippreihe eine bestimmte Anzahl „Richtige" zu erzielen, d. h. einen Gewinn in einer bestimmten Gewinn-Klasse zu erhalten, leicht mit Hilfe der hypergeometrischen Verteilung berechnen (vgl. Aufgaben 20 und 21*). Diese Gewinn-*Wahrscheinlichkeiten* sind damit für alle $\binom{49}{6} = 13983816$ möglichen Tippreihen gleich; sie hängen also weder vom Spielverhalten des einzelnen Spielers noch vom Spielverhalten des Spieler-Kollektivs ab; sie sind lediglich eine Konsequenz des technischen Ziehungs-Vorgangs.

Hingegen hängt die Gewinn-*Höhe* (= Quote) in jeder Gewinn-Klasse vom Spielverhalten sowohl des einzelnen Spielers als auch vom Spielverhalten des Kollektivs ab. Eine scheinbar naheliegende, oft benutzte, mathematisch bequeme Modell-*Annahme* über das Spielverhalten des Kollektivs ist die Annahme, daß die an einer Ausspielung beteiligten n Tippreihen jeweils *zufällig und unabhängig* voneinander aus der Menge der $\binom{49}{6}$ möglichen Tippreihen von den beteiligten Spielern herausgegriffen werden

(s. Aufgabe 23). In diesem reinen **Zufallspieler-Modell** ist die Besetzungszahl für jede Gewinn-Klasse nach einer Binomial-Verteilung Bi(n; p) verteilt, wobei p die Gewinn-Wahrscheinlichkeit für die betreffende Gewinn-Klasse und n die Anzahl der an der Ausspielung beteiligten Tippreihen ist.

Daß jedoch reale Spieler-Kollektive mehr oder weniger große Abweichungen von diesem reinen Zufallspieler-Modell zeigen können, ist von vornherein plausibel. Ein naheliegender Grund für solche Abweichungen kann z. B. folgendes Konsensverhalten der Spieler sein: Die Spieler bevorzugen oder meiden bei der Bildung ihrer Tippreihen kollektive sogenannte „Glückszahlen“ bzw. „Unglückszahlen“. Als (unrealistischen) Extremfall stelle man sich etwa vor, daß fast alle Spieler lediglich Tippreihen aus einer Menge K von Konsens-Zahlen bilden. In diesem Falle fielen die Gewinn-Quoten offenkundig meistens entweder extrem niedrig oder extrem hoch aus, je nachdem ob die tatsächlichen Gewinnzahlen überwiegend Konsens-Zahlen sind oder nicht. Ein solcher Konsens-Effekt eröffnete offenkundig die Möglichkeit zu folgender rationaler Spiel-Strategie: Ein Anti-Konsens-Spieler, der eine Tippreihe ausschließlich aus Nicht-Konsenszahlen bildete, erhielte nämlich im Gewinn-Falle eine wesentlich höhere Gewinn-Quote als ein Konsens-Spieler im Gewinn-Falle. Da die Gewinn-*Wahrscheinlichkeiten* für jede Tippreihe für beide Spieler gleich sind, so wäre folglich die Gewinn-Erwartung des Anti-Konsens-Spielers höher als die eines Konsens-Spielers.

Ob allerdings ein solcher Konsens-Effekt bei einem realen Spieler-Kollektiv tatsächlich vorliegt, ist eine rein empirisch zu beantwortende Frage.

In der nachfolgend dargestellten Untersuchung wird für das Lotto „6 aus 49“ die Existenz eines solchen Konsens-Effektes statistisch nachgewiesen (bei Zugrundelegung von praktisch gesehen „beliebig“ hoher Sicherheitswahrscheinlichkeit). Für diesen Nachweis benötigt man empirische Angaben über das Spielverhalten aller an einer Lotto-Ausspielung beteiligten Spieler lediglich insoweit, als sie in den tatsächlich beobachteten Besetzungszahlen der einzelnen Gewinn-Klassen indirekt zum Ausdruck kommen; d. h. man benötigt als empirische Daten über jede Lotto-Ausspielung lediglich die Anzahl aller beteiligten Tippreihen sowie die Besetzungszahlen in den Gewinn-Klassen. (Diese Angaben kann man bei den Staatlichen Lotterieverwaltungen für alle bisherigen Ausspielungen des Lotto „6 aus 49“ erhalten. Die erste Ausspielung in der Bundesrepublik fand am 9. 10. 1955 statt.) Für die Ausspielungen von 16. und 23. Februar 1991 werden anhand der nachfolgenden (einfachen!) Aufgaben alle für diese Untersuchung grundlegenden Rechnungen explizit numerisch durchgeführt. (Diese beiden Ausspielungen waren bei Abfassung des vorliegenden Textes die beiden jüngsten Ausspielungen. Sie wurden gewählt, um dem denkbaren Vorhalt einer manipulatorischen Auswahl einigermaßen vorzubeugen!)

Sodann werden analoge Rechenergebnisse für 1264 Ausspielungen mitgeteilt, die seit der 1. Ausspielung am 9. 10. 1955 bis zur 1264. Ausspielung am 29. 12. 1979 erfolgten.[1])

Auf dieser Grundlage kann der behauptete Konsenseffekt in der Form der Behandlung weiterer (einfacher!) Aufgaben statistisch nachgewiesen werden und eine spezielle Form eines Bereichs von Konsenszahlen geschätzt werden. Ferner wird nachgewiesen, daß Spieler, die diesen Konsensbereich meiden, eine signifikant höhere Gewinn-Erwartung als 50% ihrer Einsatzsumme erzielen können. (Da beim Lotto insgesamt 50% der Einsatzsumme als Gewinn-Summe ausgeschüttet werden, betrüge unter Zugrundelegung des vorangehend definierten reinen Zufallsspieler-Modells die Gewinn-Erwartung für jeden dieser Zufallsspieler genau 50% seines Einsatzes.)

Diese Aussage über die Existenz rationaler Tipp-Strategien steht natürlich unter dem Vorbehalt, daß sich das Spielverhalten des real existierenden Lottospieler-Kollektivs nicht signifikant ändert, z. B. durch Berücksichtigung der hiermit vorgelegten Untersuchung. Allerdings gibt es wohl kaum Belege dafür, daß die Ergebnisse einer heutigen mathematischen Untersuchung menschliches Verhalten ändern könnten.

LOTTO-Aufgabe 1: Über die Ausspielungen des Zahlen-Lottos „6 aus 49" vom 16. 2. 1991 und vom 23. 2. 1991 („Lotto am Samstag") wurden Lotterie-amtlich folgende Ergebnisse veröffentlicht:

---

[1]) Auf die naheliegende Frage, weshalb nicht auch die Ausspielungen nach 1979 berücksichtigt werden, versuche ich folgende Antwort: Die hier angegebenen Ergebnisse wurden 1979/80 auf einer inzwischen demontierten Rechenanlage der Universität Würzburg gerechnet. Für die Programmierung und Ausführung der Arbeiten auf der Rechenanlage gilt mein Dank den seinerzeitigen cand. math. Michael Behl und Otmar Scheitl.
Die wesentlichen Konsequenzen habe ich seither in verschiedenen Lehrveranstaltungen gelegentlich dargestellt. Eine Einbeziehung der Daten ab 1980 hätte auch die vollständige Neueingabe der früheren Daten in eine heutige Anlage erfordert. Daß dies bisher nicht geschehen ist, hängt wohl auch damit zusammen, daß solche (einfachen!) empirischen Untersuchungen im Rahmen der Mathematik gemeinhin nicht als Forschungsarbeit gelten.

16. 2. 1991

Klasse I 6 Treffer	Klasse II 5 Treffer + Z	Klasse III 5 Treffer	Klasse IV 4 Treffer	Klasse V 3 Treffer
6 Gew. **1280477,50 DM**	16 Gew. **240089,50 DM**	966 Gew. **11929,90 DM**	76745 Gew. **150,10 DM**	1659935 Gew. **10,– DM**

Lotto-Umsatz: 102438205,– DM; Ausschüttung: 51219102,50 DM

Gewinnzahlen: 5, 11, 37, 38, 42, 44
Zusatzzahl: 39

23. 2. 1991

Klasse I 6 Treffer	Klasse II 5 Treffer + Z	Klasse III 5 Treffer	Klasse IV 4 Treffer	Klasse V 3 Treffer
11 Gew. **709611,70 DM**	46 Gew. **84844,80 DM**	2452 Gew. **4775,10 DM**	126297Gew. **92,70 DM**	2173136 Gew. **7,70 DM**

Lotto-Umsatz: 104076396,– DM; Ausschüttung: 52038198,– DM

Gewinnzahlen: 5, 6, 15, 19, 30, 33
Zusatzzahl: 31

a) Man berechne für jede der 5 Gewinn-Klassen I, II, III, IV, V die Wahrscheinlichkeit, mit *einer Tippreihe* einen Gewinn in dieser Klasse zu erzielen sowie die Wahrscheinlichkeit mit einer Tippreihe *irgendeinen* Gewinn zu erzielen.

b) Für eine Ausspielung, an der n Tippreihen beteiligt sind, bezeichne ξ_1, ξ_2, ξ_3, ξ_4, ξ_5 die Besetzungszahlen der Gewinn-Klassen I, …, V und $\xi = \xi_1 + \ldots + \xi_5$ die Anzahl aller Gewinne bei dieser Ausspielung. Unter der *Annahme*, daß die $n = 102438205$ an der Ausspielung vom 16. 2. 1991 beteiligten Tippreihen aus der Menge der $\binom{49}{6} = 13983816$ möglichen Tippreihen *zufällig und unabhängig* voneinander herausgegriffen wurden (= reines Zufallsspieler-Modell) berechne man Erwartungswert und Varianz für jede der zufälligen Variablen $\xi_1, \ldots, \xi_5$ und ξ. Schließlich berechne man die analogen Parameterwerte für $n = 104076396$, also für die Ausspielung vom 23. 2. 1991. (Die angegebenen Werte von n ergeben sich deshalb aus den angegebenen Umsatzwerten, da der Einsatz pro Tippreihe zur Zeit 1,– DM beträgt.)
Für welche dieser Berechnungen ist die Voraussetzung des reinen Zufallsspieler-Modells nicht erforderlich?

c) Für die Lotto-Ausspielungen vom 16. und 23. 2. 1991 berechne man für jede Gewinn-Klasse sowie für die Klasse „irgendein Gewinn" die jeweils beobachtete sogenannte Sigma-Abweichung der Form

$$\frac{\text{tatsächliche Besetzungszahl} - \text{erwartete Besetzungszahl}}{\text{Standardabweichung der Besetzungszahl}} \qquad (*)$$

d) Mit Hilfe eines geeigneten Chi-Quadrat-Tests teste man aufgrund der beiden angegebenen Ausspielungsergebnisse jeweils die Nullhypothese, daß die in b) formulierte *Annahme* über das Spielverhalten des beteiligten Spieler-Kollektives (= reines Zufallsspieler-Modell) tatsächlich erfüllt ist und zwar allein aufgrund der jeweils beobachteten Realisation der Anzahl $\xi(\omega)$ aller Gewinne.

Lösung zu LOTTO-Aufgabe 1:

Zu a): Bei Verwendung der Abkürzung $\frac{1}{\binom{49}{6}} = \frac{1}{13983816} = p$ ergeben sich die Wahrscheinlichkeiten, mit *einer Tippreihe* einen Gewinn in einer bestimmten Gewinn-Klasse zu erzielen, zu (vgl. Aufgaben 20 und 21*):

Gewinn-Klasse	I	II	III	IV	V	„irgendein Gewinn"
Wahrscheinlichkeit	$\binom{6}{6}\binom{43}{0}p$ $= p$	$6\,p$	$252\,p$	$\binom{6}{4}\binom{43}{2}p$ $= 13545\,p$	$\binom{6}{3}\binom{43}{3}p$ $= 246820\,p$	$260624\,p$

Zu b) und c): Unter Voraussetzung des reinen Zufallsspieler-Modells sind alle Gewinn-Klassen-Besetzungszahlen ξ_1, ξ_2, ξ_3, ξ_4, ξ_5 und ξ nach einer Binomial-Verteilung $Bi(n; p_i)$ verteilt, wobei die p_i die in a) berechneten Gewinn-Klasse-Wahrscheinlichkeiten sind. Folglich ergeben sich die Erwartungswerte der Besetzungszahlen zu np_i und die Varianzen zu $np_i(1-p_i)$.

Deutet man jede dieser Besetzungszahlen jeweils als Summe aus den n Beiträgen der n einzelnen Tippreihen zu dieser Gesamt-Besetzungszahl, sieht man: jeder dieser n Summanden besitzt den Erwartungswert p_i und folglich erhält man auch ohne die Voraussetzung des reinen Zufallsspieler-Modells die erwartete Besetzungszahl stets zu np_i. (Diese „voraussetzungsfreie" Herleitung des Erwartungswertes jeder Gewinn-Klassen-Besetzungszahl wurde bereits in der Lösung zu Aufgabe 22 ausführlich vorgeführt!)

Hiernach erhält man für die Ausspielung vom 16. 2. 1991 beispielsweise für die Anzahl ξ aller Gewinne:

$$E[\xi] = n \cdot \frac{260\,624}{13\,983\,816} = 1\,909\,196{,}7,$$

für die Varianz von ξ

$$\sigma_\xi^2 = n \cdot \frac{260\,624}{13\,983\,816}\left(1 - \frac{260\,624}{13\,983\,816}\right) = 1\,873\,613{,}9$$

und somit die in c) zu berechnende Sigma-Abweichung (*) für die Klasse „irgendein Gewinn“ zu:

$$\frac{\xi(\omega) - E[\xi]}{\sigma_\xi} = \frac{1\,737\,668 - 1\,909\,196{,}7}{\sqrt{1\,873\,613{,}9}} = -125{,}3.$$

Analog erhält man:

	Gewinn-Klasse	I	II	III	IV	V	„irgendein Gewinn“
16. 2. 91	tatsächliche Besetzungszahl	6	16	966	76745	1659935	1737668
	erwartete Besetzungszahl	7,33	43,95	1846,0	99223,7	1808075,7	1909196,7
	Varianz	7,33	43,95	1846,0	99127,6	1776162,4	1873613,9
	Sigma-Abweichung	−0,49	−4,22	−20,5	−71,4	−111,2	−125,3
23. 2. 91	tatsächliche Besetzungszahl	11	46	2452	126297	2173136	2301942
	erwartete Besetzungszahl	7,44	44,66	1875,5	100810,5	1836990,4	1939728,5
	Varianz	7,44	44,66	1875,5	100712,8	1804566,8	1903576,7
	Sigma-Abweichung	+1,30	+0,20	+13,3	+80,3	+250,2	+262,5

Als Interpretationshilfe für die erhaltenen Sigma-Abweichungen sei an folgenden einfachen Sachverhalt erinnert: Würde das reine Zufallsspieler-Modell das Spielverhalten der an den beiden Ausspielungen beteiligten Lotto-Spieler korrekt beschreiben, so wären alle Besetzungszahlen nach einer Binomial-Verteilung verteilt und ihre jeweiligen Sigma-Abweichungen wären auf Mittelwert 0 und Streuung 1 normiert und also approximativ nach der normierten Normalverteilung N(0; 1) verteilt. Insbesondere läge jede dieser Sigma-Abweichungen mit approximativ 95% Wahrscheinlichkeit im Intervall −1,96 bis +1,96 und mit approximativ 99% Wahrscheinlichkeit im Intervall −2,58 bis +2,58. Hieraus ersieht man sofort, daß die in den beiden Ausspielungen beobachteten tatsächlichen Besetzungszahlen in keinem der beiden Fälle mit Hilfe des reinen Zufallsspieler-Modells über das Spielverhalten erklärt werden können.

Zu d): Testen hypothetischer Wahrscheinlichkeiten mit Hilfe des χ^2-Tests. Für die Ausspielung vom 16. 2. 91 hat sich in b) ergeben:

tatsächliche Anzahl von Gewinn-Tippreihen:	1737668
erwartete Anzahl von Gewinn-Tippreihen:	1909196,7
tatsächliche Anzahl von Nicht-Gewinn-Tippreihen:	100700537
erwartete Anzahl von Nicht-Gewinn-Tippreihen:	100529008,3

Hiermit erhält man für die Testgröße des χ^2-Tests den Wert:

$$V = \frac{(1737668 - 1909196{,}7)^2}{1909196{,}7} + \frac{(100700537 - 100529008{,}3)^2}{100529008{,}3} = 15703{,}4$$

Analog erhält man für die Ausspielung vom 23. 2. 91:

$$V = 68922{,}2.$$

Da die Testschranke dieses χ^2-Tests zur Sicherheitswahrscheinlichkeit 99,9% den Wert 10,83 besitzt, so lauten für beide Ausspielungen die Testergebnisse:

Es ist statistisch nachgewiesen, daß für das Spielverhalten der beiden Teilnehmer-Kollektive das reine Zufallsspieler-Modell nicht zutrifft.

Wie man anhand der beiden Werte der Testgröße V des χ^2-Tests sieht, ist V das Quadrat der entsprechenden Sigma-Abweichung. Dieser Zusammenhang ist generell erfüllt.

Ergänzende Ergebnisse zur Bedeutung der vorangehenden Testergebnisse:

Die Testergebnisse über die beiden Lotto-Ausspielungen erweisen sich im Hinblick auf die insgesamt untersuchten 1264 Ausspielungen in zweifacher Hinsicht als typisch.

1. Bei 1243 der untersuchten 1264 Ausspielungen weicht die tatsächliche Anzahl ξ der Gewinne bei Zugrundelegung einer Sicherheitswahrscheinlichkeit von 99,9% von der aufgrund des reinen Zufallsspieler-Modells zu erwartenden Anzahl signifikant ab – wie bei den beiden vorangehend untersuchten Ausspielungen.

2. In der ersten der beiden vorangehend untersuchten Ausspielungen ist die tatsächliche Anzahl der Gewinne signifikant kleiner als aufgrund des Zufallsspieler-Modells zu erwarten. Bei der zweiten Ausspielung ist es umgekehrt. Analog dazu weisen 720 der 1264 untersuchten Ausspielungen eine negative und 544 eine positive Sigma-Abweichung für die Gewinne-Anzahl ξ auf.

Im Hinblick auf die Bildung geeigneter Erklärungs-Hypothesen für diese spektakulären Abweichungen vom reinen Zufallsspieler-Modell sind in der folgenden Tabelle die ausgespielten Gewinnzahlen für alle diejenigen Ausspielungen (unter den untersuchten 1264 Ausspielungen) zusammengestellt, bei denen die Sigma-Abweichung der Gewinne-Anzahl besonders extreme Werte (= Werte mit einem Betrag größer als 400) annimmt:

Ausspielung	Sigma-Abweichung der Gewinne-Anzahl ξ	Gewinn-Zahlen
25/1957	+450,0	4, 8, 10, 12, 19, 25
8/1958	+504,7	2, 3, 12, 17, 19, 26
42/1958	−411,1	4, 6, 45, 46, 48, 49
27/1959	+402,1	2, 9, 18, 36, 44, 49
45/1960	+657,9	3, 9, 10, 18, 19, 24
2/1962	+535,9	9, 12, 19, 22, 26, 27
6/1962	+404,5	9, 18, 23, 27, 29, 40
18/1963	+550,6	7, 11, 17, 19, 26, 36
29/1963	+454,5	7, 12, 19, 24, 31, 32
50/1963	+529,8	1, 7, 9, 19, 31, 36
46/1964	+487,4	3, 9, 23, 24, 33, 38
1/1965	+745,8	7, 13, 23, 25, 33, 43
3/1965	+618,3	7, 9, 17, 18, 27, 47
27/1965	+409,5	8, 12, 17, 19, 21, 25
24/1966	+561,8	2, 3, 6, 12, 19, 22
11/1967	+579,1	5, 9, 19, 36, 39, 42
18/1967	+614,2	7, 19, 23, 33, 38, 42
38/1969	+404,9	5, 9, 18, 24, 25, 38
7/1970	+406,6	6, 12, 19, 23, 33, 46
24/1970	+441,1	1, 2, 9, 19, 27, 49
45/1972	+562,3	9, 17, 21, 22, 32, 33
45/1973	+702,9	3, 17, 19, 31, 33, 49
32/1974	+440,9	4, 7, 10, 12, 19, 42
9/1975	+430,4	3, 12, 19, 32, 38, 49

Ausspielung	Sigma-Abweichung der Gewinne-Anzahl ξ	Gewinn-Zahlen
3/1976	−407,4	9, 10, 29, 41, 46, 47
41/1976	+461,4	6, 9, 19, 24, 35, 39
4/1977	+516,3	2, 3, 12, 16, 19, 38
21/1977	+451,9	5, 7, 9, 21, 27, 36
18/1978	+680,7	2, 7, 8, 19, 22, 30
7/1979	+487,8	5, 17, 19, 21, 32, 47
18/1979	−408,0	6, 16, 30, 35, 44, 45
22/1979	−595,7	14, 20, 30, 43, 47, 48
49/1979	−479,4	14, 15, 20, 22, 23, 28

Zunächst fällt an dieser Zusammenstellung von betragsmäßig extrem großen Sigma-Abweichungen auf, daß darin die positiven Werte im Verhältnis 28:5 überwiegen, während unter allen 1264 untersuchten Ausspielungen umgekehrt die negativen Sigma-Abweichungen im Verhältnis 720:544 überwiegen. Dies erklärt den Sachverhalt, daß der empirische Mittelwert der 1264 Sigma-Abweichungen bei Zugrundelegung einer Sicherheitswahrscheinlichkeit von 99% *nicht* signifikant von Null abweicht, weil offenbar die relativ vielen extrem positiven Werte die insgesamt größere Anzahl negativer Werte ausgleichen. Diese Nicht-Signifikanz mußte man erwarten, da doch die Erwartungswerte der Gewinnklassen-Besetzungszahlen „voraussetzungsfrei", also ohne Voraussetzung des reinen Zufallsspieler-Modells berechnet werden konnten (s. Lösung zu Teilaufgabe b)), also auch nicht empirisch als falsch erwiesen werden „dürfen".

Die Mitteilung, daß die 1264 Sigma-Abweichungen insgesamt keine signifikante Abweichung vom Erwartungswert Null bedeuten, kann auf den ersten Blick als ein Widerspruch zu den beiden Testergebnissen zu Teilaufgabe d) erscheinen, wenn man diese Ergebnisse in der natürlichen Sprache so formuliert, daß z. B. in der Ausspielung vom 16. 2. 1991 die tatsächliche Gewinne-Anzahl „signifikant von ihrem (Zufallsspieler-) Erwartungswert abweicht". Dieser scheinbare Widerspruch läßt sich folgendermaßen erklären: Die Zufallsgröße ξ (= Gewinne-Anzahl bei realem Spieler-Kollektiv) weicht zwar bezüglich $E[\xi]$ nicht vom Zufallsspieler-Modell ab aber ihre Varianz ist wesentlich größer als die Varianz $np_i(1-p_i)$ der Binomial-Verteilung, die sich aufgrund des Zufallsspieler-Modells ergibt. Dies führt bei einer einzelnen Ausspielung dazu, daß die beobachtete Realisation von ξ „fast immer" so weit von $E[\xi]$ entfernt liegt, daß sie, gemessen in Sigma-Abweichungen, also in Vielfachen der viel zu kleinen Streuung $\sqrt{np_i(1-p_i)}$, „fast immer" zu einer hochsignifikanten Abweichung vom reinen Zufallsspieler-Modell führt. (Der erhebliche Einfluß der Spiel-Strategie auf die Varianz von ξ wird in LOTTO-Aufgabe 5 für verschiedene Modell-Strategien in Modellrechnungen bestätigt.)

Vergleicht man in der vorangehenden Zusamenstellung der 33 Ausspielungen mit den betragsmäßig extremsten Sigma-Abweichungen die Gewinnzahlen der Ausspielungen mit extremen positiven Sigma-Abweichungen (≙extrem überhöhte Gewinne-Anzahl) mit den Gewinnzahlen der Ausspielungen mit extremen negativen Sigma-Abweichungen (≙ extrem unterbesetzte Gewinn-Klassen), so fällt folgendes auf: Bei den Ausspielungen mit positiven Sigma-Abweichungen (≙überhöhte Gewinn-Klassen-Besetzungszahlen) dominieren „vertraute", kleine Zahlen („Konsenszahlen") als Gewinnzahlen. Eine besonders herausragende Rolle spielt dabei die Zahl 19. Sie ist in keiner der 5 Ausspielungen mit negativen, aber in 20 der 28 Ausspielungen mit positiven Sigma-Abweichungen als Gewinnzahl vertreten. Demgegenüber dominieren in den Ausspielungen mit negativen Sigma-Abweichungen weniger „vertraute" Zahlen oberhalb von 40 („Anti-Konsenszahlen").

Damit drängt sich folgende Erklärungs-Hypothese auf – die aus statistischer Sicht natürlich zunächst als eine Vermutung zu betrachten ist:

Fallen bei einer Ausspielung die Gewinnzahlen zufällig überwiegend in einen Konsensbereich K von Zahlen, die dem realen Spieler-Kollektiv besonders „vertraut" sind und bei der Bildung von Tippreihen bevorzugt herangezogen werden, so gibt es extrem überhöhte Gewinn-Klassen-Besetzungszahlen, extrem große positive Sigma-Abweichungen und extrem niedrige Gewinn-Quoten. Da ein Antikonsensbereich plausiblerweise nicht so klar ausgeprägt sein dürfte wie ein solcher Konsensbereich, so erklärt dies auch die offensichtliche Unsymmetrie der empirischen Verteilung der Sigma-Abweichungen, weil sich deshalb Unterbesetzungen nicht so extrem ausprägen wie Überbesetzungen der Gewinnklassen (= extrem positive Sigma-Abweichungen).

In der nachfolgenden Aufgabe wird ein Konsensbereich K definiert und geschätzt. Dazu wird jede der 49 Lotto-Zahlen in einer Art Vorversuch aufgrund der ersten 377 Lotto-Ausspielungen daraufhin getestet, ob sie als Element in K aufzunehmen ist oder nicht. Von der so konstruierten Menge K wird sodann in LOTTO-Aufgabe 3 auf der Basis neuen Stichprobenmaterials, nämlich anhand der Ergebnisse der 887 Ausspielungen Nr. 378 bis Nr. 1264 statistisch nachgewiesen, daß sie tatsächlich ein Konsensbereich ist.

LOTTO-Aufgabe 2: In den beiden folgenden Vier-Felder-Tafeln sind die 377 Lotto-Ausspielungen Nr. 1 (9. 10. 1955) bis Nr. 377 (30. 12. 1962) in zweifacher Weise klassifiziert, nämlich einerseits hinsichtlich des Vorzeichens der Sigma-Abweichungen der Gewinne-Anzahl ξ jeder Ausspielung (vgl. LOTTO-Aufgabe 1c) und andererseits danach, ob die Zahl 19 beziehungsweise die Zahl 49 bei der jeweiligen Ausspielung als eine der 6 Gewinnzahlen gezogen wurde oder nicht:

	Sigma-Abweichung +	Sigma-Abweichung −	
19 gezogen	33	17	50
19 nicht gezogen	123	204	327
	156	221	377

	Sigma-Abweichung +	Sigma-Abweichung −	
49 gezogen	10	40	50
49 nicht gezogen	146	181	327
	156	221	377

Für die Lotto-Zahl 19 teste man bei Zugrundelegung einer Sicherheitswahrscheinlichkeit von 95% die Nullhypothese, daß sich die Menge der 19-gezogen-Ausspielungen und die Menge der 19-nicht-gezogen-Ausspielungen hinsichtlich des Anteils positiver Sigma-Abweichungen ($\triangleq$ überdurchschnittliche Gewinne-Anzahl) nicht signifikant unterscheiden. Sodann teste man die analoge Nullhypothese über die Lottozahl 49.

Man interpretiere die beiden Testergebnisse im Hinblick auf die Frage, ob 19 bzw. 49 Zahlen sind, die von dem realen Lottospieler-Kollektiv der Ausspielungen Nr. 1 bis Nr. 377 bei der Bildung der Tippreihen eher bevorzugt („Konsenszahl") oder eher gemieden („Antikonsenszahl") wurden.

Lösung zu LOTTO-Aufgabe 2:

Für die Testgröße V des χ^2-Tests auf Unabhängigkeit erhält man:

$$V = \frac{377(33 \cdot 204 - 123 \cdot 17)^2}{156 \cdot 221 \cdot 327 \cdot 50} = 14{,}41$$

für die erste der beiden Vier-Felder-Tafeln und analog für die zweite

$$V = 10{,}86.$$

Da die einschlägigen χ^2-Testschranken zu den Sicherheitswahrscheinlichkeiten 95%, 99% und 99,9% die Werte 3,84; 6,63 und 10,83 haben, so können die beiden zu testenden Nullhypothesen sogar bei Zugrundelegung einer Sicherheitswahrscheinlichkeit von 99,9% abgelehnt werden; d. h. es besteht ein hochsignifikanter statistischer Zusammenhang zwischen dem Erscheinen bzw. Nicht-Erscheinen der Zahlen 19 bzw. 49 bei einer Ausspielung als Gewinnzahlen und der Größe der Sigma-Abweichungen der Gewinne-Anzahl.

Interpretation dieses Testergebnisses:

Unter den 377 Ausspielungen, bei denen 19 nicht als Gewinnzahl gezogen wurde, beträgt der Anteil positiver Sigma-Abweichungen (≙ überdurchschnittliche Gewinne-Anzahlen) 37,6%, während unter den 50 Ausspielungen mit 19 als Gewinnzahl dieser Anteil 66% beträgt – und dieser Unterschied ist inzwischen als hochsignifikant erwiesen. Dies bedeutet: Bei Ausspielungen mit 19 als Gewinnzahl treten signifikant höhere Gewinn-Klassen-Besetzungszahlen und damit niedrigere Gewinn-Quoten auf als bei Ausspielungen ohne die Gewinnzahl 19.

Unter diesen Bedingungen (d. h. unter Voraussetzung des Tippverhaltens des seinerzeitigen realen Spieler-Kollektivs) verlangt rationales Tippverhalten, die Zahl 19 bei der Bildung von Tippreihen zu meiden, weil man damit im Hinblick auf den Gewinn-Fall niedrigeren Gewinn-Quoten zugunsten höherer Gewinn-Quoten ausweicht.

Die naheliegende, anschauliche Erklärung für diesen Sachverhalt ist darin zu sehen, daß offenbar die Zahl 19 vom Spieler-Kollektiv bei der Bildung der Tippreihen bevorzugt herangezogen wird und zu dem nachgewiesenen Effekt führt. Deshalb soll dieser nachgewiesene Effekt in folgender Formulierung ausgedrückt werden:

19 ist Element eines Konsensbereichs K.

Die analoge Überlegung für die Zahl 49 führt zum entgegengesetzten Resultat: In Ausspielungen mit 49 als Gewinnzahl gibt es signifikant niedrigere Gewinn-Klassen-Besetzungszahlen und also höhere Gewinn-Quoten als in Ausspielungen ohne die Gewinnzahl 49.

In dualer Formulierung zum Vorangehenden kann dies so formuliert werden:

49 ist Element eines Antikonsensbereichs A.

Die vorangehend exemplarisch für eine Lottozahl z durchgeführte Prüfung im Hinblick auf die Fragen

ob z zu einem Konsensbereich K gehört oder nicht

und

ob z zu einem Antikonsensbereich A gehört oder nicht,

ist genau genommen jeweils mit Hilfe eines einseitigen Tests für den Vergleich zweier Anteile, nämlich der Anteile von Ausspielungen mit positiven Sigma-Abweichungen, auf folgende Weise durchzuführen:

Die Entscheidung *z gehört zu K* wird genau dann getroffen, wenn der betreffende einseitige Test (bei Zugrundelegung einer bestimmten Sicherheitswahrscheinlichkeit) zu folgendem Ergebnis führt:

Unter den Ausspielungen mit z als Gewinnzahl ist der Anteil *positiver* Sigma-Abweichungen signifikant größer als unter den Ausspielungen, bei denen z nicht als Gewinnzahl erscheint.

Die Entscheidung *z gehört zu A* wird genau dann getroffen, wenn der diesbezügliche einseitige Test (bei Zugrundelegung einer bestimmten Sicherheitswahrscheinlichkeit) zu folgendem Ergebnis führt:

Unter den Ausspielungen mit z als Gewinnzahl, ist der Anteil *negativer* Sigma-Abweichungen signifikant größer als unter den Ausspielungen, bei denen z nicht als Gewinnzahl erscheint.

Diese Prüfung wurde vorangehend für die Lottozahlen 19 und 49 formal allerdings mit Hilfe des zweiseitigen χ^2-Tests durchgeführt. Die Frage, zugunsten welcher der beiden möglichen Alternativen die Entscheidung z treffen war, wurde jeweils durch Interpretation des jeweiligen Stichprobenmaterials entschieden, was angesichts der sehr großen Werte der Testgröße unbedenklich ist.

In der nachfolgenden Aufgabe sind sowohl der Konsensbereich K als auch der Antikonsensbereich A angegeben, die man nach Prüfung aller 49 Lottozahlen auf der Basis der Lotto-Ausspielungen Nr. 1 bis Nr. 377 insgesamt erhält. Diese so geschätzten Bereiche werden in dieser Aufgabe anhand der Ergebnisse der 887 Lotto-Ausspielungen Nr. 378 bis Nr. 1264 im Hinblick auf ihre Eigenschaften Konsensbereich bzw. Antikonsensbereich zu sein, überprüft. Diese Überprüfung beugt dem denkbaren Einwand vor, daß eine Untersuchung des Spielverhaltens früherer Spieler-Kollektive keine Relevanz für das Verhalten nachfolgender Spieler-Kollektive haben könnte. Die Ergebnisse der folgenden Aufgabe werden diesen denkbaren Einwand entkräften.

LOTTO-Aufgabe 3: Bei der Behandlung von LOTTO-Aufgabe 2 wurde mit Hilfe des χ^2-Tests ein Verfahren dafür präzisiert, für jede einzelne der 49 Lottozahlen $1, 2, \ldots, 49$ zu entscheiden,

ob sie zu einem Konsensbereich K gehört oder nicht

und

ob sie zu einem Antikonsensbereich A gehört oder nicht.

Führt man dieses Prüfverfahren – das in LOTTO-Aufgabe 2 für die Zahlen 19 und 49 exemplarisch durchgeführt wurde – auf der Basis der Ergebnisse der Lotto-Ausspielungen Nr. 1 bis Nr. 377 bei Zugrundelegung einer Sicherheitswahrscheinlichkeit von 95% für jede der 49 Lottozahlen durch, so erhält man:

als Konsensbereich

K = {3, 6, 7, 9, 12, 13, 17, 18, 19, 25, 26, 33}

und als Antikonsensbereich

A = {1, 20, 30, 40, 41, 42, 43, 45, 46, 47, 48, 49}.

Im Hinblick auf eine Überprüfung, ob K und A auch in nachfolgenden Ausspielungen die Eigenschaft Konsensbereich bzw. Antikonsensbereich zu sein weiterhin besitzen, wurde jede der 887 Lotto-Ausspielungen Nr. 378 bis Nr. 1264 in zweifacher Hinsicht klassifiziert, und zwar einerseits nach dem Wert der jeweiligen Sigma-Abweichung der Gewinne-Anzahl (s. LOTTO-Aufgabe 1c) und andererseits danach, wieviele der jeweiligen 6 Gewinnzahlen zu K bzw. zu A gehören:

		Sigma-Abweichung S der Gewinne-Anzahl				
		S<−100	−100⩽S<0	0<S⩽100	100<S	
Anzahl	0	104	35	15	4	158
	0	*9*	*20*	*33*	*70*	*132*
der	1	138	89	69	39	335
	1	*75*	*72*	*83*	*102*	*332*
Gewinn-	2	50	59	62	85	256
zahlen	*2*	*116*	*81*	*44*	*34*	*275*
	3	8	16	25	65	114
in K	*3*	*79*	*23*	*13*	*7*	*122*
(obere Zahl)	4	0	0	3	20	23
	4	*18*	*3*	*1*	*1*	*23*
bzw.	5	0	0	0	1	1
in A	*5*	*3*	*0*	*0*	*0*	*3*
(untere,	6	0	0	0	0	0
kursive Zahl)	*6*	*0*	*0*	*0*	*0*	*0*
		300	199	174	214	887
		300	*199*	*174*	*214*	*887*

Bei Zugrundelegung einer Sicherheitswahrscheinlichkeit von 99,9% teste man mit Hilfe eines geeigneten χ^2-Tests die Nullhypothese, daß die Klasseneinteilung bezüglich der Sigma-Abweichungen und die Klasseneinteilung bezüglich der Anzahl der Übereinstimmungen zwischen der Menge der jeweiligen Gewinnzahlen und K bzw. A statistisch unabhängig sind. Um ausreichend große Besetzungszahlen in den Feldern der auszuwertenden Kontingenztafeln sicherzustellen – was für die Anwendung des χ^2-Tests erforderlich ist – vergröbere man die angegebene 7-klassige Einteilung bezüglich der Übereinstimmungen, indem man die Klasse mit 3, 4, 5, 6 Übereinstimmungen zu einer Klasse „mindestens 3 Übereinstimmungen" zusammenfasse.

Lösung zu LOTTO-Aufgabe 3:

Für die beiden 4×4-Kontingenztafeln erhält man für die Testgröße des χ^2-Tests (s. Lösung zu Aufgabe 62) folgende Werte:

$V = 266{,}12$ für die K betreffende Tafel.

$V = 212{,}60$ für die A betreffende Tafel.

Die einschlägige Testschranke des χ^2-Tests (zum Freiheitsgrad $(4-1) \cdot (4-1) = 9$) hat den Wert 27,88. Damit lauten die Testergebnisse:

Bei Zugrundelegung einer Sicherheitswahrscheinlichkeit von 99,9% ist nachgewiesen, daß die Sigma-Abweichung der Gewinne-Anzahl einer Lotto-Ausspielung und die Anzahl der Übereinstimmungen zwischen der Menge der Gewinnzahlen dieser Ausspielung und der Menge K bzw. der Menge A statistisch abhängig sind.

Interpretationen und Ergänzungen zu den Testergebnissen der LOTTO-Aufgabe 3:

Betrachtet man die angegebenen 7×4-Felder-Tafeln, so konkretisiert sich die nachgewiesene Abhängigkeit zu folgender Form: Mit wachsender Zahl von Gewinnzahlen in *K* verschieben sich die Sigma-Abweichungen augenfällig von zunächst überwiegend negativen Werten (unter den 158 Ausspielungen mit 0 Übereinstimmungen weisen 139 eine negative Sigma-Abweichung auf) zu überwiegend positiven Werten (unter den 24 Ausspielungen mit mindestens 4 Übereinstimmungen gibt es keine einzige negative Sigma-Abweichung mehr); d. h. je mehr Gewinnzahlen einer Ausspielung in K liegen, desto deutlicher prägt sich eine Überbesetzung der Gewinn-Klassen aus. Dies ist aber genau die Eigenschaft von K, Konsensbereich zu sein.

Da K zunächst als ein Konsensbereich auf der Basis der Ergebnisse der Lotto-Ausspielungen Nr. 1 bis Nr. 377 bestimmt wurde und jetzt auch anhand der Ausspielungen Nr. 378 bis Nr. 1264 als Konsensbereich erwiesen ist, so ist damit eine gewisse zeitliche Konstanz des Spielverhaltens realer Lottospieler-Kollektive erwiesen, d. h. solche Untersuchungen über das Spielverhalten können die Grundlage für die Entwicklung rationaler Spielstrategien für künftige Lotto-Ausspielungen sein – jedenfalls so lange, wie die Voraussetzung dafür, nämlich die Konstanz des Spielverhaltens, nicht durch Informationen der Spieler über ihr kollektives Verhalten gestört wird.

Hierzu analoge Betrachtungen der angegebenen 7×4-Felder-Tafel für den Antikonsensbereich A aus den Ausspielungen Nr. 1 bis Nr. 377 führen zu dem Ergebnis: Die Menge A erweist sich auch für die Ausspielungen Nr. 378 bis Nr. 1264 als Antikonsensbereich.

Hiernach ist es sinnvoll, als Grundlage für rationale Spielstrategien einen Konsensbereich K* und einen Antikonsensbereich A* auf der Basis aller 1264 insgesamt untersuchten Ausspielungen zu bestimmen. Trägt man etwa in die in LOTTO-Aufgabe 2 angegebenen Vier-Felder-Tafeln für die Lottozahlen 19 und 49 jeweils noch die Ergebnisse der Ausspielungen Nr. 378 bis Nr. 1264 ein, so erhält man:

	Sigma-Abweichung		
	+	−	
19 gezogen	124	34	158
19 nicht gezogen	420	686	1106
	544	720	1264

	Sigma-Abweichung		
	+	−	
49 gezogen	52	122	174
49 nicht gezogen	492	598	1090
	544	720	1264

Die Werte der zugehörigen χ^2-Testgröße V ergeben sich jetzt zu:

$V = 92,5$ bzw. $V = 14,2$;

d. h., die Eigenschaften der Zahlen 19 und 49 Konsenszahl bzw. Antikonsenszahl zu sein, treten nunmehr noch frappierender hervor als in LOTTO-Aufgabe 2.

Die entsprechende Durchsicht aller 49 Lottozahlen auf der Basis der untersuchten 1264 Ausspielungen ergibt bei Zugrundelegung einer Sicherheitswahrscheinlichkeit von 99% (die kleinen, kursiven Zahlen geben jeweils den zugehörigen Wert der Testgröße V an):

$$K^* = \left\{ \frac{3}{20,7}; \frac{7}{52,4}; \frac{9}{62,2}; \frac{11}{12,2}; \frac{12}{28,7}; \frac{17}{21,5}; \frac{18}{26,7}; \frac{19}{92,5}; \frac{25}{15,7}; \frac{33}{11,2} \right\}$$

als **Konsensbereich** und

$$A^* =$$

$$\left\{ \frac{1}{34,1}; \frac{20}{34,8}; \frac{30}{13,5}; \frac{40}{9,6}; \frac{41}{23,5}; \frac{42}{11,8}; \frac{43}{12,7}; \frac{44}{10,2}; \frac{45}{16,6}; \frac{46}{20,5} \frac{47}{30,7} \frac{48}{12,3} \frac{49}{14,2} \right\}$$

als **Antikonsensbereich.**

Wie bereits anläßlich der vorigen Aufgabe gezeigt, erfordert rationales Spielverhalten unter diesen Bedingungen, Zahlen aus K* zugunsten von Zahlen aus A* bei der Bildung von Tippreihen zu meiden. Wollte man nur mit einer einzigen Tippreihe an einer Ausspielung teilnehmen, so entspräche es rationalem Spielverhalten, das allein auf den vorstehenden Schätzungen K* und A* für einen Konsensbereich bzw. einen Antikonsensbereich beruht, daß man genau die 6 Zahlen aus A* mit den größten Werten der χ^2-Testgröße tippt, also die Zahlen **20, 1, 47, 41, 46, 45.**

In der nachfolgenden Aufgabe werden Verfahren entwickelt, die Auswirkungen auf die Gewinn-Erwartungen quantitativ zu beurteilen für Spieler, die sich dem Konsensverhalten des Kollektivs entziehen, beispielsweise durch Spielen gemäß dem reinen Zufallsspieler-Modell oder durch Meiden von Zahlen aus dem Konsensbereich bzw. Bevorzugung von Zahlen aus dem Antikonsensbereich.

LOTTO-Aufgabe 4: Für die Lotto-Ausspielung vom 16. 2. 1991 (s. LOTTO-Aufgabe 1) berechne man

a) den Gewinn-Erwartungswert, den ein fiktiver, zusätzlicher *reiner Zufallspieler* mit einer Tippreihe unter der Bedingung erzielt hätte, daß die Gewinnzahlen und die Gewinn-Klassen-Besetzungszahlen ohne seine Beteiligung genauso ausgefallen wären, wie sie am 16. 2. 1991 tatsächlich ausgefallen sind. (Dieser reine Zufallsspieler greift aus der Menge der $\binom{49}{6} = 13983816$ möglichen Tippreihen eine Tippreihe zufällig heraus.)
Dazu berechne man zunächst für jede Gewinn-Klasse diejenige Gewinn-Quote, die dieser reine Zufallspieler im Gewinn-Falle in dieser Klasse erhalten hätte.
b) den Gewinn-Erwartungswert, den ein fiktiver, zusätzlicher Spieler mit einer Tippreihe erzielt hätte, der diese Tippreihe aus der Menge derje-

nigen $\binom{48}{6} = 12271512$ Tippreihen zufällig herausgegriffen hätte, die alle die Konsenszahl 19 nicht enthalten. Dazu berechne man zunächst für jede der Gewinn-Klassen I, II, III, IV, V die Wahrscheinlichkeit, daß ein solcher *Zufallsspieler OHNE 19* mit einer Tippreihe einen Gewinn in dieser Gewinn-Klasse erzielt.

c) den Gewinn-Erwartungswert, den ein fiktiver, zusätzlicher Spieler erzielt hätte, der eine Tippreihe aus der Menge derjenigen $\binom{49}{6} - \binom{48}{6} = 1712304$ Tippreihen zufällig herausgreift, die alle die Konsenszahl 19 enthalten (*Zufallsspieler MIT 19*).

Zur numerischen Kontrolle berechne man den Gewinn-Erwartungswert des *reinen Zufallspielers* nunmehr auch als geeignet gewichtete Summe aus den Gewinn-Erwartungswerten des *Zufallsspielers OHNE 19* und des *Zufallsspielers MIT 19.*

Schließlich berechne man die analogen Gewinn-Erwartungswerte für die Lotto-Ausspielung vom 23. 2. 1991 (s. LOTTO-Aufgabe 1).

Hinweise zu den Teilnahmebedingungen (vgl. die Vorbemerkung zu den Aufgaben 20 bis 26*): Seit 1. 6. 1988 sehen die Amtlichen Teilnahmebedingungen pro Tippreihe einen Einsatz von 1,– DM vor. Der Gewinnplan sieht vor, daß bei jeder Ausspielung 50% der Einsatzsumme (= „Lotto-Umsatz") auf die Gewinn-Klassen I, II, III, IV, V mit den Anteilen 15%, 7,5%, 22,5%, 22,5%, 32,5% aufgeteilt wird. Während diese Aufteilung bereits seit dem 1. 7. 1974 gilt, traten am 1. 6. 1988 folgende Änderungen in Kraft: Die Gewinn-Quote in Klasse I ist nicht mehr durch eine Höchstsumme begrenzt. Falls es in einer Gewinn-Klasse keinen Gewinner gibt, wird der für diese Klasse vorgesehene Anteil an der Ausschüttungssumme nicht mehr wie früher auf die folgende Gewinn-Klasse übertragen, sondern auf die gleiche Gewinn-Klasse der nächsten Ausspielung (sog. Jackpot). Beide Änderungen betreffen die Berechnungen der vorangehenden Aufgabe nicht.

Vorbemerkung zur Lösung: Die obige generelle Qualifizierung der vorliegeden LOTTO-Aufgaben als „einfach" soll speziell für die Aufgabenteile b) und c) nicht gegenüber allen denkbaren Lesern aufrechterhalten werden.

Lösung zu LOTTO-Aufgabe 4:

Zu LOTTO-Aufgabe 4a): Zunächst hat man die Gewinn-Quoten des zusätzlichen *reinen Zufallsspielers* zu berechnen, d. h. die möglichen Werte der zufälligen Variablen „Gewinn des reinen Zufallspielers mit einer Tippreihe".

Für die Ausspielung vom 16. 2. 1991 beträgt die Gewinn-Quote in Klasse I für einen zusätzlichen Spieler

$$\frac{(102438205+1)\cdot 0{,}5\cdot 0{,}15}{6+1}=1097552{,}21.$$

Offensichtlich hängt diese Quote nicht von der Spielstrategie des zusätzlichen Spielers ab, d. h. die erzielbaren Quoten sind für alle zusätzlichen Spieler gleich groß.

Insgesamt erhält man auf diese Weise:

Gewinn-Klasse		I	II	III	IV	V
Quote eines zusätzlichen Spielers	am 16. 2.91	1097552,21	225966,63	11917,58	150,16	10,03
	am 23. 2. 91	650477,48	83039,68	4773,17	92,71	7,78

Da die Auftretens-Wahrscheinlichkeiten für diese möglichen Gewinn-Werte die in LOTTO-Aufgabe 1 berechneten Gewinn-Klassen-Wahrscheinlichkeiten sind, so erhält man damit den gesuchten Gewinn-Erwartungswert eines zusätzlichen reinen Zufallspielers mit einer Tippreihe für die Ausspielung vom 16. 2. 1991 zu

0,7127 DM

und für die Ausspielung vom 23. 2.1991 zu

0,3953 DM.

Bei diesen Rechnungen wurden numerisch „exakte“ Werte für die Quoten verwendet und nicht die Quoten, die gemäß den Teilnahmebedingungen auf „durch DM 0,10 teilbare Beträge abgerundet“ werden. Dies ist nicht nur rechnerisch bequem, sondern auch sinnvoll, weil nur dadurch ein einwandfreier Vergleich der erhaltenen Gewinn-Erwartungswerte mit dem Wert 0,50 DM aus dem reinen Zufallsspieler-Modell möglich wird.

Zu LOTTO-Aufgabe 4b): Da die möglichen Quoten eines Zufallsspielers OHNE 19 mit den in a) berechneten Quoten identisch sind, so sind nur noch die Auftretens-Wahrscheinlichkeiten dieser Quoten zu berechnen, also für jede Gewinn-Klasse die Wahrscheinlichkeit dafür, daß ein *Zufallsspieler OHNE 19* mit seiner zusätzlichen Tippreihe einen Gewinn in dieser Klasse erzielt. Diese Wahrscheinlichkeiten sind bedingte Wahrscheinlichkeiten, nämlich Wahrscheinlichkeiten unter der Bedingung, daß eine Ausspielung die Ergebnisse erbringt, die die betrachtete Ausspielung tatsächlich erbracht hat. Beispielsweise ist diese bedingte Wahrscheinlichkeit dafür, daß dieser *Zufallsspieler OHNE 19* am 23. 2. 1991 mit seiner zusätzlichen Tippreihe 6 Richtige erzielt hätte Null, weil unter der Bedingung der Ergebnisse dieser Ausspielung 19 eine Gewinnzahl ist, die diesem Spieler OHNE 19 nicht zur Verfügung steht. Hingegen hätte dieser *Zufallsspieler OHNE 19* die 6 Gewinnzahlen 5, 11, 37, 38, 42, 44 vom 16. 2. 1991 mit einer Wahrscheinlichkeit von $\frac{1}{12271512}$ getippt, weil diese Tippreihe eine von seinen $\binom{48}{6} = 12271512$ möglichen Tippreihen ist.

Die gesuchten bedingten Gewinn-Klassen-Wahrscheinlichkeiten hängen also davon ab, ob in der betreffenden Ausspielung die Zahl 19 als Gewinnzahl oder auch als Zusatzzahl aufgetreten ist oder nicht; d. h., bei der Berechnung dieser Wahrscheinlichkeiten sind folgende Fälle von Ausspielungen zu unterscheiden:

Fall 1: 19 ist eine Gewinnzahl
Fall 2: 19 ist keine Gewinnzahl
Fall 2.1: 19 ist keine Gewinnzahl aber Zusatzzahl
Fall 2.2: 19 ist weder Gewinnzahl noch Zusatzzahl.

Ein *Zufallsspieler OHNE 19* wählt seine zusätzliche Tippreihe unter den $\binom{48}{6} = 12271512$ Tippreihen OHNE 19 zufällig aus. Darunter befinden sich im Fall 1, also etwa bei der Ausspielung vom 23. 2. 1991 mit den Gewinnzahlen 5, 6, 15, *19*, 30, 33 beispielsweise $\binom{5}{4} \cdot \binom{48-5}{2} = 4515$ Tippreihen, die zur Gewinn-Klasse IV (= 4 Richtige) gehören, weil sie jeweils 4 von den 5 von 19 verschiedenen Gewinnzahlen und jeweils noch 2 von $48 - 5 = 43$ Nicht-Gewinnzahlen enthalten. Analog beträgt die Anzahl „günstiger" Tippreihen für die Gewinn-Klasse IV im Fall 2 genau $\binom{6}{4} \cdot \binom{48-6}{2} = 12915$. Damit ergeben sich die benötigten bedingten Wahrscheinlichkeiten für die Gewinn-Klasse IV zu

$$W(\text{Klasse IV} \mid \text{Fall 1}) = \frac{4515}{12271512} \quad \text{und}$$

$$W(\text{Klasse IV} \mid \text{Fall 2}) = \frac{12915}{12271512}.$$

Eine Kontrolle dieser Werte ist möglich, indem man mit Hilfe des Satzes über die totale Wahrscheinlichkeit, die totale Wahrscheinlichkeit mit irgendeiner beliebigen Tippreihe einen Gewinn in Klasse IV zu erzielen, in folgender Form berechnet:

$$\begin{aligned}W(\text{Klasse IV}) &= W(\text{Klasse IV}\,|\,W(\text{Fall 1})\cdot W(\text{Fall 1}) +\\ &+ W(\text{Klasse IV}\,|\,W(\text{Fall 2})\cdot W(\text{Fall 2}) =\\ &= \frac{\binom{5}{4}\cdot\binom{43}{2}}{\binom{48}{6}}\cdot\frac{6}{49} + \frac{\binom{6}{4}\cdot\binom{42}{2}}{\binom{48}{6}}\cdot\frac{43}{49} = \frac{13545}{\binom{49}{6}}.\end{aligned}$$

Dies ist – wie es sein muß – der Wert, der für diese Wahrscheinlichkeit bereits in LOTTO-Aufgabe 1a) berechnet wurde.

Analog beträgt die Anzahl „günstiger“ Tippreihen für „genau 5 Richtige“ $\binom{5}{5}\cdot\binom{48-5}{1} = 43$ im Fall 1 und $\binom{6}{5}\cdot\binom{48-6}{1} = 252$ im Fall 2. Diese Tippreihen mit „genau 5 Richtige“ sind in beiden Fällen auf die Gewinn-Klassen II (= 5 Richtige + Zusatzzahl) und III (= 5 Richtige ohne Zusatzzahl) aufzuteilen.

Aufteilung der 43 Tippreihen im Fall 1 auf die Gewinn-Klassen II und III: Die $\binom{5}{5}\cdot\binom{43}{1} = 43$ Tippreihen enthalten jeweils alle 5 Gewinnzahlen der betreffenden Ausspielung, die der *Zufallsspieler OHNE 19* zur Verfügung hat (im Beispiel der Ausspielung vom 23. 2. 1991 sind dies die Zahlen 5, 6, 15, 30, 33) und jeweils noch eine der 43 Nicht-Gewinnzahlen, von denen genau eine Zusatzzahl ist; d. h. die Aufteilung lautet:

1 Tippreihe gehört zu Klasse II, 42 gehören zu Klasse III.

Damit hat man:

$$W(\text{Klasse II}\,|\,\text{Fall 1}) = \frac{1}{12271512} \quad \text{und}$$

$$W(\text{Klasse III}\,|\,\text{Fall 1}) = \frac{42}{12271512}.$$

Aufteilung der 252 Tippreihen im Fall 2 auf die Gewinn-Klassen II und III: Diese Aufteilung hängt davon ab, ob Fall 2.1 (Zusatzzahl = 19) oder Fall 2.2 (Zusatzzahl ≠ 19) vorliegt. Im Fall 2.1 gibt es unter den möglichen Tippreihen OHNE 19 trivialerweise keine einzige mit Zusatzzahl 19, d. h. man hat:

$$W(\text{Klasse II}|\text{Fall 2.1}) = 0 \quad \text{und}$$

$$W(\text{Klasse III}|\text{Fall 2.1}) = \frac{252}{12271512}.$$

Im Fall 2.2 gibt es unter den $\binom{6}{5} \cdot \binom{42}{1} = 252$ Tippreihen mit „genau 5 Richtige“ genau $\binom{6}{5} = 6$ Tippreihen, bei denen die jeweilige Nicht-Richtige Zusatzzahl ist; d. h. man hat:

$$W(\text{Klasse II}|\text{Fall 2.2}) = \frac{6}{12271512} \quad \text{und}$$

$$W(\text{Klasse III}|\text{Fall 2.2}) = \frac{246}{12271512}.$$

Eine Kontrolle dieser Werte ist wieder möglich mit Hilfe des Satzes über die totale Wahrscheinlichkeit, indem man die aus LOTTO-Aufgabe 1a bereits bekannten Wahrscheinlichkeiten für die Klassen II und III in der Form

$$\begin{aligned} W(\text{Klasse II}) = {} & W(\text{Klasse II}|\text{Fall 1}) \cdot W(\text{Fall 1}) + \\ & + W(\text{Klasse II}|\text{Fall 2.1}) \cdot W(\text{Fall 2.1}) + \\ & + W(\text{Klasse II}|\text{Fall 2.2}) \cdot W(\text{Fall 2.2}) \end{aligned}$$

berechnet. Dabei sind

$$W(\text{Fall 1}) = \frac{6}{49},$$

$$\begin{aligned} W(\text{Fall 2.1}) &= W(\text{Zusatzzahl} = 19|\text{Fall 2}) \cdot W(\text{Fall 2}) \\ &= \frac{1}{43} \cdot \frac{43}{49} = \frac{1}{49}; \end{aligned}$$

$$\begin{aligned} W(\text{Fall 2.2}) &= W(\text{Zusatzzahl} \neq 19|\text{Fall 2}) \cdot W(\text{Fall 2}) \\ &= \frac{42}{43} \cdot \frac{43}{49} = \frac{42}{49}. \end{aligned}$$

Bei Verwendung der Abkürzung $\frac{1}{\binom{48}{6}} = \frac{1}{12271512} = a$ erhält man alle bedingten Gewinn-Klassen-Wahrscheinlichkeiten, mit denen ein *Zu-*

fallsspieler OHNE 19 mit einer zusätzlichen Tippreihe einen Gewinn in der betreffenden Klasse erzielt, zu:

Gewinn-Klasse			I	II	III	IV	V
Wahrscheinlichkeit für Zufallspieler OHNE 19	Fall 1		0	a	42a	$\binom{5}{4}\cdot\binom{43}{2}a$ $= 4515a$	$\binom{5}{3}\cdot\binom{43}{3}a$ $= 123410a$
	Fall 2	*Fall 2.1*	a	*0*	*252a*	$\binom{6}{4}\cdot\binom{42}{2}a$ $= 12915a$	$\binom{6}{3}\cdot\binom{42}{3}a$ $= 229600a$
		Fall 2.2		*6a*	*246a*		

Da die Wahrscheinlichkeiten der vorstehenden Tabelle die Auftretens-Wahrscheinlichkeiten für die bereits in Teilaufgabe a) berechneten Gewinn-Quoten sind, so erhält man den Gewinn-Erwartungswert, den ein fiktiver, zusätzlicher *Zufallsspieler OHNE 19* in der Ausspielung vom 16. 2. 1991 (Fall 2.2) mit einer Tippreihe erzielt hätte in der Form:

$$1097552{,}21\cdot a+225966{,}63\cdot 6a+11917{,}58\cdot 246a+$$
$$+150{,}16\cdot 12915a+10{,}03\cdot 229600a=0{,}7845 \text{ DM}.$$

Analog erhält man für die Ausspielung vom 23. 2. 1991 (Fall 1) als Gewinn-Erwartungswert eines *Zufallsspielers OHNE 19* den Wert 0,1355 DM.

Zu LOTTO-Aufgabe 4c): Es gibt $\binom{48}{5}=1712304$ verschiedene Tippreihen, die alle die Zahl 19 enthalten. (Zur Kontrolle: Nach b) gibt es $\binom{48}{6}=12271512$ verschiedene Tippreihen OHNE 19. Also muß gelten: $\binom{48}{5}+\binom{48}{6}=$ Anzahl aller möglichen Tippreihen $=\binom{49}{6}$. Dies ist der Fall.) Demnach greift ein *Zufallsspieler MIT 19* seine zusätzliche Tippreihe aus 1712304 möglichen Tippreihen zufällig heraus.

Analog zu den Berechnungen in b) erhält man bei Verwendung der Abkürzung $\frac{1}{\binom{48}{5}}=\frac{1}{1712304}=b$ die bedingten Gewinn-Klassen-Wahrscheinlichkeiten, mit denen ein *Zufallsspieler MIT 19* einen Gewinn in der betreffenden Klasse erzielt zu:

Gewinn-Klasse		I	II	III	IV	V
Wahrscheinlichkeit für Zufallspieler MIT 19	Fall 1	b	5b	210b	$\binom{5}{3}\cdot\binom{43}{2}$ b $= 9030$b	$\binom{5}{2}\cdot\binom{43}{3}$ b $= 123410$b
	Fall 2 — *Fall 2.1*	0	*6b*	*0*	$\binom{6}{4}\cdot\binom{42}{1}$ b $= 630$b	$\binom{6}{3}\cdot\binom{42}{2}$ b $= 17220$b
	Fall 2 — *Fall 2.2*		*0*	*6b*		

Für den Gewinn Erwartungswert des *Zufallsspielers MIT 19* erhält man damit unter Verwendung der bereits in Teilaufgabe a) berechneten möglichen Gewinn-Quoten

für die Ausspielung vom 16. 2. 1991 (Fall 2.2)

$$1097552{,}21 \cdot 0 + 225966{,}63 \cdot 0 + 11917{,}58 \cdot 6\text{b} + + 150{,}16 \cdot 630\text{b} + 10{,}03 \cdot 17220\text{b} = 0{,}1979 \text{ DM.}$$

und für die Ausspielung vom 23. 2. 1991 (Fall 1)

2,2576 DM

Kontrollen: Jeder der 12 in der vorstehenden Tabelle für MIT 19 angegebenen Wahrscheinlichkeits-Werte läßt sich mit Hilfe des entsprechenden Wertes in der Tabelle für OHNE 19 zu Teilaufgabe b) kontrollieren, indem man jeweils mit Hilfe dieser beiden Werte die Wahrscheinlichkeit dafür berechnet, daß ein *reiner Zufallsspieler* mit einer Tippreihe einen Gewinn in der jeweiligen Klasse erzielt und zwar auf folgende Weise:

Ein *reiner Zufallspieler* hat per Definition seine Tippreihe an sich aus der Menge der $\binom{49}{6} = 13983816$ möglichen Tippreihen zufällig herauszugreifen. Er könnte seine Tippreihe aber auch gemäß folgendem 2-stufigen Ziehungsplan herausgreifen: Auf der 1. Verfahrensstufe bestimmt er zunächst, ob er seine Tippreihe letztlich aus der Teilmenge der $\binom{48}{6} = 12271512$ Tippreihen OHNE 19 oder aus der Teilmenge der $\binom{48}{5} = 1712304$ Tippreihen MIT 19 herausgreifen wird. Um Äquivalenz mit dem per Definition geforderten Ziehungsverfahren sicherzustellen, hat er dabei die Teilmenge OHNE 19 mit der Wahrscheinlichkeit $W(\text{OHNE } 19) = \binom{48}{6}/\binom{49}{6}$ und die Teilmenge MIT 19 mit der Wahrscheinlichkeit $W(\text{MIT } 19) = \binom{48}{5} / \binom{49}{6}$ zu „wählen“. Hiernach muß für jede Gewinn-Klasse i (i = I, II, III, IV, V) und für jeden der Falle 1, 2, 2.1, 2.2 jeweils gelten:

$$W(\text{Klasse i}) = W(\text{Klasse i}|\text{OHNE } 19) \cdot W(\text{OHNE } 19) + \\ + W(\text{Klasse i}|\text{MIT } 19) \cdot W(\text{MIT } 19). \qquad (*)$$

Schreibt man die bedingten Wahrscheinlichkeiten der rechten Seite von (*) in der naheliegenden Form

$$W(\text{Klasse i}|\text{OHNE } 19) = \frac{x_i}{\binom{48}{6}}$$

bzw.

$$W(\text{Klasse i}|\text{MIT } 19) = \frac{y_i}{\binom{48}{5}},$$

so ist x_i die Anzahl der für die Gewinn-Klasse i „günstigen“ Tippreihen unter den $\binom{48}{6}$ möglichen Tippreihen OHNE 19 und erscheint in der Tabelle der bedingten Wahrscheinlichkeiten für den *Zufallsspieler OHNE 19* jeweils als Koeffizient von $a = 1/\binom{48}{6}$.

Analog ist y_i der jeweilige Koeffizient von $b = \frac{1}{\binom{48}{5}}$ in der vorstehenden Tabelle der bedingten Wahrscheinlichkeiten für den *Zufallsspieler MIT 19*.

Mit diesen Bezeichnungen erhält die rechte Seite von (*) die Form

$$\frac{x_i}{\binom{48}{6}} \cdot \frac{\binom{48}{6}}{\binom{49}{6}} + \frac{y_i}{\binom{48}{5}} \cdot \frac{\binom{48}{5}}{\binom{49}{6}} = \frac{x_i + y_i}{\binom{49}{6}}.$$

Damit reduziert sich eine Kontrolle gemäß (*) auf die bequeme Form zu prüfen, ob in allen 12 „Fällen“ die Summe der Koeffizienten x_i und y_i aus den Tabellen für einen *Zufallsspieler OHNE 19* und einen *Zufallsspieler*

MIT 19 mit dem jeweiligen Koeffizienten von $p = \frac{1}{\binom{49}{6}}$ in der Tabelle der Gewinn-Klassen-Wahrscheinlichkeiten aus der LOTTO-Aufgabe 1 a) – die mit den Gewinn-Klassen-Wahrscheinlichkeiten eines reinen Zufallsspielers identisch sind (s. Teil a) der vorliegenden Aufgabe) – übereinstimmen. Dies ist stets der Fall.

In Analogie zur Kontroll-Relation (*) muß für die Gewinn-Erwartungswerte $E[\xi_{\text{Zufall}}]$, $E[\xi_{\text{OHNE 19}}]$ und $E[\xi_{\text{MIT 19}}]$ des *reinen Zufallsspielers* aus Teilaufgabe a), des *Zufallsspielers OHNE 19* aus Teilaufgabe b) und des *Zufallsspielers MIT 19* aus Teilaufgabe c) für jede Ausspielung gelten:

$$E[\xi_{\text{Zufall}}] = E[\xi_{\text{OHNE 19}}] \cdot \frac{\binom{48}{6}}{\binom{49}{6}} + E[\xi_{\text{MIT 19}}] \cdot \frac{\binom{48}{5}}{\binom{49}{5}}. \qquad (**)$$

Für die Ausspielungen vom 16. 2. 1991 und vom 23. 2. 1991 konkretisiert sich diese Kontroll-Relation zu

$$0{,}7127 \stackrel{!}{=} 0{,}7845 \cdot \frac{12271512}{13983816} + 0{,}1979 \cdot \frac{1712304}{13983816}$$

und

$$0{,}3953 \stackrel{!}{=} 0{,}1355 \cdot \frac{12271512}{13983816} + 2{,}2576 \cdot \frac{1712304}{13983816}.$$

Sie ist in beiden Fällen erfüllt.

Interpretation und Ergänzungen zu den Gewinn-Erwartungswerten bei Verwendung verschiedener Zufalls-Strategien:

Die vorangehend für die Ausspielungen vom 16. und 23. 2. 1991 berechneten bedingten Gewinn-Erwartungswerte, die ein fiktiver zusätzlicher Spieler bei Verwendung der drei präzisierten Zufalls-Strategien (reiner Zufallspieler, Zufallspieler OHNE 19, Zufallsspieler MIT 19) jeweils erzielt hätte, sind jeweils mit dem Wert 0,50 DM zu vergleichen, da insgesamt 50% der Einsatzsumme als Gewinnsumme ausgezahlt wird und der Einsatz pro Tippreihe zur Zeit 1,– DM beträgt. Alle erhaltenen numerischen Werte erweisen sich bei näherem Hinsehen als anschaulich plausibel. Da etwa die Ausspielung vom 16. 2. generell unterbesetzte Gewinn-Klassen aufweist (die Sigma-Abweichungen sind in allen Klassen negativ, s. LOTTO-Aufgabe 1b), also überhöhte Gewinn-Quoten zeigt, ist es plausibel, daß bei dieser Ausspielung ein *reiner Zufalls-Spieler* gut abgeschnitten hätte. Dieser Effekt ist in dem Erwartungswert von 0,7127 DM quantitativ konkretisiert. Da in dieser Ausspielung 19 nicht als Gewinnzahl auftritt, liegt plausiblerweise ein *Zufallsspieler OHNE 19* mit 0,7845 DM noch günstiger, aber ein *Zufallsspieler MIT 19* mit 0,1979 DM extrem ungünstig. Demgegenüber herrschen bei der Ausspielung vom 23. 2. 91 duale Verhältnisse, da hier alle Sigma-Abweichungen positiv sind und 19 Gewinnzahl ist. Nimmt man die beiden Ausspielungen zusammen, so ist jedenfalls die „Bilanz" für den reinen Zufallsspieler mit dem empirischen Mittelwert $\frac{0{,}7127 + 0{,}3953}{2} = 0{,}5540$ DM positiv gegenüber dem Vergleichs- und „Normal"-Wert 0,50 DM.

Hiernach ist anschaulich sofort klar, wie man eine bestimmte Spielstrategie – etwa die drei vorangehend präzisierten Zufallspieler-Strategien – daraufhin zu beurteilen hat, ob es mit ihr beispielsweise möglich ist, mit einer Tippreihe einen signifikant höheren Gewinn-Erwartungswert als 0,50 DM zu erreichen. Für diese Beurteilung hat man die in LOTTO-Aufgabe 4 exemplarisch für zwei Ausspielungen berechneten bedingten Gewinn-Erwartungswerte für eine sehr große Anzahl von Ausspielungen jeweils zu berechnen und die Beurteilung der betreffenden Strategie anhand des empirischen Mittelwertes der einzelnen bedingten Erwartungswerte vorzunehmen. Insbesondere wird man zu diesem empirischen Mittelwert ein Konfidenzintervall für den unbekannten, wahren Gewinn-Erwartungswert dieser Strategie berechnen und mit Hilfe eines geeigneten Signifikanztests prüfen, ob dieser empirische Mittelwert signifikant größer als 0,50 DM ist. Dieser Vergleichs- und „Normal"-Wert 0,50 DM ist allerdings für die nachfolgend anzugebenden Ergebnisse durch 0,25 DM zu ersetzen, da der Spieleinsatz pro Tippreihe vor dem 1. 6. 1988 und damit in allen nachfolgend berücksichtigten Ausspielungen nur 0,50 DM betrug.

Mathematisch bedeutet dies, daß man die in n Ausspielungen berechneten bedingten Gewinn-Erwartungswerte als Zufallsstichprobe vom Umfang n zu einer geeigneten zufälligen Variablen deutet und aufgrund dieser Stichprobenergebnisse Aussagen über den (totalen) Erwartungswert dieser zufälligen Variablen macht, also über den wahren Mittelwert des Gewinns, der mit der betreffenden Strategie erzielt wird. (Zur mathematischen Rechtfertigung dieser Deutung: s. u.).

Dementsprechend werden in der nachfolgenden Tabelle empirischer Mittelwert und empirische Streuung der bedingten Gewinn-Erwartungswerte für jede der in LOTTO-Aufgabe 4 präzisierten Zufallsspieler-Strategien aus n = 1160 Ausspielungen angegeben und anschließend ausgewertet.

Dabei handelt es sich um die Lotto-Ausspielungen Nr. 1 vom 9. 10. 1955 bis Nr. 1160 vom 31. 12. 1977. Der Sachverhalt, daß in die vorangehend dargestellten Untersuchungen über Konsensbereich und Antikonsensbereich noch die Ausspielungen von zwei weiteren Jahren bis Nr. 1264 einbezogen waren, erklärt sich daraus, daß die Ergebnisse aus den 1160 Ausspielungen bereits 1978 abgeschlossen wurden und aus lediglich didaktischen Gründen an dieser Stelle den später entstandenen Konsensbereich-Untersuchungen nachgestellt sind.

Strategie	bedingte Gewinn-Erwartungswerte aus n = 1160 Ausspielungen		
	empirischer Mittelwert	empirische Streuung s	Konfidenz-Intervall zur Vertrauenswahrscheinlichkeit 99%
reiner Zufallsspieler	0,2949	0,1048	0,2949 ∓ 0,0079
Zufallsspieler OHNE 19	0,2998	0,1395	0,2998 ∓ 0,0106
Zufallsspieler MIT 19	0,2602	0,4728	0,2602 ∓ 0,0358
Zufallsspieler OHNE 49	0,2887	0,1312	0,2887 ∓ 0,0099
Zufallsspieler MIT 49	0,3395	0,6819	0,3395 ∓ 0,0517

Wie diese Zusammenstellung zeigt, liegen die empirischen Mittelwerte der bedingten Gewinn-Erwartungswerte aus 1160 Ausspielungen für alle 5 aufgeführten Zufallsspieler-Strategien über dem Vergleichs- und „Normal"-Wert 0,25 DM. Wie man bereits aus den angegebenen Konfidenz-Intervallen zur Vertrauenswahrscheinlichkeit 99% ersehen kann (Formel: empirischer Mittelwert $\mp 2{,}58 \cdot \frac{s}{\sqrt{1160}}$), ist dieser Strategie-Effekt gegenüber dem Vergleichswert 0,25 DM auch signifikant – abgesehen von der Strategie MIT 19, die ja wegen der Konsens-Eigenschaft von 19 von vornherein als unzweckmäßige Strategie zu erkennen war.

Die beiden unzweckmäßigen Strategien MIT 19 und OHNE 49 wurden hier vor allem zu Kontrollzwecken aufgeführt, nämlich zu Kontrollen gemäß der Relation (**) unmittelbar vor diesem Abschnitt „Interpretation und Ergänzungen ...“. Anhand der angegebenen Werte überzeugt man sich leicht davon, daß auch die empirischen Mittelwerte (**) erfüllen.

Prüft man die angegebenen 5 empirischen Mittelwerte mit Hilfe des t-Tests, ob sie signifikant von 0,25 abweichen, so erhält man für die Testgröße

$$t = \frac{\text{emp. Mittelwert} - 0{,}25}{s} \sqrt{n}$$

für die 5 Strategien die Werte

14,59; 12,16; 0,73; 10,05; 4,47.

Die Testschranken zu den Sicherheitswahrscheinlichkeiten 95% und 99% haben die Werte 1,96 und 2,58.

Bei der von vornherin interessantesten (unter den 5 in der Zusammenstellung aufgeführten) Strategien, nämlich der des Zufallspielers MIT 49 beträgt die geschätzte Steigerung gegenüber dem Vergleichs- und „Normal“-Wert 36%.

Als weitere Grundlage für die Beurteilung dieses Strategie-Effektes sind in der folgenden Tabelle für jede der ersten 7 Antikonsenszahlen 20, 1, 47, 41, 46, 45, 49 aus dem Antikonsensbereich A* (s. „Interpretationen und Ergänzungen zu den Ergebnissen von LOTTO-Aufgabe 3“) für die jeweilige MIT-Strategie der empirische Mittelwert $\bar{x}$ aus den bedingten Gewinn-Erwartungswerten der $n = 1160$ Ausspielungen, die Streuung s sowie die Streuung $\frac{s}{\sqrt{n}}$ von $\bar{x}$ angegeben.

	Parameter zur Gewinn-Erwartung von MIT-Strategien aus n = 1160 Ausspielungen						
	MIT 20	MIT 1	MIT 47	MIT 41	MIT 46	MIT 45	MIT 49
$\bar{x}$	0,3242	0,3274	0,3061	0,3129	0,3255	0,3227	0,3395
s	0,6914	0,6865	0,6514	0,6526	0,6679	0,6601	0,6819
$\frac{s}{\sqrt{n}}$	0,0203	0,0202	0,0191	0,0192	0,0196	0,0194	0,0200

Wie man aus der Tabelle ersieht, gibt es nur sehr geringe Unterschiede zwischen den 7 Strategien hinsichtlich der angegebenen Parameter. Das arithmetische Mittel der 7 $\bar{x}$-Werte ist 0,3226 DM, d. h. jede dieser 7 Strategien vergrößert bereits für sich allein betrachtet „im Schnitt" die Gewinn-Erwartung gegenüber dem Vergleichswert 0,25 DM um den Strategie-Faktor $\frac{0{,}3226}{0{,}25} = 1{,}29$. Einen Hinweis auf die Größe des hieraus resultierenden Strategie-Faktors bei gleichzeitiger Verwendung mehrerer dieser Antikonsenszahlen gibt die folgende Überlegung. Würde sich das kollektive Konsensverhalten bei der Zusammenstellung von 6 Zahlen zu einer Tippreihe auf die 6 Zahlen weitgehend unabhängig voneinander auswirken, so hätte der Strategie-Faktor für jeden aus diesen 7 Zahlen gebildeten Tipp, also u. a. für den „bestmöglichen" Tipp 20, 1, 47, 41, 46, 45 auf den ersten Blick ungefähr den Wert $(1{,}29)^6 = 4{,}6$. Genaueres Hinsehen läßt allerdings vermuten, daß man als Bezugsgröße für den Strategie-Effekt für diesen Zweck nicht den „Normal"-Wert 0,25 nehmen darf, sondern den obigen Zufallsspieler-Wert 0,2949. Auf dieser Basis erhält man den Strategie-Faktor für einen Tipp aus 6 dieser 7 Antikonsenszahlen zu ungefähr $\frac{0{,}2949}{0{,}25} \cdot \left(\frac{0{,}3226}{0{,}2949}\right)^6 = 1{,}180 \cdot 1{,}714 = 2{,}02.$

Genau genommen benötigte man für die Beurteilung der Gewinn-Erwartung für eine einzige Tippreihe Informationen darüber, wie häufig bzw. mit welcher Wahrscheinlichkeit diese Tippreihe vom Kollektiv verwendet wird; d. h. man benötigte nicht nur eine hier stets zugrundegelegte Konsensordnung auf der Menge der einzelnen 49 Lottozahlen, sondern eine Konsensordnung auf der Menge aller $\binom{49}{6}$ möglichen Tippreihen, weil nämlich nicht ohne weiteres davon auszugehen ist, daß die erste dieser Konsensordnungen die zweite bereits festlegt. Hiernach ist es durchaus denkbar, daß die obige Tippreihe vom Kollektiv mit noch kleinerer Wahrscheinlichkeit getippt wird, als dies der Fall wäre, wenn die Spieler die 6 Zahlen einer Tippreihe „unabhängig" voneinander gemäß der Konsensordnung der einzelnen Lottozahlen zusammenstellten. Dies bedeutet, daß der tatsächliche Strategie-Faktor für die obige Tippreihe sogar noch größer sein könnte als der Wert 2,02.

Bevor auf die prinzipiellen Schwierigkeiten einer direkten empirischen Beurteilung solch sehr „spezieller" Strategien eingegangen wird, noch eine wichtige Ergänzung zur Genauigkeit der Schätzung der wahren Gewinn-Erwartung für die obigen MIT-Strategien mit Hilfe des empirischen Mittelwertes $\bar{x}$ als Schätzfunktion, deren Genauigkeit durch $\frac{s}{\sqrt{n}}$ beschrieben wird. Beschafft man sich beispielsweise für die Strategie MIT 20 den empirischen Mittelwert $\bar{x}_1$ und die Streuung s_1 für die Teilmenge der n_1 Fall 1-Ausspielungen („20 ist eine Gewinnzahl") und die analogen Parameter $\bar{x}_2$ und s_2 für die n_2 Fall 2-Ausspielungen („20 keine Gewinnzahl"), so erhält man:

$n_1 = 138; \quad \bar{x}_1 = 2{,}0659; \quad s_1 = 0{,}7561$

$n_2 = 1022; \quad \bar{x}_2 = 0{,}0891; \quad s_2 = 0{,}0234.$

(Die analogen Parameter für die übrigen obigen MIT-Strategien weichen wieder nur ganz geringfügig von diesen Werten ab.) Die extrem unterschiedlichen Streuungen in den beiden Gruppen legen es nahe, eine neue Schätzfunktion $\tilde{x}$ als gewichtetes Mittel in der Form

$$\tilde{x} = \bar{x}_1 \cdot W(\text{Fall } 1) + \bar{x}_2 \cdot W(\text{Fall } 2) = \bar{x}_1 \cdot \frac{6}{49} + \bar{x}_2 \cdot \frac{43}{49}$$

zu bilden.

Diese Schätzfunktion $\tilde{x}$ besitzt wegen der extrem unterschiedlichen Streuungen in den beiden Gruppen eine beachtlich kleinere Streuung als $\frac{s}{\sqrt{n}}$. Für MIT 20 erhält man

$$\tilde{x} = 0{,}3312, \quad s_{\tilde{x}} = 0{,}0079$$

im Vergleich zu

$$\bar{x} = 0{,}3242, \quad s_{\bar{x}} = \frac{s}{\sqrt{n}} = 0{,}0203.$$

Die analogen Werte für die übrigen 6 der oben aufgeführten MIT-Strategien weichen von diesen Werten nur sehr geringfügig ab.

Aufgrund des gezeigten Strategie-Effektes von rund 30%, der allein durch Berücksichtigung einer einzigen Antikonsenszahl zu erzielen ist, erscheint es mindestens hoch plausibel, daß Tippreihen, die ausschließlich aus solchen Antikonsenszahlen gebildet werden, durch Kumulierung bzw. Potenzierung des nachgewiesenen Effektes sogar zu Gewinn-Erwartungen führen, die den Einsatz übersteigen. Einen expliziten statistischen Nachweis hierfür, durch direkte Untersuchung so „spezieller“ Strategien habe ich allerdings bisher nicht geführt. Eine empirische Untersuchung solch „spezieller“ Strategien, bei denen der Zufallspieler seine Tippreihe aus einer relativ kleinen Anzahl möglicher Tippreihen zufällig herausgreift, stößt auch bald in folgender Weise auf Grenzen: Im Extremfalle etwa, bei dem diese Menge der möglichen Tippreihen nur noch aus einer einzigen Tippreihe besteht, z. B. der oben genannten „bestmöglichen“, ist der bedingte Gewinn-Erwartungswert nur bei ganz wenigen Ausspielungen von Null verschieden, nämlich nur bei Ausspielungen, bei denen auf diese Tippreihe irgendein Gewinn fällt; d. h. der wahre Gewinn-Erwartungswert dieser extrem „speziellen“ sozusagen deterministischen Strategie, läßt sich aufgrund von „nur“ 1160 Ausspielungen nicht mit vernünftiger Genauigkeit schätzen, weil die empirische Streuung der 1160 bedingten Erwartungswerte extrem groß wird. Diesen Effekt kann man bereits aus der obigen

Zusammenstellung der 5 Zufallsspieler-Strategien ersehen; denn die beiden MIT-Strategien weisen im Vergleich mit der jeweiligen OHNE-Strategie eine deutlich größere empirische Streuung auf, weil nämlich ein MIT-Spieler seine Tippreihe aus nur $\binom{48}{5} = 1712304$ Tippreihen auswählt, während für den OHNE-Spieler $\binom{48}{6} = 12271512$ Tippreihen möglich sind.

Hier sei noch angefügt, daß sich auch alle übrigen genannten Zufallsspieler-Strategien „deterministisch" (im soeben benutzten Sinne) deuten lassen. Beteiligt sich nämlich z. B. ein MIT-Spieler mit allen $\binom{48}{5}$ für ihn möglichen Tippreihen gleichzeitig an einer Ausspielung, so kann man sich leicht überlegen, daß sein *Gewinn pro Tippreihe* identisch ist mit dem hier stets benutzten bedingten Gewinn-Erwartungswert bei dieser Ausspielung, wenn man wieder die in LOTTO-Aufgabe 4a benutzten „Quoten eines zusätzlichen Spielers" zugrundelegt.

Aus dieser Deutung der bedingten Gewinn-Erwartungswerte erkennt man direkt, daß es zulässig ist, die n bedingten Erwartungswerte bei n Ausspielungen als Realisationen einer zufälligen Variablen zu deuten.

Zur weiteren mathematischen Rechtfertigung dieser Deutung kann der folgende Satz dienen:

Ist $E_1, \ldots, E_N$ ein vollständiges Ereignis-System und ξ eine zufällige Variable vom diskreten Typ, so gilt

$$E[\xi] = \sum_{i=1}^{N} E[\xi | E_i] \cdot W(E_i),$$

wobei $E[\xi | E_i]$ der Erwartungswert der bedingten Verteilung von ξ unter der Bedingung E_i ist.

Dieser Satz läßt sich so deuten (s. z. B. Renyi, Wahrscheinlichkeitsrechnung, Deutscher Verlag der Wissenschaften, Berlin 1962, S. 90f):

Der bedingte Erwartungswert $E[\xi | E_i]$ kann als zufällige Variable aufgefaßt werden, die einen konkreten Wert annimmt, sobald das Ereignis E_i eingetreten ist. Im vorliegenden Fall besteht das Ereignis E_i darin, daß bei einer Ausspielung die Zahl der teilnehmenden Tippreihen, die Gewinnzahlen (einschließlich Zusatzzahl) sowie die Gewinn-Klassen-Besetzungszahlen die tatsächlich beobachteten Werte annehmen.

Hinweise für Leser, die die angegebenen Ergebnisse für die Ausspielungen Nr. 1 bis Nr. 1160 überprüfen wollen:
Um die Vergleichbarkeit der bedingten Gewinn-Erwartungswerte aller Ausspielungen sicherzustellen, wurde bei ihrer Berechnung folgender einheitlicher Gewinnplan zugrundegelegt. Da anfänglich bei den Ausspielungen keine Zusatzzahl ermittelt wurde, wurde durchgängig die Klasse „genau 5 Richtige" als eine Gewinn-Klasse ver-

wendet. Als Gewinnsumme wurde für diese Klasse stets 30% der gesamten Ausschüttungssumme benutzt. Dieser Anteil ist bei den später eingeführten Gewinn–Klassen II (5 Richtige mit Zusatzzahl) und III (5 Richtige ohne Zusatzzahl) bei allen Gewinnplänen die Summe der Anteile dieser beiden Klassen, nämlich 0,05 + 0,25 vor dem 1. 7. 1974 und 0,075 + 0,225 von da ab bis heute. Für die übrigen drei Gewinn-Klassen I, IV, V wurde durchgängig der ab 1. 7. 74 gültige Gewinnplan, mit den Anteilen 15%, 22,5%, 32,5% für diese Klassen, zugrundegelegt. Für Klasse I wurde stets der am 1. 7. 1974 eingeführte (inzwischen wieder fallengelassene) Höchstbetrag von 1,5 Millionen DM pro Gewinn-Tipp verwendet.

Diese Vereinbarungen sind im Hinblick auf die vorgenommenen Strategie-Vergleiche irrelevant. Sie stellen lediglich eine prinzipiell unvermeidliche Normierung dar.

In der folgenden Aufgabe werden vor allem die Konsequenzen sogenannter System-Tips untersucht. Diese zunächst theoretischen Ergebnisse liefern weitere Beiträge zur Erklärung der vor allem in LOTTO-Aufgabe 1 festgestellten exorbitanten Abweichungen der empirischen Verteilung der Gewinnklassen-Besetzungszahlen von der des reinen Zufallsspieler-Modells.

LOTTO-Aufgabe 5: Im folgenden soll der Einfluß des Spielverhaltens eines Spielers, der mit mehreren Tippreihen an einer Lottoausspielung teilnimmt, auf seine Gewinn-Wahrscheinlichkeiten in den verschiedenen Gewinn-Klassen, sowie auf die Verteilung seiner Gewinne untersucht werden. Dazu werden 4 Spieler A, B, C, D betrachtet, die sich jeweils mit 7 Tippreihen beteiligen und zwar gemäß folgenden Strategien:

Strategie A: Spieler A „wählt" seine 7 Tippreihen zufällig und unabhängig aus den $\binom{49}{6}$ möglichen Tippreihen aus (= reines Zufallsspieler-Modell).

Strategie B: Spieler B „wählt" 7 *total verschiedene* Tippreihen, d. h. solche Tippreihen, daß keinesfalls mehr als ein Gewinn auf seine Tippreihen entfallen kann. (Dies kann dieser Spieler z. B. dadurch in trivialer Weise sicherstellen, daß er bei der Bildung seiner 7 Tippreihen keine einzige der 49 Lottozahlen mehrfach ankreuzt.)

Strategie C: Spieler C benutzt 7 identische Tippreihen, d. h. er beteiligt sich mit 7 identisch ausgefüllten Tippscheinen.

Strategie D: Spieler D benutzt den einfachsten vom Lotto angebotenen sogenannten System-Tipp, nämlich das „Vollsystem 6 aus 7", bei dem er 7 sog. *Wahlzahlen* auf einem speziellen System-Tippschein anzukreuzen hat und er sodann mit denjenigen $\binom{7}{6} = 7$ Tippreihen an der Ausspielung teilnimmt, die aus den 7 Wahlzahlen gebildet werden können.

a) Man berechne für jede der 4 Strategien die Gewinn-Wahrscheinlichkeiten des betreffenden Spielers für jede der 5 Gewinn-Klassen I, II, III, IV, V, sowie die Wahrscheinlichkeit, mit der jeweiligen Strategie irgendeinen Gewinn zu erzielen.
b) Man berechne für jede der Strategien A, B und C Erwartungswert und Varianz für jede der Gewinne-Anzahlen ξ_1, ξ_2, ξ_3, ξ_4, ξ_5, des betreffenden Spielers in den Gewinn-Klassen I, II, III, IV, V, sowie für die Anzahl $\xi_6 = \xi_1 + \ldots + \xi_5$ aller Gewinne, die der Spieler mit seiner jeweiligen Strategie erzielt.
Für die Anzahl ξ_6 aller Gewinne berechne man Erwartungswert und Varianz auch für die System-Strategie D.

Lösungshinweis: Zur Berechnung der Gewinn-Wahrscheinlichkeiten für die System-Strategie D berechne man zunächst die Wahrscheinlichkeiten für folgende 6 Ereignisse:

$E_1 =$ 6 Gewinnzahlen und Zusatzzahl sind unter den 7 Wahlzahlen
kurz: $E_1 = 6$ G und Z,
$E_2 =$ 6 Gewinnzahlen sind unter den 7 Wahlzahlen aber nicht die Zusatzzahl
kurz: $E_2 = 6$ G ohne Z,
$E_3 =$ 5 G und Z,
$E_4 =$ 5 G ohne Z,
$E_5 =$ 4 G,
$E_6 =$ 3 G.

Danach ermittle man in jedem der 6 „Fälle" $E_1, \ldots, E_6$ wieviele Gewinne der Klassen I, …, V der Spieler mit der System-Strategie D erhält.

Lösung zu LOTTO-Aufgabe 5:

Es seien $p_1, \ldots p_6$ die Wahrscheinlichkeiten, mit einer einzigen Tippreihe in den Klassen I, II, III, IV, V und „irgendein Gewinn" einen Gewinn zu erhalten. Unter Verwendung der Abkürzung $p = \frac{1}{\binom{49}{6}}$ besitzen diese Wahrscheinlichkeiten folgende Werte (s. LOTTO-Aufgabe 1a):

$$p_1 = p; \quad p_2 = 6p; \quad p_3 = 252p; \quad p_4 = 13545p;$$

$$p_5 = 246820p; \quad p_6 = 260624p.$$

Die Wahrscheinlichkeit, mit 7 Tippreihen in der jeweiligen Klasse (mindestens) einen Gewinn zu erhalten, beträgt

bei Strategie A: $1-(1-p_i)^7$ für $i=1,\ldots,6$.
bei Strategie B: $7p_i$ für $i=1,\ldots,6$.
bei Strategie C: p_i für $i=1,\ldots,6$.

Da bei *Strategie A* die Gewinne-Anzahlen $\xi_1,\ldots,\xi_6$ in den betreffenden Klassen jeweils nach der Binomial-Verteilung Bi(7; p_i) verteilt sind, so besitzen die Erwartungswerte und die Varianzen dieser ξ_i die Werte

$$E_A[\xi_i]=7p_i \quad \text{und} \quad \sigma^2_{A,i}=7p_i(1-p_i) \quad \text{für } i=1,\ldots,6.$$

Die Erwartungswerte dieser Gewinne-Anzahlen hängen nicht von der Art der Strategie ab (s. LOTTO-Aufgabe 1b); d. h. der vorstehende Wert $7p_i$ gilt auch bei Verwendung der Strategien B, C und D.

Berechnung der Varianzen der ξ_i für die Strategien B und C:

Bei *Strategie B* (7 total verschiedene Tippreihen) kann jede Gewinne-Anzahl ξ_i nur die Werte 1 und 0 annehmen und zwar mit den Wahrscheinlichkeiten $7p_i$ und $1-7p_i$. Damit erhält man die bereits bekannten Erwartungswerte jetzt in der Form

$$0\cdot(1-7p_i)+1\cdot 7p_i=7p_i$$

und die Varianzen zu

$$\begin{aligned}\sigma^2_{B,i}&=(0-7p_i)^2(1-7p_i)+(1-7p_i)^2\cdot 7p_i=\\&=49p_i^2-49p_i^3+7p_i-98p_i^2+49p_i^3=7p_i(1-7p_i)\end{aligned}$$

für $i=1,\ldots,6$.

Bei *Strategie C* nimmt jedes ξ_i nur die möglichen Werte 7 und 0 an und zwar mit den Wahrscheinlichkeiten p_i und $(1-p_i)$. Damit erhält man die bereits bekannten Erwartungswerte wieder zu $7p_i$ und die Varianzen zu

$$\sigma^2_{C,i}=(0-7p_i)^2(1-p_i)+(7-7p_i)^2p_i=49p_i(1-p_i) \quad \text{für } i=1,\ldots,6.$$

Wie anschaulich plausibel sind für alle Klassen die Varianzen der Gewinne-Anzahlen ξ_i bei Verwendung der Strategie C am größten und bei Strategie B am kleinsten.

Berechnung der Gewinn-Wahrscheinlichkeiten bei Verwendung der System-Strategie D:

Zunächst hat man die Wahrscheinlichkeiten für die im obigen Lösungshinweis definierten Ereignisse $E_1, \ldots, E_6$ zu berechnen. Die Wahrscheinlichkeit dafür, daß alle 6 Gewinnzahlen unter den 7 Wahlzahlen sind, ist

$$\frac{\binom{7}{6} \cdot \binom{42}{0}}{\binom{49}{6}}.$$

Dies ist die Wahrscheinlichkeit von $E_1 \cup E_2$.

Die Wahrscheinlichkeiten für E_1 (6 G und Z) und E_2 (6 G ohne Z) erhält man analog wie in Aufgabe 21* zu

$$W(E_1) = \frac{\binom{7}{6} \cdot \binom{42}{0}}{\binom{49}{6}} \cdot \frac{1}{43} \quad \text{und} \quad W(E_2) = \frac{\binom{7}{6} \cdot \binom{42}{0}}{\binom{49}{6}} \cdot \frac{42}{43}.$$

Falls E_1 eintritt erhält der System-Spieler D auf jede seiner 7 Tippreihen einen Gewinn und zwar einmal Klasse I und sechsmal Klasse II. (Das Abzählen der Gewinne-Anzahlen in den Gewinn-Klassen für die „Fälle" $E_1, \ldots, E_6$ veranschauliche und erleichtere man sich dadurch, daß man etwa die Zahlen $1, \ldots, 7$ als Wahlzahlen verwende.) Im Falle E_2 erhält der System-Spieler einmal Klasse I und sechsmal Klasse III. Insgesamt erhält man, mit $p = \frac{1}{\binom{49}{6}}$ zur Abkürzung, die Ergebnisse der folgenden Tabelle (siehe Seite 184).

Mit Hilfe dieser Tabelle der $W(E_i)$ und ihrer Gewinne-Aufteilung auf die Gewinn-Klassen in allen „Fällen" $E_1, \ldots, E_6$ erhält man für jede Gewinn-Klasse die Wahrscheinlichkeit mit der System-Strategie D (mindestens) einen Gewinn in dieser Klasse zu erzielen zu:

$$W(\text{Klasse I}) = W(E_1) + W(E_2) = \binom{7}{6}\binom{42}{0} p = 7p$$

$$W(\text{Klasse II}) = W(E_1) + W(E_3) = 1771\,p \cdot \frac{1}{43} = 41{,}2p$$

(Fortsetzung nach der folgenden Tabelle)

Ereignis E_i	$W(E_i)$	Anzahl der Gewinne in Gewinn-Klasse I	II	III	IV	V	„irgendein Gewinn"
$E_1 = 6$ G und Z	$\binom{7}{6}\binom{42}{0}p \cdot \frac{1}{43}$	1	6				7
$E_2 = 6$ G ohne Z	$\binom{7}{6}\binom{42}{0}p \cdot \frac{42}{43}$	1		6			7
$E_3 = 5$ G und Z	$\binom{7}{5}\binom{42}{1}p \cdot \frac{2}{43}$		1	1	5		7
$E_4 = 5$ G ohne Z	$\binom{7}{5}\binom{42}{1}p \cdot \frac{41}{43}$			2	5		7
$E_5 = 4$ G	$\binom{7}{4}\binom{42}{2}p$				3	4	7
$E_6 = 3$ G	$\binom{7}{3}\binom{42}{3}p$					4	4

$$W(\text{Klasse III}) = W(E_2) + W(E_3) + W(E_4) =$$
$$= \binom{7}{6}\binom{42}{0}p \cdot \frac{42}{43} + \binom{7}{5}\binom{42}{1}p =$$
$$= 38220p \cdot \frac{1}{43} = 888{,}8p$$

$$W(\text{Klasse IV}) = W(E_3) + W(E_4) + W(E_5) =$$
$$= \binom{7}{5}\binom{42}{1}p + \binom{7}{4}\binom{42}{2}p = 31017p$$

$$W(\text{Klasse V}) = W(E_5) + W(E_6) = 431935p$$

$$W(\text{„irgendein Gewinn“}) = W(E_1) + \ldots + W(E_6) =$$
$$= \left(\binom{7}{6}\binom{42}{0} + \binom{7}{5}\binom{42}{1} + \binom{7}{4}\binom{42}{2} + \binom{7}{3}\binom{42}{3}\right)p = 432824p = 0{,}031.$$

Vergleicht man diese Wahrscheinlichkeit $432824\,p = 0{,}031$ für die Erzielung irgendeines Gewinns bei Verwendung der System-Strategie D mit der vorangehend berechneten entsprechenden Wahrscheinlichkeit $7p_6 = 7 \cdot 260624p = 0{,}130$ bei Verwendung der Strategie B (7 total verschiedene Tippreihen), so erkennt man, daß *die System-Strategie im Hinblick auf die Erzielung irgendeines Gewinns außerordentlich unzweckmäßig ist.* Bezeichnet man die Wahrscheinlichkeit für die Klasse „irgendein Gewinn" mit Strategie B mit b_6, so besitzt diese Wahrscheinlichkeit bei Verwendung der System-Strategie D nur den Wert

$$\frac{432824}{7 \cdot 260624} b_6 = 0{,}237\, b_6.$$

Einen vollständigen Vergleich aller 4 in LOTTO-Aufgabe 5 präzisierten Strategien A, B, C, D im Hinblick auf die Wahrscheinlichkeiten, bei ihrer Verwendung (mindestens) einen Gewinn in den einzelnen Gewinn-Klassen zu erzielen, enthält die nachfolgende Tabelle, in der alle vorangehend berechneten Werte in folgender Form eingetragen sind: Zur besseren Vergleichbarkeit sind die Gewinn-Klassen-Wahrscheinlichkeiten für Strategie B mit $b_1, \ldots, b_6$ bezeichnet und die entsprechenden Wahrscheinlichkeiten für die Strategien A, C und D jeweils als „Vielfache" von $b_1, \ldots, b_6$ angegeben.

	Wahrscheinlichkeit mit 7 Tippreihen mindestens einen Gewinn zu erzielen					
Gewinn-Klassen	I	II	III	IV	V	„irgendein Gewinn
Strategie A (reiner Zufallsspieler)	$1{,}000 b_1$	$1{,}000 b_2$	$1{,}000 b_3$	$0{,}997 b_4$	$0{,}949 b_5$	$0{,}946 b_6$
Strategie B (7 total verschiedene Tippreihen)	b_1	b_2	b_3	b_4	b_5	b_6
Strategie C (7 identische Tippreihen)	$0{,}143 b_1$	$0{,}143 b_2$	$0{,}143 b_3$	$0{,}143 b_4$	$0{,}143 b_5$	$0{,}143 b_6$
Strategie D („Voll-System 6 aus 7")	b_1	$0{,}981 b_2$	$0{,}504 b_3$	$0{,}327 b_4$	$0{,}251 b_5$	$0{,}237 b_6$

Berechnung der Varianz der Gewinne-Anzahl bei Verwendung der System-Strategie D:

Aus der obigen Tabelle der $W(E_i)$ mit der zugehörigen jeweiligen Aufteilung der Gewinne auf die Gewinn-Klassen ersieht man, daß die zufällige Variable ξ_6, nämlich die „Anzahl aller Gewinne, die System-Spieler D mit 7 Tippreihen erhalten kann", nur die möglichen Werte 7, 4 und 0 annehmen kann und zwar mit den Wahrscheinlichkeiten

$$W(\xi_6=7) = \sum_{i=1}^{5} W(E_i) = 31024\,p$$

$$W(\xi_6=4) = W(E_6) = 401800\,p$$

$$W(\xi_6=0) = 1 - \sum_{i=1}^{6} W(E_i) = 13550992\,p.$$

Als numerische Kontrolle der hiermit erhaltenen Wahrscheinlichkeits-Verteilung der Gewinne-Anzahl ξ_6 kann man den bereits berechneten Erwartungswert von ξ_6 jetzt in der Form

$$\begin{aligned} E[\xi_6] &= 0 \cdot W(\xi_6 = 0) + 4 \cdot W(\xi_6 = 4) + 7 \cdot W(\xi_6 = 7) \\ &\overset{!}{=} 7 \cdot 260624\,p = 0{,}130463 \end{aligned}$$

berechnen. Die gesuchte Varianz der Gewinne-Anzahl ξ_6 erhält man zu

$$\begin{aligned} (0-0{,}130463)^2 \cdot W(\xi_6=0) + (4-0{,}130463)^2 \cdot W(\xi_6=4) + \\ + (7-0{,}130463)^2 \cdot W(\xi_6=7) = 0{,}5514. \end{aligned}$$

Interessant ist vor allem der Vergleich mit der entsprechenden Varianz bei Verwendung der reinen Zufallsspieler-Strategie A, die $7p_6(1-p_6) \doteq 0{,}1280$ beträgt. Man sieht, daß die System-Strategie D die Varianz der Gewinne-Anzahl gegenüber der Varianz des reinen Zufallsspieler-Modells um den Faktor 4,31 vergrößert.

Angenommen, die n an einer Ausspielung beteiligten Tippreihen stammten von $\frac{n}{7}$ Spielern, die unabhängig voneinander jeweils mit 7 Tippreihen gemäß der System-Strategie D beteiligt wären, dann besäße die Varianz der gesamten Gewinne-Anzahl dieser Ausspielung den Wert

$$\frac{n}{7} \cdot 4{,}31 \cdot 7p_6(1-p_6) = 4{,}31 \cdot np_6(1-p_6).$$

Bezöge man die in den vorliegenden LOTTO-Aufgaben als Maß für die Abweichungen der tatsächlichen Gewinnklassen-Besetzungszahlen von den gemäß dem Zufallsspieler-Modell erwarteten Besetzungszahlen stets benutzten Sigma-Abweichungen auf diese Systemspieler-Varianz $4{,}31 \cdot np_6(1-p_6)$, so verkleinerten sich alle Sigma-Abweichungen für die gesamte Gewinne-Anzahl um den Faktor $\sqrt{4{,}31} = 2{,}08$.

Dies bedeutet, daß ein solcher Systemspieler-Effekt einen weiteren Erklärungs-Beitrag zu liefern vermag für die in der vorliegenden Untersuchung stets beobachteten exorbitanten Sigma-Abweichungen der Gewinne-Anzahlen. Beispielsweise erhielte man an Stelle der für die Ausspielungen vom 16. und 23. 2.1991 in LOTTO-Aufgabe 1c für die Klasse „irgendein Gewinn" berechneten Sigma-Abweichungen von $-125{,}3$ und $+262{,}5$ bei Zugrundelegung der soeben berechneten Systemspieler-Varianz die um den Faktor $\sqrt{4{,}31}$ verkleinerten Werte $-60{,}4$ und $+126{,}4$. Allerdings gilt dieser Varianzvergrößerungs-Faktor 4,31 nicht für alle Gewinn-Klassen. Für die Klasse V und IV beträgt er nur noch 3,95 und 3,09, so daß sich die Sigma-Abweichungen in diesen Klassen bei Berücksichtigung dieses Systemspieler-Effekts nur um die Faktoren $\sqrt{3{,}95}$ und $\sqrt{3{,}09}$ verkleinern. Damit liefert ein solcher Systemspieler-Effekt – der bei den realen Lotto-Ausspielungen ganz sicher eine Rolle spielt – auch einen Beitrag zur Vergleichsmäßigung der beobachteten Sigma-Abweichungen in den verschiedenen Gewinn-Klassen. Selbstverständlich prägt sich dieser Effekt der Vergrößerung der Zufallsspieler-Varianzen der Gewinnklassen-Besetzungszahlen noch stärker aus, wenn man statt des hier unterstellten „Vollsystems 6 aus 7" mit seinen $\binom{7}{6} = 7$ Tippreihen ein umfangreicheres System benutzt, z. B. das nächst umfangreichere „Vollsystem 6 aus 8" mit seinen $\binom{8}{6} = 28$ Tippreihen.

Zusammenfassung und Schlußbemerkungen

Ausgangspunkt ist der in LOTTO-Aufgabe 1 anhand der LOTTO-Ausspielungen vom 16. und 23. 2. 1991 exemplarisch aufgezeigte Sachverhalt, daß die tatsächlich beobachtete Verteilung der Gewinnklassen-Besetzungszahlen hochsignifikant von der Verteilung abweicht, die man aufgrund eines reinen Zufallsspieler-Modells erwarten müßte. Diese Abweichungen werden mit Hilfe von Sigma-Abweichungen quantitativ erfaßt. Extrem große positive Sigma-Abweichungen einer Ausspielung zeigen extrem überbesetzte Gewinnklassen an. Negative Sigma-Abweichungen bedeuten unterbesetzte Gewinnklassen und damit überhöhte Gewinn-Quoten. Anhand der Auswertungs-Ergebnisse von 1264 untersuchten Lotto-Ausspielungen erweisen sich diese Beobachtungen als generell charakteristisch.

Als Erklärung für die exorbitanten Abweichungen vom Zufallsspieler-Modell kann die folgende, auf den Ergebnissen der 1264 Ausspielungen basierende Beobachtung herangezogen werden, die in den LOTTO-Aufgaben 2 und 3 zunächst anhand der beiden Lottozahlen 19 und 49 exemplarisch dargestellt und interpretiert wird:

In Ausspielungen, bei denen die Zahl 19 als Gewinnzahl gezogen worden war, sind die Gewinnklassen ganz überwiegend überbesetzt. In der Gesamtheit der Ausspielungen, bei denen die Zahl 49 als Gewinnzahl gezogen worden war, ist es umgekehrt.

Dies bedeutet, daß die Zahl 19 vom Spieler-Kollektiv bei der Bildung der Tippreihen signifikant bevorzugt und die Zahl 49 signifikant vernachlässigt wird. Dieser hochsignifikante Effekt wird in der Formulierung ausgedrückt, daß 19 eine Konsenszahl und 49 eine Antikonsenszahl ist.

Dementsprechend wird mit Hilfe der Testgröße eines Chi-Quadrat-Tests jede der 49 Lottozahlen hinsichtlich ihrer Konsenseigenschaft bewertet; d. h. jeder Lottozahl wird eine Platzziffer hinsichtlich des Grades ihrer Bevorzugung bzw. Vernachlässigung in der Menge der 49 Lottozahlen zugeordnet. In der auf diese Weise erhaltenen Konsensordnung der 49 Lottozahlen steht die Zahl 19 auf Platz 1 und die Zahl 49 auf einem der letzten Plätze. Ein gemäß dieser Konsensordnung geeignet definierter oberer Abschnitt von Lottozahlen wird sodann als *Konsensbereich* bezeichnet und explizit angegeben. Analog wird ein unterer Abschnitt als *Antikonsensbereich* definiert. Ein auf der Basis der erhaltenen Konsensordnung bestimmter „bestmöglicher Tip“ besteht aus den Zahlen der letzten 6 Plätze dieser Konsensordnung. Er wird explizit angegeben.

In LOTTO-Aufgabe 4 werden sodann einfache rationale Tipp-Strategien, die auf der Basis der erhaltenen Konsensordnung offenkundig formuliert werden können, präzisiert und hinsichtlich der mit ihnen jeweils verbundenen Gewinn-Erwartung quantitativ beurteilt. Zunächst wird empirisch nachgewiesen, daß bereits ein reiner Zufallsspieler – der seine Tippreihe zufällig und unabhängig voneinander aus der Menge der $\binom{49}{6} = 13983816$ möglichen Tippreihen „auswählt„ – eine signifikant höhere Gewinn-Erwartung als 50% seines Spieleinsatzes erzielt.

Ein Spieler, der jedoch bei der Bildung jeder seiner Tippreihen stets auch nur eine einzige Antikonsenszahl berücksichtigt, erhöht seine Gewinn-Erwartung bereits um rund 30% gegenüber dem „Normal"-Wert in Höhe von 50% seines Spieleinsatzes. Dazu wird eine solche Strategie exemplarisch anhand der Antikonsenszahl 49 als Zufallsspieler-Strategie-MIT 49 dahingehend präzisiert, daß ein solcher Spieler eine Tippreihe aus der Menge derjenigen $\binom{48}{5} = 1712304$ Tippreihen zufällig herausgreift, die alle die Zahl 49 enthalten. Wenn also bereits die Berücksichtigung einer einzigen Antikonsenszahl eine Steigerung der Gewinn-Erwartung von ca. 30% gegenüber dem „Normal"-Wert erbringt, so ist es hoch plausibel, daß Spieler, die bei der Bildung ihrer Tippreihen ausschließlich Antikonsenszahlen verwenden, sogar eine Gewinn-Erwartung erzielen können, die ihren Spieleinsatz übersteigt.

Persönliche Anmerkung: Die vorstehenden Ergebnisse und Aussichten waren für mich Anlaß, eine bis dato geübte Zurückhaltung gegenüber der ganz konkreten Lotto-Praxis aufzugeben. Seit Abfassung des vorliegenden Textes beteilige ich mich nämlich mit 12 Tippreihen – die ich aus 9 Zahlen des obigen Antikonsensbereichs A* gebildet habe – an den wöchentlichen Lotto-Ausspielungen. (Bei Erscheinen dieses Textes gedenke ich diese 9 Antikonsenszahlen wieder frei zu machen.)

Höchstvorsorglich füge ich an, daß es mir nicht gefiele, wenn man die Relevanz meiner hier vorgelegten empirischen Untersuchung rein empirisch anhand meines Erfolgs als Praktiker zu beurteilen gedächte.

Die vorgeführte Bestimmung einer Konsensordnung bzw. eines Konsensbereichs und eines Antikonsensbereichs sind im Sinne der Mathematischen Statistik Schätzungen, die auf den Ergebnissen einer Stichprobe von 1264 Lotto-Ausspielungen basieren.

Ein anderes Schätzverfahren für die Konsensordnung erhält man, indem man jede Lottozahl unter Zuhilfenahme der vorstehend exemplarisch für die Zahl 49 präzisierten Zufallspieler-Strategie-MIT 49 und der analog definierten Zufallsspieler-Strategie-OHNE 49 hinsichtlich ihrer Konsenseigenschaft auf folgende Weise bewertet. Man berechnet für jede der 49 Lottozahlen die Differenz der Gewinn-Erwartungen zwischen den jeweiligen MIT- und OHNE-Strategien. Diejenige Lottozahl, bei der diese Differenz ihren größten positiven Wert annimmt, ist offensichtlich die Zahl, die man bei rationalem Tipp-Verhalten als erste für die Bildung von Tippreihen heranziehen sollte; d. h. sie erhält in der Konsensordnung die Platzziffer 49. Diejenige Lottozahl mit der größten negativen Differenz erhält Platzziffer 1.

Daß dieses Konsensordnungs-Schätzverfahren gegenüber dem anhand von LOTTO-Aufgabe 2 definierten Verfahren zu einigen Verschiebungen der Konsensreihenfolge führt, ist allein deshalb von vornherein zu erwarten, weil in die Berechnung der Gewinn-Erwartungen für die verschiedenen Spiel-Strategien die Besetzungszahlen bzw. Gewinn-Quoten der verschiedenen Gewinnklassen eingehen, während bei dem in LOTTO-Aufgabe 2 benutzten Verfahren nur die Besetzungszahl der Klasse „irgendein Gewinn" benutzt wurde.

Um die „wahre Konsensordnung der 49 Lottozahlen für das Spieler-Kollektiv der untersuchten 1264 Ausspielungen" zu erfahren, müßte man über jede der 49 Lottozahlen wissen wieviel mal sie während der 1264 Ausspielungen insgesamt angekreuzt wurde. Wie von seiten der Staatlichen Lotterieverwaltungen zu erfahren ist, scheinen jedoch solche Erhebungen über das Spielverhalten der Lottospieler bisher nicht in systematischer Form vorgenommen worden zu sein. Naturgemäß könnte wohl die hier vorgelegte Untersuchung Diskussionen darüber auslösen, ob es nicht vielleicht sinnvoll und möglich wäre, daß die Lotterieverwaltungen künftig nach jeder Ausspielung Daten über das Spielverhalten erheben und publizieren.

Insgesamt lassen die hier vorgelegten Untersuchungen auch folgende Deutung zu. Im Hinblick auf eine Beteiligung am Glücksspiel Zahlenlotto sind rationale Spiel-Strategien möglich, die auf Informationen über das kollektive Spielverhalten basieren und spezielle Formen des Gegen-den-Strom-Schwimmens darstellen. Hiermit hat das Glücksspiel Zahlenlotto also auch Aspekte eines Geschicklichkeitsspiels und damit jenen spezifischen Reiz, der vom Vertrauen auf die Gültigkeit derjenigen Volksweisheit gespeist wird, nach der ein jeder seines Glückes Schmied ist. Dieser Aspekt würde sogar dann erhalten bleiben, falls eines Tages die Staatlichen Lotterieverwaltungen nach jeder Ausspielung Informationen über das kollektive Spielverhalten in Form einer Konsensordnung für alle Lottozahlen publizieren würden; denn dann könnte sich individuelle Geschicklichkeit darin bewähren, die Reaktionen des Kollektivs auf die publizierte Konsensordnung vorauszuschätzen, um dem prognostizierten kollektiven Pfad wiederum individuell auszuweichen.

Physica-Lehrbuch

Basler, Herbert
Aufgabensammlung zur statistischen Methodenlehre und Wahrscheinlichkeitsrechnung
4. verbesserte und erweiterte Aufl. 1991
ca. 200 S.

Basler, Herbert
Grundbegriffe der Wahrscheinlichkeitsrechnung und statistischen Methodenlehre
10., durchgesehene Aufl., 1989. X, 238 S.

Roland, Dillmann
Statistik I
1990. XVIII, 270 S.

Roland Dillmann
Statistik II
1990. XIII, 253 S.

Eilenberger, Guido
Finanzierungsentscheidungen multinationaler Unternehmungen
2. vollständig überarbeitete und erweiterte Aufl., 1987. 356 S.

Fahrion, Roland
Wirtschaftsinformatik
Grundlagen und Anwendungen
1989. XIII, 597 S.

Ferschl, Franz
Deskriptive Statistik
3. korr. Aufl., 1985. 308 S.

Hax, Herbert
Investitionstheorie
5. bearbeitete Aufl. 1985. 208 S.

Huch, Burkard
Einführung in die Kostenrechnung
8. Aufl. 1986. 299 S.

Kistner, Klaus-Peter
Produktions- und Kostentheorie
1981. 216 S.

Kistner, Klaus-Peter
Optimierungsmethoden
Einführung in die Unternehmensforschung für Wirtschaftswissenschaftler
1988. XII, 222 S.

Kistner, Klaus - Peter/Steven, Marion
Produktionsplanung
1990. XII, 357 S.

Koch, Joachim
Betriebliches Rechnungswesen
1 Buchführung und Bilanzen
2., überarbeitete u. erweiterte Aufl.
1989, XIV, 354 S.

Koch, Joachim
Betriebliches Rechnungswesen
2 Finanzbuchhaltung für den DV-Anwender
1988. X, 217 S.

Nissen, Hans Peter
Makroökonomie I
1989. XIV, 194 S.

Peemöller, Volker und März, Thomas
Sonderbilanzen
1986. X, 182 S.

Schneeweiß, Hans
Ökonometrie
4. überarbeitete Aufl. 1990. 394 S.

Schneeweiß, Hans und Mittag, Hans-Joachim
Lineare Modelle mit fehlerbehafteten Daten
1986. XVIII, 504 S.

Schulte, Karl Werner
Wirtschaftlichkeitsrechnung
4. Auf. 1986. 196 S.

Schultz, Reinhard
Einführung in das Personalwesen
1981. 266 S.

Seicht, Gerhard
Bilanztheorien
1982. 195 S.

Sesselmeier, Werner
Blauermel, Gregor
Arbeitsmarkttheorien
1990. X, 222 S.

Stenger, Horst
Stichproben
1986. XIII, 318 S.

Swoboda, Peter
Betriebliche Finanzierung
2. Aufl. 1991. 305 S.

Vogt, Herbert
Einführung in die Wirtschaftsmathematik
6. durchgesehene Aufl. 1988. 250 S.

Vogt, Herbert
Aufgaben und Beispiele zur Wirtschaftsmathematik
2. Aufl. 1988. 184 S.

Weise, Peter u. a.
Neue Mikroökonomie
2. Aufl. 1991. X, 529 S.

GPSR Compliance

The European Union's (EU) General Product Safety Regulation (GPSR) is a set of rules that requires consumer products to be safe and our obligations to ensure this.

If you have any concerns about our products, you can contact us on ProductSafety@springernature.com

In case Publisher is established outside the EU, the EU authorized representative is:

Springer Nature Customer Service Center GmbH
Europaplatz 3
69115 Heidelberg, Germany

Batch number: 10816188

Printed by Printforce, the Netherlands